供应链

竞争环境下的流程创新选择机制研究

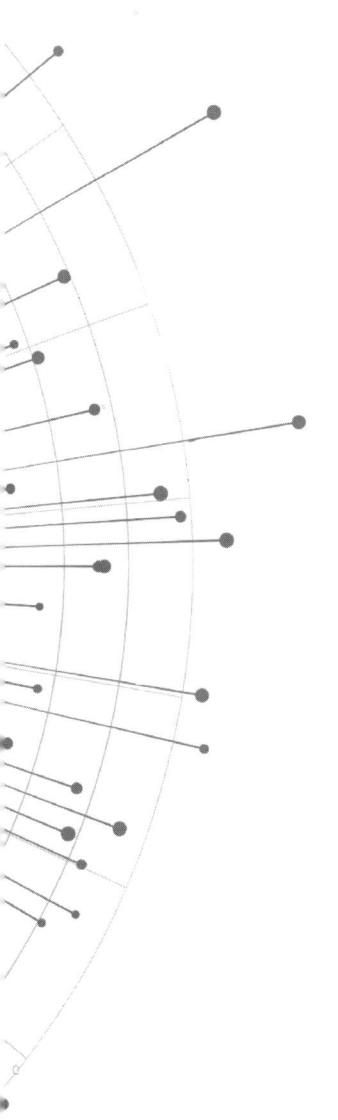

赵海霞 —— 著

四川大学出版社
SICHUAN UNIVERSITY PRESS

图书在版编目（CIP）数据

供应链竞争环境下的流程创新选择机制研究 / 赵海霞著. -- 成都：四川大学出版社，2025.5
ISBN 978-7-5690-6912-9

Ⅰ. ①供… Ⅱ. ①赵… Ⅲ. ①企业管理—供应链管理—研究 Ⅳ. ①F274

中国国家版本馆CIP数据核字（2024）第103945号

书　　名：供应链竞争环境下的流程创新选择机制研究
　　　　　Gongyinglian Jingzheng Huanjing xia de Liucheng Chuangxin Xuanze Jizhi Yanjiu
著　　者：赵海霞

选题策划：庄　溢　曹雪敏
责任编辑：庄　溢
责任校对：周维彬
装帧设计：墨创文化
责任印制：李金兰

出版发行：四川大学出版社有限责任公司
　　　　　地址：成都市一环路南一段24号（610065）
　　　　　电话：（028）85408311（发行部）、85400276（总编室）
　　　　　电子邮箱：scupress@vip.163.com
　　　　　网址：https://press.scu.edu.cn
印前制作：四川胜翔数码印务设计有限公司
印刷装订：四川省平轩印务有限公司

成品尺寸：185 mm×260 mm
印　　张：12.75
字　　数：271千字
版　　次：2025年5月 第1版
印　　次：2025年5月 第1次印刷
定　　价：68.00元

本社图书如有印装质量问题，请联系发行部调换

版权所有 ◆ 侵权必究

扫码获取数字资源

四川大学出版社
微信公众号

前　言

现代市场的竞争已经由单打独斗演变为整条供应链间的竞争，对业务或管理流程进行创新，成为提升企业及其整条供应链竞争力的重要方式之一。一方面，进行流程创新可以降低生产成本，以低成本优势来应对激烈的市场竞争；另一方面，它可以提高企业运作效率及顾客满意度。然而在竞争环境下，企业应如何选择恰当的时机和合适的纵向控制结构进行流程创新呢？市场需求波动、供应链成员的风险态度、企业自身的创新投资系数、市场竞争情况等因素，又如何影响流程创新的选择呢？现有文献虽有研究供应链竞争环境下的流程创新，但未解决上述问题，更未研究能改进供应链成员绩效的流程创新选择机制。本书将应用斯塔克尔伯格博弈理论，研究供应链与供应链竞争环境下制造商进行自身流程创新或者扶持供应商进行流程创新，进而实现供应链成员绩效改进的条件，识别流程创新选择的博弈均衡特征和占优均衡，并分析竞争强度、需求波动风险、零售商的风险规避态度等对流程创新选择的影响，为制造型企业和其上下游成员企业进行流程创新实践选择提供理论依据和实践参考。

本书第 1 章将介绍相关的研究背景，回顾现有相关研究文献并进行评述，进而提出本书的研究目的，介绍本书的研究意义，并对本书的研究内容与结构进行说明，阐明本书的研究创新之处。

本书第 2 章至第 4 章将分别基于纯分散化的两条竞争性供应链结构、不同渠道结构（中心化与分散化的混合结构）、纯中心化的竞争性供应链结构，比较两个制造商均不进行流程创新、两个制造商均进行流程创新、只有一个制造商进行流程创新三种情形下的均衡，探索实现制造商绩效改进、单条供应链系统绩效改进的流程创新选择的博弈均衡特征，识别流程创新选择的占优均衡，并分析创新投资系数、供应链间的竞争强度对绩效改进量等的影响。

基于第 2 章至第 4 章的研究内容，本书第 5 章将对第 2 章至第 4 章内容进行比较分析，研究两个制造商均进行流程创新、仅制造商 1 进行流程创新、仅制造商 2 进行流程创新三种情形下各自的纵向控制结构选择，识别制造商选择何种纵向控制结构（中心化结构或分散化结构）进行流程创新能使制造商绩效改进、供应链系统绩效改进。除了研究制造商对其自身流程进行的创新，本书第 6 章将考虑制造商扶持其上游供应商进行流程创新的决策机制。将以制造商不扶持其供应商进行流程创新为基准，分析两个制造商均不扶持各自供应商进行流程创新、均扶持各自供应商进行流程创新、仅一个制造商扶持其供应商进行流程创新三种情形，并进行利润比较分析，识别制造商扶持其供应商进行流程创新的均衡条件。

第 7 章将基于需求不确定环境，构建两个风险中性制造商与两个排他性风险规避零售商组成的链与链价格竞争模型，以制造商不进行流程创新为基准，识别选择流程创新实现制造商绩效帕累托改进的占优均衡特征，并分析需求风险、价格竞争强度和零售商的风险规避程度对流程创新选择的影响。

本书第 2 章至第 7 章的研究内容逐层递进，首先，分别针对纯分散化结构、中心化结构与分散化结构结合（即不同渠道竞争结构）、纯中心化结构（即直销渠道）研究制造商是否进行流程创新（第 2 章至第 4 章）。其次，基于不同控制结构下的流程创新选择（第 2 章至第 4 章），识别两个制造商均创新、仅制造商 1 创新、仅制造商 2 创新时的纵向控制结构选择，探索流程创新选择与控制结构选择的匹配关系（第 5 章）。除了制造商对自身流程进行创新，也考虑制造商对上游供应商进行扶持创新，以帮助其供应商改进生产成本（第 6 章）。第 1 章至第 6 章均针对需求确定环境下的流程创新，第 7 章则是针对需求不确定环境下的流程创新进行研究，第 8 章进行总结与展望。

本书的部分研究成果发表在《管理学报》《工业工程与管理》等刊物上，具有一定的学术水准，对科研工作者和研究生来讲，具有一定的科研价值。本书的研究内容受到西南石油大学人文社科专项杰出人才项目"基于平台供应链竞争的流程创新选择机制"（项目编号：2021RW035）的资助。

由于作者水平有限，书中难免存在不足之处，敬请广大读者批评指正。

目 录

第1章 绪 论 ……………………………………………………………（1）
1.1 研究背景 ……………………………………………………………（1）
1.2 文献综述 ……………………………………………………………（2）
1.3 研究目的与意义 ……………………………………………………（10）
1.4 研究内容与结构安排 ………………………………………………（10）
1.5 创新之处 ……………………………………………………………（12）

第2章 分散化供应链竞争环境下的流程创新选择 ……………………（14）
2.1 问题的提出 …………………………………………………………（14）
2.2 基本模型 ……………………………………………………………（15）
2.3 模型计算 ……………………………………………………………（17）
2.4 横向竞争和创新投资系数对供应链绩效的影响 …………………（23）
2.5 基于制造商和零售商角度的流程创新投资选择 …………………（28）
2.6 供应链系统角度的创新投资选择 …………………………………（38）
2.7 本章小结 ……………………………………………………………（39）

第3章 不同渠道竞争环境下制造商的流程创新选择 …………………（41）
3.1 问题的提出 …………………………………………………………（41）
3.2 基本模型 ……………………………………………………………（43）
3.3 模型计算 ……………………………………………………………（44）
3.4 渠道竞争强度和流程创新投资系数对成本改进量等的影响 ……（51）
3.5 直销渠道中制造商的流程创新选择 ………………………………（65）
3.6 分销渠道中制造商的流程创新选择 ………………………………（70）
3.7 本章小结 ……………………………………………………………（75）

第4章 竞争环境下直销制造商的流程创新选择 ………………………（77）
4.1 问题的提出 …………………………………………………………（77）
4.2 基本模型 ……………………………………………………………（78）

4.3 模型计算 ……………………………………………………………（79）
4.4 单位成本改进量、零售价格等均衡的比较分析 ………………（81）
4.5 制造商的流程创新选择机制 ……………………………………（86）
4.6 制造商通过流程创新的绩效改进数值分析 ……………………（88）
4.7 本章小结 …………………………………………………………（91）

第5章 供应链竞争环境下流程创新与纵向控制结构选择 …………（93）
5.1 问题的提出 ………………………………………………………（93）
5.2 不同纵向控制结构下进行流程创新的单位成本改进量比较分析 …（95）
5.3 均创新（PP策略）时的纵向控制结构选择 ……………………（102）
5.4 仅供应链2创新（NP策略）时的纵向控制结构选择 …………（110）
5.5 仅供应链1创新（PN策略）时的纵向控制结构选择 …………（118）
5.6 本章小结 …………………………………………………………（128）

第6章 竞争供应链环境下制造商扶持供应商的流程创新选择 ……（131）
6.1 问题的提出 ………………………………………………………（131）
6.2 基本模型 …………………………………………………………（132）
6.3 模型计算 …………………………………………………………（134）
6.4 基于上下游双赢的制造商扶持供应商进行流程创新的选择机制 …（136）
6.5 本章小结 …………………………………………………………（148）

第7章 基于风险厌恶型零售商的竞争供应链流程创新选择 ………（150）
7.1 问题的提出 ………………………………………………………（150）
7.2 基本模型 …………………………………………………………（151）
7.3 基于创新或不创新的均衡 ………………………………………（154）
7.4 零售价格和单位成本改进量等的比较分析 ……………………（158）
7.5 基于制造商绩效改进的流程创新选择 …………………………（165）
7.6 拓展——需求确定时基于价格竞争供应链的流程创新选择 …（174）
7.7 本章小结 …………………………………………………………（182）

第8章 总结与展望 ……………………………………………………（184）
8.1 主要研究结论 ……………………………………………………（184）
8.2 研究展望 …………………………………………………………（186）

参考文献 ……………………………………………………………（188）

第1章 绪 论

1.1 研究背景

随着市场竞争的加剧，许多企业创新了业务或管理流程，从而降低单位运作成本、提高流程运作效率和顾客满意度。例如，京东物流采用无人车、无人机、无人配送站、智能机器人等，对物流各环节进行流程创新，优化了传统人工分拣、打包、配送等业务流程。顺丰采用全自动分拣系统和无人机运送货物等方式改善了业务流程，提高了货物的物流运作效率。另外，在汽车制造、家电、电子等行业也存在流程创新，如1987年至2002年的美国汽车产业生产率增长中有相当一部分（45%）是由组装工厂的流程改进所贡献的。随着市场经济的全球化，零售终端的需求越来越多样、越来越充满不确定性。现代企业单纯依靠自身力量，很难完全满足市场需求，也难以应对复杂的市场竞争环境，企业需要和上下游企业建立良好的协同运作和共赢关系，以充分满足顾客的需要，提升自身的竞争力。因而，现代企业的竞争已逐渐演变为整个供应链之间的竞争。早在1999年，德勤（Deloitte）公司就调查了美国和加拿大200多个大型制造商和分销商，调查报告指出，航空航天、电信、汽车制造、消费品、高技术产品等行业存在供应链之间的竞争。

在现代市场竞争环境中，流程创新成为提高企业及其供应链竞争力的重要方式。如果对手的供应链进行了流程创新，自身的供应链是否也需要进行流程创新？其流程创新的选择又受到哪些因素的影响？如果自身不进行流程创新，而对手基于不同的纵向控制结构，创新其供应链流程，则自身供应链各成员的绩效又会受到何种影响？如果对手制造商帮助其供应商进行流程创新，则本供应链是否也需要上下游合作进行流程创新？供应链成员应如何选择流程创新以改进自身绩效及供应链成员绩效，进而提高整条供应链的竞争力？这些都是在现代市场竞争背景下，值得研究思考的问题。

对于供应链与供应链之间的竞争，现有研究主要集中于纵向控制结构与合同选择、纵向信息分享，以及低碳绿色产品的供应链竞争。也有部分研究考虑到了流程创新,但这些研究更多是基于企业自身的流程创新,考虑如何选择纵向控制结构(Gupta & Loulou、Gupta、Gilbert & Xia 等),以及是否进行需求信息分享(Ha & Tian 等)。很少有研究基于供应链与供应链之间的竞争环境,识别供应链成员是否创新自身的流程,以及是否帮助上游供应商进行流程创新,并识别流程创新选择的博弈均衡特征和占优均衡。

基于供应链实践和理论研究的需要,本书将运用博弈论、供应链管理知识等,构建供应链与供应链竞争(包括数量竞争、价格竞争)模型,以不进行流程创新为基准,研究制造商进行流程创新或者帮助供应商进行流程创新的条件,识别实现制造商绩效改进、制造商和上游或下游成员绩效均改进、供应链系统绩效改进的流程创新选择机制,探索流程创新选择的演变路径和博弈均衡特征,刻画需求波动风险、零售商的风险规避程度、供应链间的竞争强度、流程创新投资系数等对均衡可行范围的影响,为制造型企业如何在竞争环境中进行流程创新降低生产成本、提高自身乃至整条供应链的竞争力提供有力支撑。本研究拓展了现有竞争供应链领域关于流程创新的研究,弥补了需求不确定环境下风险规避型企业的流程创新选择研究的不足。

1.2 文献综述

与本书相关的文献研究主要包括供应链与供应链竞争方面的研究、流程创新方面的研究、风险规避方面的研究,相关的文献综述分别如下所示。

1.2.1 供应链与供应链竞争方面的研究

关于供应链与供应链竞争方面的研究,主要包括四个方面:供应链竞争的纵向结构选择、供应链竞争的纵向信息分享、供应链竞争的纵向协调和纵向合同选择、低碳绿色产品的竞争性供应链管理,具体如下。

1.2.1.1 关于供应链竞争的纵向结构选择

在控制结构选择方面,McGuire & Staelin(1983)基于需求确定环境下两个制造商对应两个排他性零售商的竞争供应链模型,研究了不同控制结构下的供应链成员绩效,分析了制造商角度和系统角度的占优纵向结构,并发现产品替代性低时,每个制造商都愿意采用公司自营渠道;而当市场竞争很激烈、产品差异化显著时,制造商更喜欢分散化的渠道分销系统。但该研究未考虑生产成本对纵向控制结构选择的影响。Coughlan(1985)将 McGuire & Staelin 的模型拓展到一般的需求函数,并将得到的均衡和 McGuire & Staelin 的结论应用于半导体产业。Moorthy(1988)基于竞争供应链模型,考察战略互动对制造商渠道结构决策的影响,其研究结论表明,制造商是否选择分散化策略,在于需求依赖性和战略依赖性间的耦合关系,而不在于两个产品的替代性。Tridedi(1998)研究了两个竞争性制造商和两个竞争性零售商构成的三种渠道均衡结构(即均为一体化或均为分散化的链与链竞争结构,和一个制造商对应两个零售商的交叉竞争供应链)。Wu & Petruzzi(2007)研究了需求不确定性、生产成本和产品替代性对竞争渠道均衡结构的影响。艾兴政等(2007,2008)分析了讨价还价能力差异对竞争供应链占优结构的影响,以及需求不确定环境下市场风险、产品竞争强度对供应链纵向控制结构绩效的影响,得到了纵向控制结构的演变过程。Xiao & Yang(2008)基于两个风险中性供应链对应两个排他性风险规避零售商构成的链与链价格和服务竞争模型,分析了风险规避系数、需求不确定因子、服务投资效率等对供应链成员最优决策的影响。Xiao & Yang 的研究考虑了风险规避因素,但并没有研究如何改进供应链成员绩效的合同设计。李娟、黄培清等(2009)针对链与链的品牌竞争模型,分析了不同库存管理模式对供应链各方成员绩效的影响。廖涛和艾兴政等(2009a,2009b)、赵海霞和艾兴政等(2012)识别了价格竞争、服务竞争以及高中低成本差异的竞争供应链的纵向结构均衡和博弈演化特征。Wu & Baron(2009)基于纳什讨价还价模型,考虑了需求不确定的影响,分析了单阶段或多阶段的链与链竞争均衡。

Atkins & Liang(2010)对 McGuire & Staelin 和 Cachon 的两篇文献进行了拓展,构建了含有竞争强度和规模(不)经济因素的供应商外包零售和零售商外包供应两种模型,并分析竞争强度和规模(不)经济对外包政策的影响。陈兆波、滕春贤等(2013)基于多条结构异质的竞争供应链模型,考虑企业生产工序和内部资源情形下的竞争均衡模型,并采用算例分析了模型的有效性。Wu(2013)讨论了基于价格竞争和促销努力水平的链与链纳什议价博弈模型,且得到当价格和促销努力依赖于需求时,制造商主导的供应链和一体化供应链战略是纳什议价合同中的一个特殊情形。

以上这类文献主要通过得到供应链成员或系统的绩效来识别供应链竞争的均衡和占优控制结构,但未结合流程创新对竞争性供应链的纵向控制结构进行研究。

1.2.1.2 关于供应链竞争的纵向信息分享

Ha & Tong(2011)研究了竞争性供应链分别采用菜单合同和线性价格合同时是否进行纵向信息分享的投资,结论表明:当采用菜单合同时,不进行信息分享,则会降低销量,若信息分享投资成本很低时,进行信息分享是一种占优策略;对于线性价格合同,则不管投资成本如何,不对信息分享投资是占优策略。Xiao & Yang(2009)构建了一条含有信息披露机制的一个制造商对应一个零售商的供应链和一条一体化的竞争供应链，探索了制造商如何设计信息披露机制，以及信息分享如何影响这个机制。结论表明，战略交互作用在风险敏感因子对零售商订货量的影响中发挥了重要作用，当制造商的风险成本共担比例非常高时，零售商风险规避度高时的最优批发价格高于风险规避度低时的最优批发价格，反之亦反。Ha & Tong(2008)基于制造商规模不经济的链与链竞争模型，考察纵向信息分享时规模不经济、竞争强度和信息精度对供应链绩效的影响。研究发现，当供应链间的竞争为数量竞争时，若企业生产规模不经济较严重，或者横向竞争较弱，或者至少一个零售商的信息不是很精确时，纵向信息分享会使供应链受益；如果需求信息比较精确或者生产规模不经济很弱，则纵向信息分享会使供应链绩效恶化。在价格竞争模型下，若规模不经济较严重，或者竞争较弱，或者信息精度很高时，供应链会从纵向信息分享中受益。Ai & Chen(2012)计算了两条竞争性供应链均采用不分享市场需求预测信息的批发价格合同、均采分享市场需求预测信息的收益分享合同、仅有一条采用分享市场需求预测信息的收益分享三种情形的绩效，分析了产品竞争强度、价格风险和联盟比例等因素对信息分享和收益分享合同选择的影响。Guo & Li 等(2014)考察两个竞争性渠道的战略信息共享，零售商决定是否分享私有需求信息给它的上游制造商。研究发现，零售商会披露低需求信息，隐瞒高需求信息以降低批发价格；当市场竞争加剧时，零售商应减少分享信息，而当其获取信息的能力提高时，则应披露更多信息。Shamir 等(2016)基于两个制造商和两个零售商组成的竞争性供应链，研究了零售商公开其预测信息的运营动机。

此类文献主要研究了供应链与供应链竞争的纵向信息分享机制，而本书主要研究竞争性供应链的流程创新选择机制。

1.2.1.3 关于供应链竞争的纵向协调与合同选择

在纵向协调和合同选择研究方面，Boyaci & Gallego(2004)考察了服务水平和库存成本对竞争性供应链是否实行纵向协调（两条供应链均未协调、两条供应链均协调、一条供应链协调而另外一条供应链未协调三种情形）的影响，研究发现协调对两条供应链来讲都是占优策略，但就如囚徒困境一样，与不协调的情形相比，均协调时的供应链绩效常会降低，不过顾客总能从协调中获益。鲁其辉、朱道立(2009)分析了两条质量和价格竞争供应链均协调、均不协调和仅有一条供应链协调的模型，发现采用均协调策略后所有供应链利润有可能都小于不协调时的利润，即存在囚徒困境，但顾客总能受益。该结论与 Boyaci & Gallego 基于服务竞争和库存竞争的结论类似，但这两篇文献均未引入合同选择因素。

徐兵、朱道立(2008)建立了两条竞争供应链的超网络结构，对实现竞争供应链链内协调的收益分享合同进行了研究，并进行了数值分析，结果表明协调可以提高供应链的运作效率，但可能出现囚徒困境。徐兵、孙刚(2011)针对两条分别由单生产商单零售商组成的供应链模型,以供应链一体化为协调标准,针对两条供应链均为分散式供应链、均为集中式供应链、一条为分散式供应链一条为集中式供应链三种情形,采用线性补贴合同和利润共享合同进行链内协调机制的设计,并进行了数值分析,且分析结果表明,协调是供应链竞争时的占优策略,但两条供应链均协调时的绩效比均未协调时的绩效差。这两篇文章与Boyaci & Gallego 和鲁其辉、朱道立的研究较为相似,不同之处在于这两篇文章均考虑了具体的合同。

艾兴政等(2008,2010)、Ai等(2012)考察了需求不确定环境下链与链竞争的充分退货政策,以及需求不确定环境下竞争、价格风险等对纵向联盟和收益共享合同选择的影响,识别了市场信息共享与纵向决策控制的有效匹配。Chen(2011)等研究了两条竞争供应链间为纳什博弈或斯塔克尔伯格博弈的顾客退货策略。Wu(2013)基于竞争供应链框架,研究了纵向整合时采用回购合同、纵向整合时不采用回购合同、制造商主导型供应链采用回购合同和不采用回购合同四种情形,结论表明在这四种情形中,与不采用回购合同相比,回购会给供应链创造更高的利润,而且供应链成员的利润和供应链整体的利润都会随链间的竞争强度加剧而增加。这些文献均未研究制造商的规模不经济因素以及零售商具有风险规避型态度等对实现制造商和零售商双赢的合同设计的影响。Li等(2013)基于需求确定环境下两个制造商共用两个零售商、两个制造商分别有其排他性零售商的两种竞争供应链模型,比较了制造商分别提供数量折扣合同和批发价格合同时的结果,探讨了供应链结构和竞争对利润和合同选择的影响。结果表明,当共用零售商时,若制造商间的竞争强度超过一定值,则制造商的均衡选择合同从数量折扣合同变为批发价格合同。相反,当每个制造商有其独立的零售商时,不管制造商间的竞争强度和零售商间的竞争强度如何,数量折扣合同都是占优策略和唯一的纳什均衡。

另外,马建华和艾兴政等(2018)研究了零售商销售有偿延保服务时,竞争性制造商提供两部定价合同的决策机制。赵海霞和艾兴政等(2013a,2013b,2013c,2014,2015)、Zhao等(2022)基于规模不经济、风险规避、需求不确定等因素研究了链与链竞争环境下的纵向合同选择(包括固定加价合同、纵向联盟与收益共享合同、两部定价合同、数量折扣合同),识别了供应链成员的占优均衡合同。Wang & Sun 等(2016)基于下游零售商主导的链与链竞争模型,比较了固定加成定价和百分比加成定价合同的供应链绩效,研究发现无论需求曲线和竞争强度如何,渠道主导者零售商们总是偏好百分比加成合同。何浩嘉和艾兴政等(2022)针对竞争性供应链,分析了专利持有者的供应商的两种专利许可策略:以制造商产品销售价格的百分比,或以组件批发价格的百分比(基于组件的策略)向制造商进行专利许可,研究了竞争性供应链的最优专利许可策略选择。浦徐进、付文文等(2021)基于平台竞争供应链,研究了竞争性供应商选择电商平台销售模式(批发价格合同和佣金费率合同)的互动机理。

此类文献主要研究了供应链与供应链竞争的纵向合同选择机制和协调，而本书主要研究竞争性供应链的流程创新选择机制。

1.2.1.4 关于低碳绿色产品的竞争性供应链管理研究

Fallah等(2015)基于不确定环境，构建了制造商、零售商和回收商组成的两个闭环供应链竞争模型，研究了同步决策和斯塔克尔伯格竞争对供应链利润、需求等影响。Li & Li(2016)构建了两条可持续的链与链竞争模型，讨论了两条供应链均采用一体化决策、均采用分散化决策、一条链采用一体化决策、另一条链采用分散化决策的绩效，研究发现虽然一体化决策总是纳什均衡，但仅当竞争程度较低时，一体化决策才能实现帕累托最优。Jamali & Rasti(2018)构建了绿色供应链与非绿色供应链的竞争模型，其中每条供应链中均包含一个制造商，且制造商具有双渠道。该文分析和比较了两条供应链绿色产品和非绿色产品的定价，以及绿色水平和竞争强度等对供应链成员绩效的影响。Sadeghi等(2019)基于独家零售商和制造商构成的两条竞争性供应链，且每条供应链有不同的渠道回收策略，研究了逆向供应链的协调。许格妮和陈惠汝等(2020)基于博弈论，构建了三种不同绿色成本分担模式的定价模型，分析了三种不同绿色成本分担模式对产品零售价、绿色度以及供应链成员收益的影响。刘会燕和戢守峰(2017)基于竞争性供应链，考虑了消费者具有绿色偏好时的产品选择和定价策略。Xia & Wang等(2013)构建了低碳产品的供应链与供应链竞争模型，分析了三种融资策略，刻画了市场竞争强度、顾客低碳偏好对均衡决策和利润的影响。

综上可以看出，以上所有文献均针对绿色低碳产品的竞争性供应链或者逆向供应链进行研究，未研究竞争性供应链环境下的流程创新。

1.2.2 流程创新方面的研究

降低成本的流程创新是实现企业低成本战略的重要路径，吸引了较多学者进行研究，如Maksimovic(1990)基于古诺双寡头模型，指出银行贷款机构如何通过降低边际生产成本增加均衡产量；Petrakis & Roy(1999)基于竞争性的企业进行降低成本的投资和行业无成本进入的假设，研究同质品行业的动态性重组问题。刘伟和徐可(2023)基于两个异质性制造企业组成的寡头竞争市场，构建了外部知识对企业流程创新作用机制的两阶段非合作博弈模型，获得纳什均衡解，并进行了数值模拟分析。

在供应链管理领域，关于流程创新的研究有：Banerjee & Lin(2001, 2003)针对一个上游公司和多个下游公司，研究了上游或下游进行生产成本降低的创新；Bernstein & Kök(2009)针对多个供应商与一个买方的供应链模型，研究了供应商在整个产品生命周期内进行成本削减的动态性投资问题，并分析了供应商的成本削减策略及其所带来的企业利润与制造商采购策略的关系；Iida(2012)基于一个制造商和多个供应商的组装供应链，研究了上下游均进行成本改进的创新。张盼和江韶波(2022)构建了一个零售商和两个制造商组成的竞争供应链模型，分析了基于收益分享合同和成本分担合同的流程创新效率和竞争强度对流程创新水平、供应链成员利润的影响，并探讨了最优的激励合同。这类文献针对的是一对多或多对一的供应链结构。

Kim(2005)研究了制造商分担其供应商创新投入成本时实现上下游双赢的条件；Gilbert&Cvsa(2003)基于需求不确定环境下的双边垄断竞争模型，研究使用最高限价合约鼓励下游企业进行流程改进的策略；Cho & Gerchak(2005)基于一对一的零售商成本降低型创新投入模型，分别研究了零售商的可变成本为线性与非线性函数条件下的渠道协调问题。Ge 等(2014)研究了上下游企业基于成本降低的流程改进合作；Song 等(2017)则基于制造商进行生产成本降低的创新、零售商进行广告投入的供应链模型，研究上下游基于广告费用分担的纵向合作与不合作；Hu 等(2019)研究了仅上游或下游投资、上下游合作或均分别进行生产成本降低的创新投资策略；Wang & Liu(2016)基于不同的市场权力结构，研究了供应商和制造商各自改进生产成本的创新行为；Yoon(2016)和 Sun 等(2019)研究了制造商进行流程创新和技术改进的成本降低投资及直销渠道的开通；Mantin & Veldman(2019)研究了供应商和零售商间的战略库存与流程改进投资。田魏等(2019)基于零售商公平关切与创新投入，研究了混合渠道供应链的均衡策略。张盼和邹图帮(2022)基于制造商进行流程创新的成本信息不对称，建立了零售商信息甄别机制与激励合同，讨论了两部定价合同和控制流程创新合同的最优形式，识别了最优合同的条件。这类文献均针对一个上游与一个下游组成的供应链结构研究流程创新，但均未基于供应链与供应链竞争的环境研究流程创新。

关于供应链与供应链竞争环境下的流程创新，Gupta&Loulou(1998)基于不同纵向控制结构，分析了流程创新对供应链成员绩效的影响，并指出授权合同可激励制造商进行流程创新以降低生产成本；Gupta(2008)考虑了创新的知识溢出效应，拓展了 Gupta&Loulou 的结论；Gilbert&Xia 等(2006)假设制造商和供应商都有成本降低的机会，分析了制造商的外包策略和制造商主导的纵向控制结构选择策略。Ha 等(2017)分析了成本降低创新和需求信息分享之间的关系。这类文献主要研究了流程创新后的纵向控制结构选择，但存在以下不足之处：

第一，未研究企业是否有必要进行流程创新，以实现绩效改进。本书第二至四章、第六至七章均以不创新为基准，识别制造商、上下游、供应链系统绩效改进的流程创新选择机制，识别流程创新选择的博弈均衡特征和动态演化过程。

第二，现有文献仅考虑了制造商们均进行流程创新的纵向控制结构选择，未分析两个制造商中仅有一个制造商进行流程创新的纵向控制结构选择机制，本书第五章分别研究了仅制造商1进行流程创新、仅制造商2进行流程创新时，制造商绩效改进、供应链系统绩效改进的流程创新选择机制，丰富和拓展了现有供应链竞争环境下的流程创新选择机制。

1.2.3　风险规避方面的研究

在对供应链管理的研究中，大部分文献都假定决策者是风险中性的。但在实际运作中，供应链面临着顾客需求的多变性、市场竞争环境的复杂性、信息技术的快速更新等现实因素，使得决策主体不得不考虑到市场需求的不确定，导致决策主体对风险往往具有规避性。风险规避者会最大化其效用，而不是最大化其预期利润。据 Holmstrom & Milgrom(1987)、Gan 等(2004)的研究，一般情况下，风险规避者的效用函数是其预期利润函数的增函数，是风险规避因子和需求波动风险的减函数。风险规避的文献研究主要集中于含风险规避型成员的供应链协调问题。

Gan 等(2004)最早明确提出了含有风险规避成员的供应链协调概念，并给出系统化的描述。Gan 等(2005)进一步针对一个风险中性供应商和一个风险规避零售商构成的供应链，考虑如何设计供应合同来对其进行纵向协调。Lau & Lau(1999)针对风险规避型供应商和风险规避型零售商的供应链模型，采用均值方差函数刻画其效用，得到采用回购合同的最优批发价格和回购价，结论表明最优回购价格依赖于供应商和零售商对风险的态度，且制造商可以通过制定有效的回购价格获得更大的利润。Agrawal & Sechadri(2000)针对需求依赖价格的单周期报童模型，分析了一个供应商对应一个风险规避型零售商或多个风险规避型零售商时的最优订货量和零售价格，并通过引入一个风险中性的分销商来给零售商设计有效的合同，以解决零售商风险规避导致的低订货量问题，并进行相应的风险分担。在此基础上，Agrawal & Sechadri(2000)基于报童模型，研究了风险规避型零售商的最优订购量和零售价格，发现当零售价格影响需求的规模时，风险规避型零售商比风险中性零售商选择的销售价格高，而订货量低；但当零售价格仅影响需求的地理分布时，规避型零售商会选择较低的零售价格。Tsay(2002)采用均值方差函数，分析了风险规避系数如何影响制造商和零售商的关系，及对退货政策的影响。沈厚才等(2007)讨论了风险规避的按单制造企业所面临的定制采购决策问题，并分析了风险规避程度、部件需求不确定性等对最优采购决策的影响。

索寒生、储洪胜等(2004)和 Wang & Webster 等(2007)采用效用函数刻画风险规避因子，研究了一个损失厌恶的零售商和风险中性的供应商(制造商)组成的供应链关于回购契约、利润共享合约及数量折扣契约的协调问题。叶飞(2006)采用均值方差效用函数分析了风险中性供应商和风险规避零售商构成的两级供应链的回购合同，并指出风险规避零售商希望供应商给予较低的批发价格，而宁愿让供应商获取较大的供应链销售收入份额。姚忠(2008)基于一个供应商对应一个风险规避型零售商的供应链报童模型，分析了退货合同的协调性。通过数值分析表明，零售商风险规避使得零售商和其供应商的利润都降低了，且退货合同的协调性也弱化了。汪峻萍等(2019)构建了基于战略顾客行为和条件风险度量的联合促销努力供应链协同模型，研究了风险规避对销售商和供应商决策行为的影响。王道平等(2019)考虑了零售商质量控制和供应链成员风险规避时的供应链网络均衡问题。Zhang & Sethi 等(2022)研究了含有风险规避供应链的协调合同和帕累托改进。叶飞和林强(2012)构建了一个风险规避型供应商和一个风险规避型零售商的供应链模型，讨论了分散化和一体化时的供应链决策行为，分析了风险规避因子对两种决策行为的影响，并采用收益分享合同进行供应链的协调。Zhang & Dong 等(2023)针对风险规避制造商和风险规避零售商构成的双渠道供应链，研究不同区块链策略对双渠道供应链的影响。Wu & Xu 等(2024)针对投资碳减排的风险规避制造商和进行绿色销售努力降低碳足迹的风险规避零售商构成的供应链，研究风险规避对供应链绩效的影响。

以上这些文献虽然考虑了零售商的风险规避特性，但并未基于链与链的竞争环境，分析零售商的风险规避特征、需求不确定等因素对制造商进行流程创新选择的影响，并识别流程创新选择的博弈均衡特征。

1.2.4　文献评述

综上所述，已有相关文献主要存在以下不足：

第一，上述关于供应链与供应链竞争的文献主要集中在纵向控制结构的选择、纵向信息的分享、纵向协调与合同，以及低碳绿色产品的竞争性供应链管理，未基于供应链与供应链竞争环境研究企业是否进行流程创新。

第二，关于流程创新的研究主要基于一对一、一对多或多对一的供应链结构，虽然 Gupta & Loulou(1998)、Gupta(2008)、Gilbert & Xia 等(2006)研究了竞争性供应链环境下基于制造商进行成本改进的流程创新时如何选择纵向控制结构，但未以不进行流程创新为基准，研究供应链成员是否进行自身的流程创新，以及是否帮助上游供应商进行流程创新，更未识别流程创新选择的博弈均衡特征和占优均衡，及考虑需求不确定、需求波动风险、创新投资系数、竞争强度对流程创新选择的影响。

第三，关于风险规避类的研究较多，但未有文献针对供应链与供应链竞争环境考察零售商的风险规避特性、需求不确定性、供应链间的价格竞争等对风险中性制造商和风险规避零售商进行流程创新选择的影响，本书将弥补这些不足。

1.3 研究目的与意义

　　本书将采用博弈论等知识,构建两个制造商对应两个排他性零售商组成的竞争性供应链结构,考虑两条供应链均不进行流程创新、两条供应链均进行流程创新、只有一条供应链进行流程创新三种情形,并以不进行流程创新的情形为基准,研究供应链成员的流程创新选择机制,以实现低成本优势,探索流程创新选择的博弈均衡特征和占优均衡,识别实现制造商绩效改进、上下游双方双赢,以及供应链系统绩效改进的均衡,并揭示横向竞争强度、创新投资系数、需求不确定、风险规避等因素对流程创新选择的影响。

　　本书的研究内容一方面可以拓展现有供应链与供应链竞争、供应链中的流程创新等方面的理论研究,弥补现有供应链竞争环境下供应链成员何时选择流程创新方面的不足,完善 Gupta & Loulou(1998)、Gupta(2008)、Gilbert & Xia 等(2006)等人的研究。另一方面,为供应链与供应链竞争环境下的制造型企业进行流程创新选择提供理论依据和实践参考价值。

1.4 研究内容与结构安排

1.4.1 研究内容

　　基于上述研究问题,本书的具体研究内容如下。

　　第1章:首先阐述本书的研究背景;其次对供应链竞争(包括纵向控制结构选择、纵向信息分享、纵向协调与合同、低碳绿色竞争性供应链管理)、流程创新、风险规避三个方面的文献进行回顾,并指出现有研究的不足;最后提出本书所要研究的目的与意义,介绍本书的研究内容与结构,阐明本研究的创新之处。

　　第2章:基于两条分散化结构的竞争供应链环境,构建了制造商们均进行流程创新、制造商们均不进行流程创新、只有一个制造商进行流程创新的三种供应链竞争模型,运用博弈论等知识,研究制造商们是否选择进行流程创新以降低生产成本,并从供应链各成员绩效改进、上下游双赢、整条供应链绩效改进三个角度分别识别流程创新选择的博弈均衡特征和占优均衡,刻画横向竞争和创新投资系数对流程创新选择的影响。为供应链竞争环境下制造商在何种条件下进行流程创新,特别是上下游如何选择流程创新以实现双赢提供理论借鉴价值。

第 3 章：与第 2 章考虑纯分散化的竞争性供应链模型进行对比，本章将基于一个制造商采用直销渠道、另一个竞争对手制造商采用分销渠道面向市场进行竞争的混合渠道竞争模型，考虑直销制造商和分销制造商均不进行流程创新、直销制造商和分销制造商均进行流程创新、只有直销制造商进行流程创新、只有分销制造商进行流程创新四种情形，分析渠道竞争和创新投资系数对流程创新的单位成本改进量的影响；以不进行流程创新为基准，研究各渠道制造商是否进行流程创新降低生产成本的边界条件，并从制造商绩效改进的角度识别了流程创新选择的占优均衡。为供应链竞争环境下不同渠道制造商是否选择流程创新提供理论参考价值。

第 4 章：不同于第 2 章考虑纯分散化的竞争性供应链、第 3 章考虑直销模式的中心化结构与分销模式的分散化结构构成的混合结构模型，本章将分别考虑两个直销制造商均不进行流程创新、两个直销制造商均进行流程创新、仅一个制造商进行流程创新三种情形，以制造商不进行流程创新为基准，识别直销制造商进行流程创新的决策机制，并对制造商进行流程创新是否实现绩效改进进行相关数值分析。

第 5 章：本章将对第 2 章纯分散化供应链竞争环境下的流程创新、第 3 章中心化与分散化结合的混合竞争供应链的流程创新、第 4 章纯中心化供应链竞争环境下的流程创新选择进行综合比较，分析不同纵向控制结构下制造商进行流程创新的单位成本改进量、制造商的利润、供应链系统利润的大小关系，识别在何种纵向控制结构下进行流程创新能获得相对较大单位成本改进量，探索进行流程创新时制造商角度、供应链系统角度的占优均衡控制结构。

第 6 章：基于两个占渠道主导地位的制造商与两个排他性供应商构成的竞争供应链模型，采用博弈论研究制造商是否帮助其供应商进行流程创新以降低生产成本。讨论制造商们均不扶持其供应商进行流程创新、制造商们均扶持其供应商进行流程创新、只有一个制造商扶持其供应商进行流程创新三种情形，比较各情形的利润，分析竞争强度、创新投资系数对流程创新选择的影响，并识别流程创新实现制造商和供应商双赢的博弈均衡特征和占优均衡。

第 7 章：基于博弈论和均值-方差效用函数，构建两个风险中性制造商和两个风险厌恶型零售商组成的竞争供应链模型，分别考虑制造商们均不进行流程创新、制造商们均进行流程创新、只有一个制造商进行流程创新三种情形，对流程创新的单位成本改进量和零售价格均衡等进行比较分析，并对制造商进行或不进行流程创新时的利润进行比较，识别制造商是否进行流程创新以实现低成本优势的占优均衡选择，刻画需求波动风险、价格竞争强度、流程创新投资系数等制造商进行流程创新选择的影响。本章也将分析当需求不确定转为确定，上下游均为风险中性时链与链基于价格竞争环境下制造商的流程创新选择机制，探索实现制造商和零售商双赢的流程创新选择机制。

第 8 章：对全部研究内容进行总结与阐述，指出本书的研究不足之处，并对未来可研究的方向进行展望。

1.4.2 结构安排

本书结构安排如图 1-1 所示：

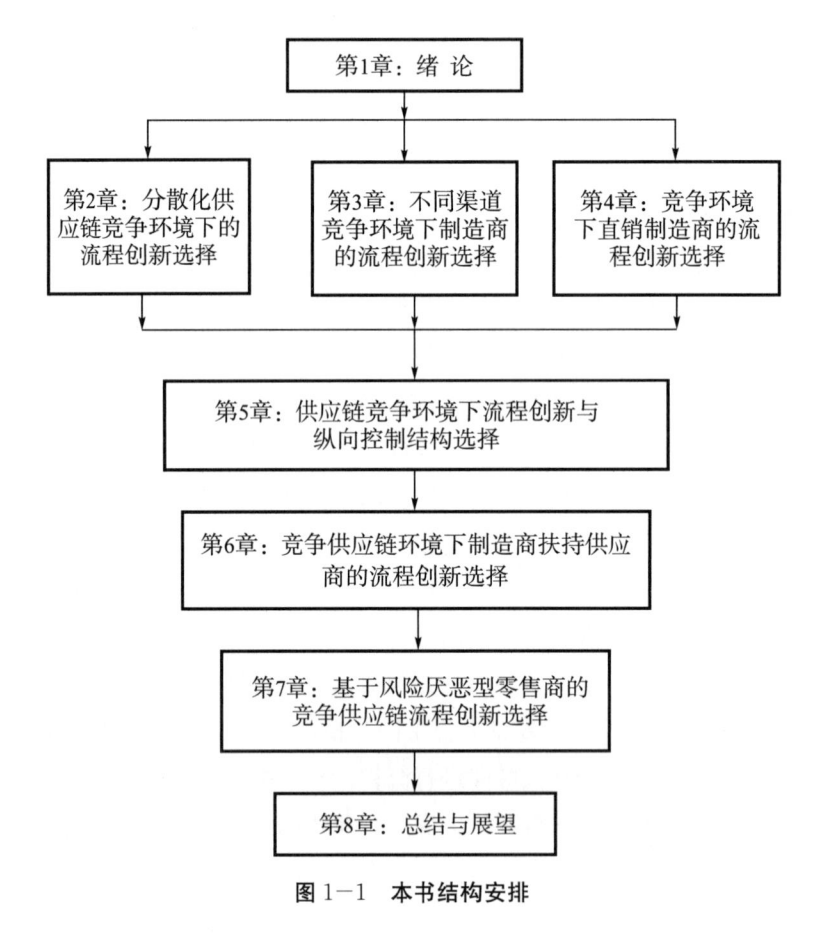

```
                    第1章：绪 论
          ┌────────────┼────────────┐
    第2章：分散化供    第3章：不同渠道    第4章：竞争环境
    应链竞争环境下的   竞争环境下制造商   下直销制造商的流
    流程创新选择       的流程创新选择     程创新选择
          └────────────┼────────────┘
                       │
            第5章：供应链竞争环境下流程创新与
                  纵向控制结构选择
                       │
            第6章：竞争供应链环境下制造商扶持供应
                  商的流程创新选择
                       │
            第7章：基于风险厌恶型零售商的
                  竞争供应链流程创新选择
                       │
                 第8章：总结与展望
```

图 1-1 本书结构安排

1.5 创新之处

本书的创新性在于：

第一，识别了供应链成员在供应链与供应链环境下是否进行流程创新，或是否扶持供应链成员进行流程创新的选择机制。

不同于以往文献主要集中于流程创新时竞争供应链的纵向控制结构选择，本书主要基于供应链与供应链环境下，以不进行流程创新为基准，识别供应链成员是否对自身流程进行创新，或是否扶持供应链成员进行流程创新。

第二，识别了流程创新选择的博弈均衡特征和占优均衡决策，并分析需求波动风险、零售商风险厌恶程度、竞争强度和创新投资系数对流程创新选择的影响。

现有文献未针对供应链环境下的流程创新选择机制进行研究，更未识别供应链单个成员绩效改进、供应链上下游绩效均改进（双赢）、整个供应链系统绩效改进三个角度的流程创新选择机制，充分完善和拓展了现有流程创新的理论研究，弥补了 Gupta & Loulou(1998)等现有文献的不足，也为企业进行流程创新实践提供参考借鉴价值。

第 2 章 分散化供应链竞争环境下的流程创新选择

本章将基于两条分散化结构的竞争供应链环境，构建制造商们均进行流程创新、制造商们均不进行流程创新、只有制造商 2 进行流程创新的三种供应链竞争模型，运用博弈论等知识研究制造商们是否选择进行流程创新以降低生产成本，并从供应链各成员绩效改进、上下游双赢、整条供应链绩效改进三个角度分别识别流程创新选择的博弈均衡特征和占优均衡，刻画横向竞争和创新投资系数对流程创新选择的影响。

2.1 问题的提出

在市场竞争日益激烈的环境下，获取低成本优势成为企业提升竞争力的重要途径之一，如在汽车制造业，2012 年，大众汽车集团打造了 MQB（Modular Querbaukasten）平台；此后，丰田汽车集团也于 2015 年推出 TNGA（Toyota New Global Architecture）平台。两平台皆提高了不同车型乃至跨品牌车型之间的零部件通用性，大幅降低生产制造成本，从而提升产品及整条供应链的竞争力；在手机制造业，不同于三星等手机制造商采用传统的渠道代理商销售手机，小米手机一上市，就以互联网直销渠道销售手机，降低了产品的整体成本，获取了低成本优势，提高了产品的市场竞争力。在民营航空业，美国西南航空通过采用单一机型、点对点短途航线、单一座舱布局和无附赠服务等低成本战略充分提高了市场份额。当现代企业之间的竞争已经逐渐演变为供应链间的竞争，企业是否需要通过优化业务流程，降低生产成本，以获取低成本优势，进而提高整体供应链的竞争力？若竞争对手供应链进行流程创新以获取低成本优势，本供应链中的企业是否也需要进行流程创新以降低生产成本？如果需要，则其进行流程创新的契机如何？供应链间的横向竞争、流程创新投资系数等对流程创新投资选择又有何影响？

现有关于供应链竞争环境下的流程创新研究文献中，与本章最为相关的研究包括：Gupta&Loulou(1998)分析了不同纵向控制结构下流程创新对供应链成员绩效的影响,并指出授权合同可激励制造商进行流程创新以降低生产成本;Gupta(2008)考虑了创新的知识溢出效应,拓展了 Gupta&Loulou 的研究结论;Gilbert&Xia 等(2006)假设制造商和供应商都有成本降低的机会,分析了制造商的外包策略和制造商主导的纵向控制结构选择策略。这类文献研究了流程创新时竞争供应链的纵向控制结构,但未研究企业是否有必要进行流程创新以实现绩效改进,也未识别企业选择流程创新选择的博弈均衡特征和均衡动态演化过程。本章将以不进行流程创新的情形为基准,研究企业是否进行流程创新选择以实现低成本优势,并探索企业进行流程创新选择的博弈均衡特征和动态演化过程,识别实现上下游双方双赢和供应链系统绩效改进的占优均衡,并刻画横向竞争和创新投资系数对流程创新选择的影响。

2.2 基本模型

本章将基于两个制造商分别对应两个排他性零售商构成的竞争供应链模型,如图 2-1 所示。本章将分别从制造商绩效的改进、供应链系统绩效的改进两个角度,研究供应链的流程创新选择机制。

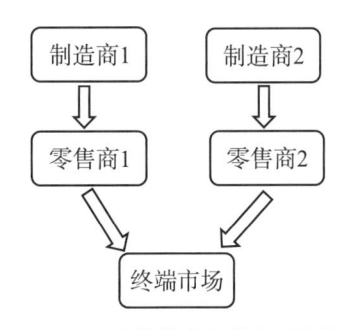

图 2-1 分散化竞争供应链结构

本章中的流程创新,指的是制造商对自身生产流程进行改进的创新投资活动,其目的是降低生产成本,实现低成本优势。根据 Gupta & Loulou(1998),假定流程创新的投资额为 rx_i^2,其中 x_i 为单位成本的改进量,r 为创新投资系数。假定两个制造商未进行流程改进时的单位生产成本均为 c,则制造商 i 改进后的单位生产成本为 $c_i = c - x_i$。

根据 Ha & Tong 等(2011),零售商 i 的逆需求函数为

$$p_i = a - q_i - bq_j, j = 3 - i, i \in \{1,2\} \tag{2-1}$$

式中,a 为最高可行零售价格,$a > c$;q_i 为第 i 条供应链产品的终端需求量;p_i 为产品 i 的零售价格;b 为两种产品的替代系数,$0 < b < 1$,b 越小表明替代性越小,供应链间的横向竞争强度越弱,b 越大表明替代性越大,产品同质化越严重,

供应链间的横向竞争越激烈。

本章供应链成员间的博弈顺序：第一阶段，制造商们选择是否进行流程创新；第二阶段，若制造商 i 进行流程创新，则制造商 i 先决定单位成本改进量 x_i 和批发价格 w_i；如果不进行流程创新，则制造商 i 仅决定 w_i；第三阶段，零售商根据制造商提供的批发价格合同，决定订货量，以满足市场需求。各参数所指含义见表2—1。

表2—1 各参数所指含义

参数	含义
p_i	产品 i 的零售价格
q_i	产品 i 的终端需求量，或者零售商 i 的订货量
a	产品的最高可行零售价格，$a>c$
b	两种产品的替代系数，代表供应链间的竞争强度，$0<b<1$
c	制造商未进行流程创新时的单位生产成本
r	流程创新投资系数
x_i	产品 i 的单位成本改进量，rx_i^2 为流程创新投资成本
c_i	制造商 i 进行流程创新后的单位生产成本，$c_i=c-x_i$
w_i	制造商 i 的产品批发价格
R_i	零售商 i 的利润
M_i	制造商 i 的利润
T_i	整条供应链 i 的利润

为更好研究基于生产成本降低的流程创新，本章有如下四条假定：

(1)供应链中的其他成本，如销售成本、库存成本等均为零，且制造商的生产量正好满足市场需求，即零售商的订货量等于市场需求量。

(2)上下游之间的合同内容常因保密性不为竞争对手所知，遂假定批发价格合同内容不可被竞争对手所观测，这种假定在 McGuire & Staelin(1983)，和 Coughlan & Wernerfelt(2022)等文献中均有体现。

(3)制造商进行流程创新的单位成本改进量无法被竞争对手所获悉，也不存在横向溢出效应。

(4)本章的绩效主要指产出绩效，即收益减去成本之后的净利润。因两条供应链的制造商在第一阶段要决定是否进行流程创新，所以存在两条供应链的制造商均进行流程创新(PP 情形)、两条供应链的制造商均不进行流程创新(NN 情形)、仅制造商2进行流程创新(NP 情形)三种情形。以下将分别针对这三种情形求解博弈均衡。为与第三章、第四章进行对比分析，假定本章角标为 dd。

2.3 模型计算

2.3.1 NN 情形

首先，研究两条竞争供应链均不进行创新，则零售商 i 和制造商 i 的决策函数分别为

$$\text{Max}_{q_i} R_i = (p_i - w_i) q_i \tag{2-2}$$

$$\text{Max}_{w_i} M_i = (w_i - c) q_i \tag{2-3}$$

基于上下游双方之间的博弈顺序，采用倒推法，将式(2-1)代入式(2-2)，由 $\frac{\partial R_i}{\partial q_i} = -2q_i + a - w_i - bq_j$ 及 $\frac{\partial^2 R_i}{\partial q_i^2} = -2 < 0$ 知，零售商 i 有最大利润，且其最优订货量（q_i）为

$$q_i = \frac{a - bq_j - w_i}{2} \tag{2-4}$$

将式(2-4)代入式(2-3)，由式(2-3)可得 $\frac{\partial^2 M_i}{\partial w_i^2} < 0$，易知制造商 i 有最大利润，且制造商 i 的最优批发价格（w_i）为

$$w_i = \frac{a - bq_j + c}{2} \tag{2-5}$$

将式(2-5)代入式(2-4)，可得

$$q_i = \frac{a - bq_j - c}{4} \tag{2-6}$$

因而，同理可得产品 j 的需求量（q_j）为

$$q_j = \frac{a - bq_i - c}{4} \tag{2-7}$$

联立式(2-6)和式(2-7)，结合本小节情形为 NN 情形，以及本章角标为 dd，可得两个零售商的最优订货量分别为

$$q_{idd}^{NN} = \frac{a - c}{4 + b} \tag{2-8}$$

$$q_{jdd}^{NN} = \frac{a - c}{4 + b} \tag{2-9}$$

将式(2-9)代入式(2-5)，可得最优批发价格为

$$w_{idd}^{NN} = \frac{2a + bc + 2c}{4 + b}, i = 1,2 \tag{2-10}$$

将式(2-8)和式(2-9)代入式(2-1)，可得零售商 i 的零售价格均衡为

$$p_{idd}^{NN} = \frac{3a + c + bc}{4 + b}, i = 1, 2 \qquad (2-11)$$

将式(2-8)、式(2-10)和式(2-11)代入式(2-2)和式(2-3)，可得零售商 i 和制造商 i 的最优利润函数分别如下：

$$R_{idd}^{NN} = \frac{(a-c)^2}{(4+b)^2}, i = 1, 2 \qquad (2-12)$$

$$M_{idd}^{NN} = \frac{2(a-c)^2}{(4+b)^2}, i = 1, 2 \qquad (2-13)$$

由式(2-12)和式(2-13)可知，整条供应链 i 的最优利润如下：

$$T_{idd}^{NN} = \frac{3(a-c)^2}{(4+b)^2}, i = 1, 2 \qquad (2-14)$$

由式(2-12)~式(2-14)知，制造商的利润是零售商利润的两倍，制造商的利润占整条供应链利润的三分之二，即制造商作为渠道主导者，攫取了供应链的主要利润。

2.3.2 PP 情形

考虑两个制造商均进行流程创新，此时上下游双方的决策函数表达式分别如下：

$$\text{Max}_{q_i} R_i = (p_i - w_i) q_i \qquad (2-15)$$

$$\text{Max}_{w_i, x_i} M_i = (w_i - c_i) q_i - r x_i^2 \qquad (2-16)$$

式(2-16)中 $c_i = c - x_i$。基于上下游之间的博弈顺序，采用倒推法，由式(2-15)可得零售商 i 利润最大时的最优订货量为

$$q_i = \frac{a - bq_j - w_i}{2} \qquad (2-17)$$

将式(2-17)代入式(2-16)，分别求制造商 i 的最优批发价格和最优单位成本改进量如下：

$$w_i = \frac{a - bq_j + c - x_i}{2} \qquad (2-18)$$

$$x_i = \frac{a - bq_j - w_i}{4r} \qquad (2-19)$$

联立式(2-18)和式(2-19)，可得制造商 i 的最优批发价格和最优单位成本改进量分别为

$$w_i = \frac{4ra - a - 4rbq_j + 4rc + bq_j}{8r - 1} \qquad (2-20)$$

$$x_i = \frac{a - bq_j - c}{8r - 1} \qquad (2-21)$$

将式(2-20)代入式(2-17)，可得零售商 i 的最优订货量为

$$q_i = \frac{2r(a - bq_j - c)}{8r - 1} \quad (2-22)$$

因而，同理可得

$$q_j = \frac{2r(a - bq_i - c)}{8r - 1} \quad (2-23)$$

联立式(2-22)和式(2-23)，结合本小节情形为 PP 情形，以及本章角标为 dd，可得两个零售商的最优订货量分别为

$$q_{idd}^{PP} = \frac{2r(a-c)}{2br + 8r - 1} \quad (2-24)$$

$$q_{jdd}^{PP} = \frac{2r(a-c)}{2br + 8r - 1} \quad (2-25)$$

将式(2-25)代入式(2-20)和式(2-21)，可得最优批发价格和最优单位成本改进量分别为

$$w_{idd}^{PP} = \frac{2cr(2+b) + (4r-1)a}{2br + 8r - 1} \quad (2-26)$$

$$x_{idd}^{PP} = \frac{a-c}{2br + 8r - 1} \quad (2-27)$$

将式(2-24)和(2-25)代入式(2-1)，可得零售商 i 的最优零售价格为

$$p_{idd}^{PP} = \frac{6ra - a + 2rc + 2rbc}{2br + 8r - 1} \quad (2-28)$$

将式(2-26)和式(2-25)代入式(2-15)和式(2-16)，可得零售商 i 和制造商 i 的最优利润函数分别如下

$$R_{idd}^{PP} = \frac{4r^2(a-c)^2}{(2br + 8r - 1)^2} \quad (2-29)$$

$$M_{idd}^{PP} = \frac{r(8r-1)(a-c)^2}{(2br + 8r - 1)^2} \quad (2-30)$$

由式(2-29)和式(2-30)可得整条供应链 i 的最优利润如下

$$T_{idd}^{PP} = \frac{r(12r-1)(a-c)^2}{(2br + 8r - 1)^2} \quad (2-31)$$

由式(2-30)可知，制造商 i 进行流程创新的前提是其创新投资系数 $r > \frac{1}{8}$ 才能保证其利润为正。

对比式(2-11)和式(2-28)可得

$$p_{idd}^{PP} - p_{idd}^{NN} = \frac{-(a-c)(1+b)}{(2br + 8r - 1)(4 + b)} \quad (2-32)$$

同理，对比式(2-10)和式(2-26)可得

$$w_{idd}^{PP} - w_{idd}^{NN} = \frac{-(a-c)(2+b)}{(2br + 8r - 1)(4 + b)} \quad (2-33)$$

因为 $a>c$，所以依据式（2-32）和式（2-33）可得如下命题。

命题 2-1 $p_{idd}^{PP}<p_{idd}^{NN}$，$w_{idd}^{PP}<w_{idd}^{NN}$。

命题 2-1 表明，流程创新可以弱化供应链中的双重边际效应（双重边际效应指供应链上、下游企业为了谋求各自利益最大化，在独立决策的过程中确定的产品价格高于其生产边际成本的现象）。由供应链管理知识可知，分散化供应链中存在双重边际效应，为了降低这种效应，通常采用合同进行协调。而该命题表明当制造商无法和零售商进行供应链的合同协调时，或者不具备对供应链进行纵向协调的条件时，可以通过进行流程创新降低生产成本的方式改善供应链中的双重加价行为，降低终端零售价格，使消费者获益，也提高供应链的竞争力。

2.3.3 NP 情形

因两条竞争供应链具有对称性，假设仅制造商 2 进行流程创新，则此时上下游双方的决策函数表达式分别为

$$\text{Max}_{q_1} R_1 = (p_1 - w_1)q_1 \tag{2-34}$$

$$\text{Max}_{w_1} M_1 = (w_1 - c)q_1 \tag{2-35}$$

$$\text{Max}_{q_2} R_2 = (p_2 - w_2)q_2 \tag{2-36}$$

$$\text{Max}_{w_2, x_2} M_2 = (w_2 - c_2)q_2 - rx_2^2 \tag{2-37}$$

式中，R_1 和 R_2 分别是零售商 1 和零售商 2 的利润，M_1 和 M_2 分别是制造商 1 和制造商 2 的利润，$c_2 = c - x_2$。根据博弈顺序，采用逆推法，将式（2-1）代入式（2-34），由 $\frac{\partial R_1}{\partial q_1} = -2q_1 + a - w_1 - bq_2$ 及 $\frac{\partial^2 R_1}{\partial q_1^2} = -2 < 0$ 可知，零售商 1 有最大利润，且其最优订货量（q_1）为

$$q_1 = \frac{a - bq_2 - w_1}{2} \tag{2-38}$$

将式（2-38）代入式（2-35），由式（2-35）可得 $\frac{\partial^2 M_1}{\partial w_1^2} < 0$，易知制造商 1 有最大利润，且制造商 1 的最优批发价格（w_1）为

$$w_1 = \frac{a - bq_j + c}{2} \tag{2-39}$$

将式（2-39）代入式（2-38），可得

$$q_1 = \frac{a - bq_2 - c}{4} \tag{2-40}$$

同理，采用倒推法，由（2-36）可得零售商 2 利润最大时的最优订货量（q_2）为

$$q_2 = \frac{a - bq_1 - w_2}{2} \tag{2-41}$$

将式(2-41)代入式(2-37)，分别求制造商 2 的最优批发价格和最优单位成本改进量如下

$$w_2 = \frac{a - bq_1 + c - x_2}{2} \tag{2-42}$$

$$x_2 = \frac{a - bq_1 - 2}{4r} \tag{2-43}$$

联立式(2-42)和式(2-43)，可得制造商 2 的最优批发价格和最优单位成本改进量分别为

$$w_2 = \frac{4ra - a - 4rbq_1 + 4rc + bq_1}{8r - 1} \tag{2-44}$$

$$x_2 = \frac{a - bq_1 - c}{8r - 1} \tag{2-45}$$

将式(2-44)代入式(2-41)，可得零售商 2 的最优订货量为

$$q_2 = \frac{2r(a - bq_1 - c)}{8r - 1} \tag{2-46}$$

联立式(2-40)和式(2-46)，结合本小节情形为 NP 情形及本章角标为 dd，可得零售商 1 和零售商 2 的最优订货量分别为

$$q_{1dd}^{NP} = \frac{(a-c)(2br - 8r + 1)}{2(b^2 r - 16r + 2)} \tag{2-47}$$

$$q_{2dd}^{NP} = \frac{r(a-c)(b-4)}{b^2 r - 16r + 2} \tag{2-48}$$

进而可求得制造商 1 和制造商 2 的最优批发价格分别为

$$w_{1dd}^{NP} = \frac{(b-4)(bc + 2a + 2c)r + c + a}{b^2 r - 16r + 2} \tag{2-49}$$

$$w_{2dd}^{NP} = \frac{2(b-4)(bc + 2a + 2c)r + bc + 4a - ab}{2(b^2 r - 16r + 2)} \tag{2-50}$$

制造商 2 的最优单位改进成本为

$$x_{2dd}^{NP} = \frac{(b-4)(a-c)}{2(b^2 r - 16r + 2)} \tag{2-51}$$

零售商 1 和零售商 2 的最优零售价格分别为

$$p_{1dd}^{NP} = \frac{2(b-4)(bc + 3a + c)r + c + 3a}{2(b^2 r - 16r + 2)} \tag{2-52}$$

$$p_{2dd}^{NP} = \frac{2(b-4)(bc + 3a + c)r + bc + 4a - ab}{2(b^2 r - 16r + 2)} \tag{2-53}$$

对比式(2-52)与式(2-53)以及式(2-49)与式(2-50)，得到

$$p_{2dd}^{NP} - p_{1dd}^{NP} = \frac{(a-c)(1-b)}{2(b^2 r - 16r + 2)} \tag{2-54}$$

$$w_{2dd}^{NP} - w_{1dd}^{NP} = \frac{(a-c)(2-b)}{2(b^2 r - 16r + 2)} \tag{2-55}$$

如果制造商想获得正的单位成本改进量，即 $b^2r - 16r + 2 < 0$，则由式(2-54)与式(2-55)可得 $p_{2dd}^{NP} < p_{1dd}^{NP}$，$w_{2dd}^{NP} < w_{1dd}^{NP}$，同样说明流程创新有助于缓解供应链的双重加价现象，该结论同命题 2-1。

将式(2-47)~式(2-53)分别代入式(2-34)~式(2-37)，可得两条供应链中制造商和零售商的最优利润分别如下

$$R_{1dd}^{NP} = \frac{(2br + 1 - 8r)^2 (a - c)^2}{4(b^2r - 16r + 2)^2} \tag{2-56}$$

$$M_{1dd}^{NP} = \frac{(2br + 1 - 8r)^2 (a - c)^2}{2(b^2r - 16r + 2)^2} \tag{2-57}$$

$$R_{2dd}^{NP} = \frac{r^2 (b - 4)^2 (a - c)^2}{(b^2r - 16r + 2)^2} \tag{2-58}$$

$$M_{2dd}^{NP} = \frac{r(8r - 1)(b - 4)^2 (a - c)^2}{4(b^2r - 16r + 2)^2} \tag{2-59}$$

由式(2-56)~式(2-59)可得整条供应链的最优利润如下

$$T_{1dd}^{NP} = \frac{3(2br + 1 - 8r)^2 (a - c)^2}{4(b^2r - 16r + 2)^2} \tag{2-60}$$

$$T_{2dd}^{NP} = \frac{r(12r - 1)(b - 4)^2 (a - c)^2}{4(b^2r - 16r + 2)^2} \tag{2-61}$$

结合式(2-13)与式(2-14)、式(2-30)与(2-31)，以及式(2-57)与(2-60)、式(2-59)与(2-61)可知

$$\frac{M_{idd}^{NN}}{T_{idd}^{NN}} = \frac{M_{1dd}^{NP}}{T_{1dd}^{NP}} = \frac{2}{3} \tag{2-62}$$

$$\frac{M_{idd}^{PP}}{T_{idd}^{PP}} = \frac{M_{2dd}^{NP}}{T_{2dd}^{NP}} = \frac{8r - 1}{12r - 1} \tag{2-63}$$

$$\frac{M_{idd}^{PP}}{T_{idd}^{PP}} - \frac{M_{idd}^{NN}}{T_{idd}^{NN}} = \frac{M_{2dd}^{NP}}{T_{2dd}^{NP}} - \frac{M_{1dd}^{NP}}{T_{1dd}^{NP}} = \frac{-1}{3(12r - 1)} \tag{2-64}$$

若制造商执行流程创新，则为保证其利润为正，创新投资系数 $r > \frac{1}{8}$，因而 $\frac{M_{idd}^{PP}}{T_{idd}^{PP}} - \frac{M_{idd}^{NN}}{T_{idd}^{NN}} < 0$，$\frac{M_{2dd}^{NP}}{T_{2dd}^{NP}} - \frac{M_{1dd}^{NP}}{T_{1dd}^{NP}} < 0$，可得如下命题。

命题 2-2 $\frac{M_{idd}^{PP}}{T_{idd}^{PP}} < \frac{M_{idd}^{NN}}{T_{idd}^{NN}}$，$\frac{M_{2dd}^{NP}}{T_{2dd}^{NP}} < \frac{M_{1dd}^{NP}}{T_{1dd}^{NP}}$。

命题 2-2 表明流程创新具有杠杆作用，可以重新分配供应链成员的利润，制造商虽然是渠道主导者，但其创新具有溢出效应，可以使得零售商获益，提高了零售商在供应链中的利润分配比例，也表明作为渠道主导者的制造商需知晓，虽然流程创新降低了自身成本，但也会降低自身在供应链中的利润分配比例。

2.4 横向竞争和创新投资系数对供应链绩效的影响

为考察横向竞争和流程创新投资系数对供应链成员绩效的影响,首先由 R_{idd}^{PP}, R_{2dd}^{NP}, M_{idd}^{PP}, M_{2dd}^{NP} 的表达式即可知 $R_{idd}^{PP}>0$, $R_{2dd}^{NP}>0$;当 $r>\frac{1}{8}$ 时,$M_{idd}^{PP}>0$, $M_{2dd}^{NP}>0$。制造商和零售商进行创新时的利润差表示如下

$$M_{idd}^{PP}-R_{idd}^{PP}=\frac{r(a-c)^2(4r-1)}{(2br+8r-1)^2}$$

$$M_{2dd}^{NP}-R_{2dd}^{NP}=\frac{r(a-c)^2(4-b)^2(4r-1)}{4(16r-b^2r-2)^2}$$

可知当 $\frac{1}{8}<r<\frac{1}{4}$ 时,$M_{idd}^{PP}<R_{idd}^{PP}$, $M_{2dd}^{NP}<R_{2dd}^{NP}$;当 $r>\frac{1}{4}$ 时,$M_{idd}^{PP}>R_{idd}^{PP}$, $M_{2dd}^{NP}>R_{2dd}^{NP}$。因而可得命题 2-3a,命题 2-3b 如下。

命题 2-3a $R_{idd}^{PP}>0$, $R_{2dd}^{NP}>0$;当 $r>\frac{1}{8}$ 时,$M_{idd}^{PP}>0$, $M_{2dd}^{NP}>0$。

命题 2-3b 当 $\frac{1}{8}<r<\frac{1}{4}$ 时,$M_{idd}^{PP}<R_{idd}^{PP}$, $M_{2dd}^{NP}<R_{2dd}^{NP}$;当 $r>\frac{1}{4}$ 时,$M_{idd}^{PP}>R_{idd}^{PP}$, $M_{2dd}^{NP}>R_{2dd}^{NP}$。

命题 2-3a 表明当制造商进行流程创新时,当流程创新投资系数 $>\frac{1}{8}$ 时,制造商才能获利,而零售商由于制造商降低生产成本,其采购成本降低,利润始终为正,不受制造商投资系数的影响。

命题 2-3b 表明若流程创新投资系数在 $\left(\frac{1}{8},\frac{1}{4}\right)$ 范围内(如图 2-2 和图 2-3 中的区域 I 所示),则制造商进行流程创新投资时,零售商未付出任何成本,其利润反而高于制造商,不仅实现了免费搭便车,还获取了整条供应链的大部分利润,此时由创新产生的正的纵向外部性会降低制造商通过流程创新降低成本的积极性。因而制造商若想获取供应链系统的大部分利润,则需保证创新投资系数 $>\frac{1}{4}$(如图 2-2 和图 2-3 中的区域 II 所示),此时由降低生产成本产生的正的纵向外部性减弱,零售商受益程度减小,制造商将获取大部分低成本优势带来的益处。并且,制造商在流程创新方面投入的费用越高,其和零售商间的利润之差越来越大,制造商在渠道中的利润占比也越来越大。

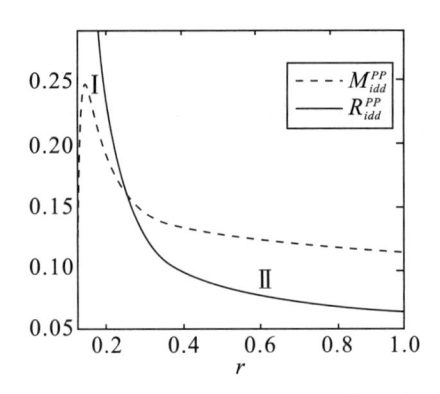

图 2-2　$a=2$，$c=1$，$b=0.5$ 时 M_{idd}^{PP} 和 R_{idd}^{PP} 关于 r 的函数图像

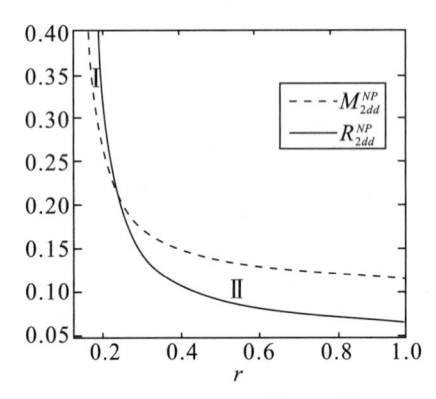

图 2-3　$a=2$，$c=1$，$b=0.5$ 时 M_{2dd}^{NP} 和 R_{2dd}^{NP} 关于 r 的函数图像

流程创新投资系数对创新时制造商和零售商绩效的影响如命题 2-4 所示。

命题 2-4a　当 $\frac{1}{8}<r<\frac{1}{2(4-b)}$ 时，$\frac{\partial M_{idd}^{PP}}{\partial r}>0$；当 $\frac{1}{8}<r<\frac{2}{16-b^2}$ 时，$\frac{\partial M_{2dd}^{NP}}{\partial r}>0$ 且 $\frac{\partial R_{2dd}^{NP}}{\partial r}>0$。

命题 2-4b　当 $r>\frac{1}{2(4-b)}$ 时，$\frac{\partial M_{idd}^{PP}}{\partial r}<0$；当 $r>\frac{2}{16-b^2}$ 时，$\frac{\partial M_{2dd}^{NP}}{\partial r}<0$ 且 $\frac{\partial R_{2dd}^{NP}}{\partial r}<0$。

命题 2-4c　$\frac{\partial R_{idd}^{PP}}{\partial r}<0$。

证明：均创新的两条供应链中制造商和零售商的利润函数关于创新投资系数 r 的一阶导数如下所示

$$\frac{\partial M_{idd}^{PP}}{\partial r}=\frac{(a-c)^2(1-8r+2br)}{(2br+8r-1)^3}$$

$$\frac{\partial R_{idd}^{PP}}{\partial r}=\frac{-8r(a-c)^2}{(2br+8r-1)^3}$$

基于不创新链与创新链对混合结构 NP 中，进行流程创新的制造商和零售商利润函数关于创新投资系数 r 的一阶导数如下所示

$$\frac{\partial M_{2dd}^{NP}}{\partial r} = \frac{(a-c)^2(4-b)^2(b^2r+16r-2)}{4(16r-b^2r-2)^3}$$

$$\frac{\partial R_{2dd}^{NP}}{\partial r} = \frac{4r(a-c)^2(4-b)^2}{(16r-b^2r-2)^3}$$

得到当 $\frac{1}{8} < r < \frac{1}{2(4-b)}$ 时，$\frac{\partial M_{idd}^{PP}}{\partial r} > 0$；当 $r > \frac{1}{2(4-b)}$ 时，$\frac{\partial M_{idd}^{PP}}{\partial r} < 0$，$\frac{\partial R_{idd}^{PP}}{\partial r} < 0$。当 $\frac{1}{8} < r < \frac{2}{16-b^2}$ 时，$\frac{\partial M_{2dd}^{NP}}{\partial r} > 0$，且 $\frac{\partial R_{2dd}^{NP}}{\partial r} > 0$；当 $r > \frac{2}{16-b^2}$ 时，$\frac{\partial M_{2dd}^{NP}}{\partial r} < 0$ 且 $\frac{\partial R_{2dd}^{NP}}{\partial r} < 0$。命题 2-4 得证。

命题 2-4 表明，不管是两条供应链均进行创新的竞争供应链结构，还是仅一条供应链进行流程创新的竞争供应链结构，当制造商进行流程创新的投资系数相对较小，创新投资额度相对较低时，制造商的利润会随着创新系数的增大而提高；当创新投资系数相对较大，则投资额度相对较高，制造商的利润反而随着创新投资系数的增大而降低。然而，零售商的利润在不同的竞争供应链结构中随创新投资系数的变化不同。在两条均进行创新的竞争供应链结构中，零售商的利润随制造商创新投资系数的增大而减小；在仅一条进行创新的结构中，零售商的利润变化与制造商的利润变化一致。

记供应链间的竞争强度阈值 $b_1 = \frac{\sqrt{2(8r-1)}}{\sqrt{r}}$，则有如下命题 2-5a，命题 2-5b，命题 2-5c。

命题 2-5a 当 $0.125 < r < 0.133$ 且 $0 < b < b_1 < 1$ 时，或者当 $r \geq 0.133$ 时，$x_{2dd}^{NP} > 0$，$M_{2dd}^{NP} > M_{1dd}^{NP}$。

命题 2-5b 当 $0.125 < r < 0.133$ 且 $b_1 < b < 1$ 时，$x_{2dd}^{NP} < 0$，$M_{2dd}^{NP} < M_{1dd}^{NP}$。

命题 2-5c 当 $r > 0.125$ 时，$R_{2dd}^{NP} > R_{1dd}^{NP}$，$T_{2dd}^{NP} > T_{1dd}^{NP}$。

证明：由 b_1 与 1 之差的表达式

$$b_1 - 1 = \frac{15r-2}{r(1+b_1)}$$

知当 $0.125 < r \leq \frac{2}{15} \approx 0.133$ 时，$b_1 \leq 1$。

基于 $b_1 = \frac{\sqrt{2(8r-1)}}{\sqrt{r}}$，$NP$ 结构下单位改进成本、制造商 1 和制造商 2 的利润差如下

$$x_{2dd}^{NP} = \frac{(a-c)(b-4)}{2r(b-b_1)(b+b_1)}$$

$$M_{1dd}^{NP} - M_{2dd}^{NP} = \frac{(a-c)^2}{4r(b-b_1)(b+b_1)}$$

易知当 $b<b_1$ 时，$x_{2dd}^{NP}>0$，$M_{1dd}^{NP}<M_{2dd}^{NP}$；当 $b>b_1$ 时，$x_{2dd}^{NP}<0$，$M_{1dd}^{NP}>M_{2dd}^{NP}$。

结合 $0.125<r\leqslant 0.133$ 时，$b_1\leqslant 1$，易知当 $0.125<r<0.133$ 且 $0<b<b_1<1$，或者当 $r\geqslant 0.133$ 时，$x_{2dd}^{NP}>0$，$M_{2dd}^{NP}>M_{1dd}^{NP}$；当 $0.125<r<0.133$ 且 $b_1<b<1$ 时，$x_{2dd}^{NP}<0$，$M_{2dd}^{NP}<M_{1dd}^{NP}$。命题 2-5a 和命题 2-5b 得证。

另外，NP 结构下零售商 1 和零售商 2 的利润之差、供应链 1 和供应链 2 的利润差如下。

$$R_{1dd}^{NP} - R_{2dd}^{NP} = \frac{(a-c)^2(16r-4br-1)}{4(b^2r+16r-2)^2}$$

$$T_{1dd}^{NP} - T_{2dd}^{NP} = \frac{(a-c)^2(32r-4br-b^2r-3)}{4(b^2r+16r-2)^2}$$

易知当 $r>\frac{1}{8}$ 时，$R_{2dd}^{NP}>R_{1dd}^{NP}$，$T_{2dd}^{NP}>T_{1dd}^{NP}$。命题 2-5c 得证。

命题 2-5 表明，在不创新和创新的混合竞争供应链结构中：

(1)当流程创新投资额度相对较低（$r<0.133$），且横向竞争相对较弱（$b<b_1$）；或者只要投资额度相对较高（$r>0.133$），不管横向竞争强度如何，则创新链的成本改进量为正，且此时制造商的绩效优于不创新的竞争对手绩效。

(2)表明当创新投资系数较小，且横向竞争相对较激烈时，则进行流程创新链的成本改进量为负，制造商绩效反而低于不创新的竞争对手，即横向竞争激烈时，若创新投资额小，则不适宜进行流程创新投资。

(3)只要制造商愿意进行流程创新，总能使其零售商获益，且其零售商利润和整条供应链系统利润都高于不创新的竞争对手零售商利润和供应链系统总利润。

命题 2-6a $\frac{\partial x_{idd}^{PP}}{\partial b}<0$。

命题 2-6b 当 $\frac{1}{8}<r<\frac{2}{(b-4)^2}$ 时，$\frac{\partial x_{2dd}^{NP}}{\partial b}>0$；当 $r>\frac{2}{(b-4)^2}$ 时，$\frac{\partial x_{2dd}^{NP}}{\partial b}<0$。

命题 2-6c $\frac{\partial x_{idd}^{PP}}{\partial r}<0$，$\frac{\partial x_{2dd}^{NP}}{\partial r}<0$。

证明：由 x_{idd}^{PP} 和 x_{2dd}^{NP} 的表达式可知 $\frac{\partial x_{idd}^{PP}}{\partial b}<0$，$\frac{\partial x_{idd}^{PP}}{\partial r}<0$，$\frac{\partial x_{2dd}^{NP}}{\partial r}<0$；命题 2-6a 和命题 2-6c 得证。

另外，x_{2dd}^{NP} 关于竞争强度 b 的一阶导数如下

$$\frac{\partial x_{2dd}^{NP}}{\partial b} = \frac{-(a-c)(b-4)^2\dfrac{r-2}{(b-4)^2}}{4(b^2r+16r-2)^4}$$

知当 $\frac{1}{8} < r < \frac{2}{(b-4)^2}$ 时，$\frac{\partial x_{2dd}^{NP}}{\partial b} > 0$；当 $r > \frac{2}{(b-4)^2}$ 时，$\frac{\partial x_{2dd}^{NP}}{\partial b} < 0$。命题 2-6b 得证。

命题 2-6a 表明，若两制造商均进行流程创新，则当横向竞争越激烈，单位成本改进量越小，说明横向竞争非常激烈时不适宜进行流程创新投资。从图 2-4 和图 2-5 可直观看出，不管流程创新投资系数如何，单位成本改进量均随横向竞争的加剧而减少。

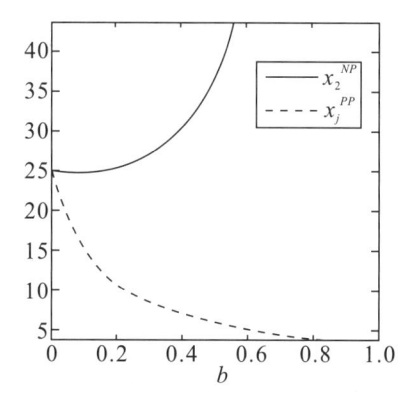

图 2-4 $a=2$，$c=1$，$r=0.13$ 时单位成本改进量随 b 的变化趋势

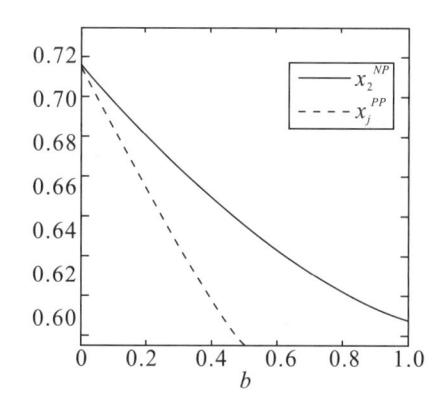

图 2-5 $a=2$，$c=1$，$r=0.3$ 时单位成本改进量随 b 的变化趋势

命题 2-6b 表明，在不创新与创新的混合竞争供应链结构中，当创新链中的流程创新系数 $r < \frac{2}{(b-4)^2}$ 时，单位成本改进量随着横向竞争的加剧而增大（如图 2-4 所示）；而当流程创新投资系数 $r > \frac{2}{(b-4)^2}$ 时，横向竞争又加剧，则单位成本改进量会减小（如图 2-5 所示），说明单位成本改进量受创新投资系数和横向竞争双重影响，横向竞争非常激烈时，若要进行流程创新，则需提高创新技术水平，降低创新投资成本。由图 2-4 和图 2-5 可知，不管制造商进行生产成本降低创新是较容易还是较难，只要制造商进行创新，则混合结构时的成本改进量大于纯创新结构中的成本改进量。

命题 2-6c 说明，不管是两条均进行流程创新的竞争性供应链，或者仅一条供应链进行流程创新的混合型供应链，当流程创新投资系数越大，说明创新的成本投资额越高，创新难度越大，单位成本改进量反而越小（如图 2-6 所示），且由图 2-6 可知 NP 结构中的成本改进量高于 PP 结构中的单位成本改进量。

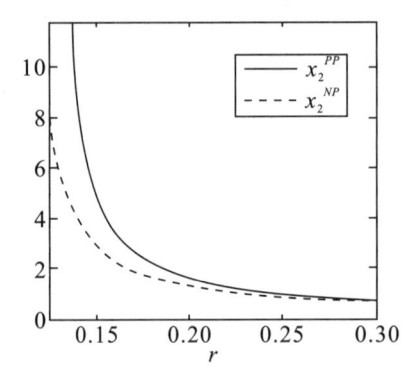

图 2-6　$a=2$，$c=1$，$b=0.5$ 时单位成本改进量随 r 的变化趋势

2.5　基于制造商和零售商角度的流程创新投资选择

2.5.1　两条竞争供应链均进行或均不进行创新

记 $M_{idd}^{PP}=M_{idd}^{NN}$ 关于竞争强度 b 的边界值分别为 b_1 和 b_2，其值分别为 $b_1=\sqrt{\dfrac{2(8r-1)}{r}}$，$b_2=-b_1$，因而可得如下引理和命题。

引理 2-1a　当 $r>0.125$ 时，$b_1>0$，$b_2<0$。

引理 2-1b　当 $0.125<r\leqslant 0.133$ 且 $0<b_1\leqslant 1$；当 $r>0.133$ 时，$b_1>1$。

命题 2-7a　当 $0.125<r\leqslant 0.133$ 且 $0<b<b_1\leqslant 1$ 时，或者当 $r>0.133$ 时，$M_{idd}^{PP}>M_{idd}^{NN}$。

命题 2-7b　当 $r>0.125$ 时，$R_{idd}^{PP}>R_{idd}^{NN}$。

证明：由 b_1 和 b_2 的表达式知 $r>\dfrac{1}{8}$ 时，$b_1>0$，$b_2<0$，且有

$$b_1-1=\dfrac{b_1^2-1}{b_1+1}=\dfrac{\dfrac{2(8r-1)}{r}-1}{b_1+1}=\dfrac{15r-2}{r(b_1+1)}$$

可知当 $0.125<r\leqslant \dfrac{2}{15}\approx 0.133$ 且 $0<b_1\leqslant 1$；$r>0.133$ 时，$b_1>1$。

且制造商在均创新和均不创新时的利润之差如下

$$M_{idd}^{PP} - M_{idd}^{NN} = \frac{-r(a-c)^2(b-b_1)(b-b_2)}{(4+b)^2(2br+8r-1)^2}$$

遂可知当 $0.125 < r \leqslant 0.133$ 且 $0 < b < b_1 \leqslant 1$ 时，或者当 $r > 0.133$ 时，$M_{idd}^{PP} > M_{idd}^{NN}$。

又零售商在均创新和均不创新时的利润之差如下

$$R_i^{PP} - R_i^{NN} = \frac{(a-c)^2(16r+4br-1)}{(4+b)^2(2br+8r-1)^2}$$

知当 $r > 0.125$ 时，$R_i^{PP} > R_i^{NN}$，命题 2-7 得证。

命题 2-7 可以表明以下两点。

(1)若两条竞争性供应链均采取相同的策略（均创新或均不创新），对于制造商而言，当制造商的流程创新投资系数相对较小且供应链间的横向竞争相对较弱时，制造商就能获得比不创新时更高的利润，实现帕累托绩效改进。当流程创新投资系数大于 0.133 时，制造商必然能实现绩效改进，不受横向竞争强度影响，说明即使横向竞争非常激烈，只要流程创新投资系数相对较大，则依然能实现绩效改进。

(2)对于零售商而言，只要制造商进行流程创新，零售商即可获得绩效改进，且不受横向竞争和流程创新投资系数的影响。虽然零售商并不进行业务流程创新活动，但制造商降低生产成本的流程创新直接产生纵向溢出效应，使零售商免费搭便车。

由命题 2-7 可得如下推论：

推论 2-1 当 $0.125 < r \leqslant 0.133$ 且 $0 < b < b_1 \leqslant 1$ 时，或者当 $r > 0.133$ 时，$M_{idd}^{PP} > M_{idd}^{NN}$，$R_{idd}^{PP} > R_{idd}^{NN}$。

推论 2-1 表明，当制造商的流程创新投资系数相对较小，创新投资成本相对较低，且两条供应链间的横向竞争较弱，产品差异化较大时，则制造商通过流程创新可使其和零售商均实现绩效改进，强化产品差异化优势和低成本优势。结合命题 2-3 可知，虽然此时上下游双方均实现了绩效改进，但进行流程创新后制造商的绩效却小于零售商的绩效。另外，当创新投资系数大于 0.133，即创新投资额度较高时，则不管外部竞争环境如何，制造商和零售商均能实现帕累托改进。值得关注的是，此时若流程创新投资系数位于区间 (0.133, 0.25) 内，则制造商绩效依然小于零售商绩效；若制造商既想通过流程创新实现上下游双赢，又想获得整条供应链的大部分利润，则需保证流程创新投资系数大于 0.25。

为直观观察流程创新投资系数和竞争强度对制造商和零售商绩效的影响，令 $a=2$，$b=0.5$，$c=1$，画出制造商和零售商的绩效函数图分别如图 2-7 和图 2-8 所示。由图 2-7 可知，如果竞争对手供应链和自己都进行流程创新，则随着创新投资成本的增加，制造商的绩效改进量先快速增加而后缓慢减小，零售商的绩效改进量则先快速下降，而后缓慢下降；随着供应链间的竞争加剧，制造商和零售商的绩效改进量均下降，但零售商降得更快。图2-7和图2-8均表明，零售商的绩效改进量超过制造商，即零售商搭了制造商流程改进的便车，获得了高于制造商的绩效改进量。

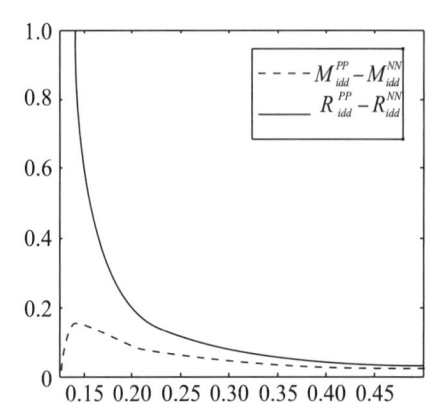

图2-7 $a=2$，$b=0.5$，$c=1$时流程创新投资系数r对制造商和零售商绩效改进量的影响

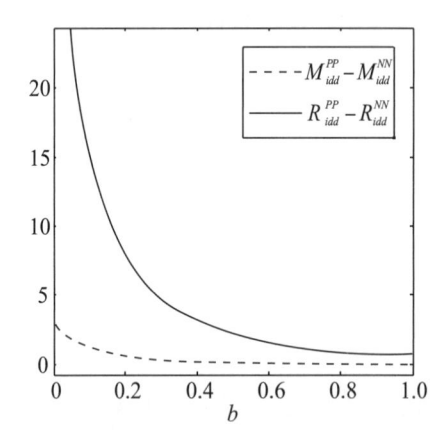

图2-8 $a=2$，$c=1$，$r=0.13$时竞争强度b对制造商和零售商绩效改进量的影响

推论2-2 当$0.125<r<0.133$且$0<b_1<b<1$时，制造商没有动力进行流程创新。

推论2-2表明，当流程创新投资系数位于区间$(0.125, 0.133)$内，且横向竞争强度系数大于b_1时，即创新投资额相对较低，且产品同质化竞争激烈时，虽然制造商进行创新能使制造商盈利、零售商实现绩效改进，但不能使制造商获得绩效改进。对于理性的制造商而言，面对这种情况会放弃流程创新。

2.5.2 若竞争对手供应链不进行流程创新

记$M_{2dd}^{NP}=M_{2dd}^{NN}$关于横向竞争强度$b$的有效边界$b_3$为

$$b_3=-2\left[\frac{2(8r-1)}{r}\right]^{\frac{1}{4}},\ b_4=-b_3$$

记 $R_{2dd}^{NP}=R_{2dd}^{NN}$ 关于横向竞争强度 b 的有效边界 b_5 为

$$b_5=\sqrt{\frac{16r-1}{r}}$$

引理 2-2a　当 $r>0.125$ 时，$b_3<0$，$b_4>0$，$b_5>2\sqrt{2}$；

引理 2-2b　当 $r>0.126$ 时，$b_4>1$。

命题 2-8a　当 $0.125<r\leqslant 0.126$，$0<b<b_4\leqslant 1$ 时，或者当 $r>0.126$ 时，$M_{2dd}^{NP}>M_{2dd}^{NN}$；

命题 2-8b　当 $r>0.125$ 时，$R_{2dd}^{NP}>R_{2dd}^{NN}$。

证明：若竞争对手制造商不进行流程创新，进行流程创新和不进行流程创新的制造商利润之差、零售商利润之差分别如下

$$M_{2dd}^{NP}-M_{2dd}^{NN}=\frac{-r(a-c)^2(b-b_3)(b-b_4)(b^2+4b_1)}{4(4+b)^2(b^2r+16r-2)^2}$$

$$R_{2dd}^{NP}-R_{2dd}^{NN}=\frac{-4r(a-c)^2(b-b_5)(b+b_5)}{(4+b)^2(b^2r+16r-2)^2}$$

由 b_3，b_4，b_5 的表达式可知，当 $r>0.125$ 时，$b_3<0$，$b_4>0$，$b_5>2\sqrt{2}$，并且

$$b_4-1=\frac{b_4^2-1}{b_4+1}=\frac{b_4^4-1}{(b_4+1)(b_4^2+1)}=\frac{\frac{32(8r-1)}{r-1}}{(b_4+1)(b_4^2+1)}=\frac{(255r-32)}{r(b_4+1)(b_4^2+1)}$$

可知当 $0.125<r\leqslant\frac{32}{255}\approx 0.126$ 时，$0<b_4\leqslant 1$；当 $r>\frac{32}{255}\approx 0.126$ 时，$b_4>1$。

因而可得当 $0.125<r\leqslant 0.126$，$0<b<b_4\leqslant 1$ 时，或者当 $r>0.126$ 时，$M_{2dd}^{NP}>M_{2dd}^{NN}$。当 $r>0.125$ 时，$R_{2dd}^{NP}>R_{2dd}^{NN}$。命题 2-8 得证。

命题 2-8a 表明，若竞争对手制造商不进行流程创新，则当流程创新投资额度相对较低，流程创新投资系数位于区间 $(0.125, 0.126]$ 内，且横向竞争相对较弱，竞争强度小于 b_4，或者不管横向竞争强度如何，只要流程创新投资额度较高（投资系数大于 0.126）时，制造商进行流程创新可实现绩效改进。

命题 2-8b 表明，只要制造商进行流程创新，不管制造商是否能通过流程创新获益，零售商总能实现绩效改进，且不受创新投资系数和竞争强度影响。

由命题 2-8 可得如下推论。

推论 2-3　当 $0.125<r\leqslant 0.126$，$0<b<b_4\leqslant 1$ 时，或者当 $r>0.126$ 时，$M_{2dd}^{NP}>M_{2dd}^{NN}$，$R_{2dd}^{NP}>R_{2dd}^{NN}$。

推论 2-3 表明，若竞争对手制造商不进行流程创新，则制造商在横向竞争相对较弱时，以较小的流程创新投资系数即可实现其和零售商绩效改进的双赢；或者不管横向竞争强度如何，只要流程创新投资系数超过临界值，制造商进行流程创新可使得其和零售商的绩效均优于不创新时的绩效。特别是当流程创新投资系数大于

0.25 时，制造商进行流程创新决策时不仅不受外部竞争环境影响，制造商和零售商也都能实现双赢，且作为占据渠道主导地位的制造商依然能获得大部分供应链系统利润。若创新投资系数在区间(0.126，0.25)内，虽然制造商和零售商都能实现双赢，但此时零售商获取了渠道大部分利润，直接受益于制造商进行流程创新带来的低成本优势，且未付出任何成本和努力，制造商作为流程创新活动主导者和渠道主导者，其获取的低成本效益反而低于零售商。

为直观观察流程创新投资系数和供应链竞争对上下游双方的绩效改进程度，令 $a=2$，$b=0.5$，$c=1$ 或 $a=2$，$c=1$，$r=0.13$，可得图 2-9 和图 2-10。由图 2-9 可知，在竞争对手供应链不进行流程创新时，本供应链中制造商进行流程创新的投资系数越大，即制造商投入的流程创新成本越高，制造商和零售商的绩效改进量越来越小。由图 2-10 可知，若供应链间的竞争较弱时，则本供应链中的制造商进行流程创新带来的制造商绩效改进量和零售商绩效改进量均随竞争强度加强而增加；若竞争加剧超过一定阈值，则制造商和零售商的绩效改进量均下降。并且，不管创新投资系数和竞争强度如何变化，零售商的绩效改进量均超过制造商的绩效改进量。

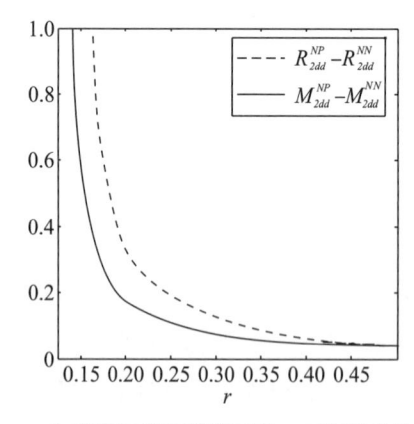

图 2-9 $a=2$，$b=0.5$，$c=1$ 时流程创新投资系数 r 对制造商和零售商绩效改进量的影响

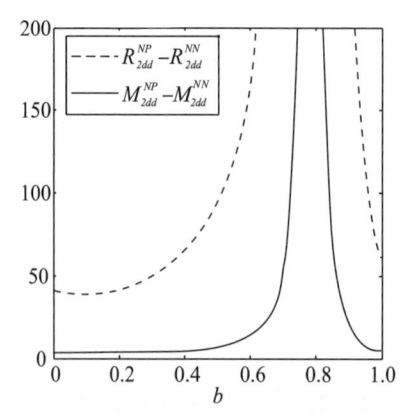

图 2-10 $a=2$，$c=1$，$r=0.13$ 时竞争强度 b 对制造商和零售商绩效改进量的影响

由命题 2-8 亦可得如下推论。

推论 2-4 若竞争对手制造商不进行流程创新，则当 $0.125<r<0.126$，$0<b_4<b<1$ 时，本供应链中制造商进行流程创新无法实现上下游双方的双赢。

推论 2-4 表明，若竞争对手制造商不进行流程创新，则当供应链间的横向竞争较为激烈、产品同质化较为严重时，如果制造商流程创新投资系数又相对较小，则不适宜进行流程创新投资，虽然此时进行流程创新，能实现零售商的绩效改进，却无法实现制造商的帕累托改进，因而无法实现上下游双赢。

2.5.3 若竞争对手供应链进行流程创新

记 $M_{1dd}^{PP}=M_{1dd}^{NP}$ 关于竞争强度的有效边界值 b_6 为

$$b_6=\sqrt[4]{\frac{(8r-1)^3}{(2r^3)}}$$

记 $R_{1dd}^{PP}=R_{1dd}^{NP}$ 关于竞争强度的有效边界值 b_7 为

$$b_7=\frac{\sqrt{(16r-1)(8r-1)}}{2\sqrt{2}r}$$

引理 2-3a 当 $r>0.125$ 时，$b_6>0$，$b_7>0$，$b_6<b_7$；

引理 2-3b 当 $r>0.148$ 时，$b_6>1$；$r>0.141$ 时，$b_7>1$。

命题 2-9a 当 $0.125<r\leqslant 0.148$，$0<b<b_6\leqslant 1$ 时；或者当 $r>0.148$ 时，$M_{1dd}^{PP}>M_{1dd}^{NP}$；

命题 2-9b 当 $0.125<r\leqslant 0.141$，$0<b<b_7\leqslant 1$ 时；或者当 $r>0.141$ 时，$R_{1dd}^{PP}>R_{1dd}^{NP}$。

证明：若竞争对手制造商进行流程创新，则本供应链进行流程创新和不进行流程创新时的制造商绩效之差如下

$$M_{1dd}^{PP}-M_{1dd}^{NP}=\frac{-r^3(a-c)^2(b-b_6)(b+b_6)\left(b^2+\frac{(8r-1)^3}{\sqrt{2r^3}}\right)}{(b^2r+16r-2)^2(2br+8r-1)^2}$$

易知当 $b<b_6$ 时，$M_{1dd}^{PP}>M_{1dd}^{NP}$。又由 b_6 的表达式可知，当 $r>\frac{1}{8}$ 时，$b_6>0$ 且竞争强度 $b<1$，因而需比较 b_6 与 1 的大小

$$b_6-1=\frac{b_6^2-1}{b_6+1}=\frac{b_6^4-1}{(b_6+1)(b_6^2+1)}=\frac{(8r-1)^3/(2r^3)-1}{(b_6+1)(b_6^2+1)}$$

$$=\frac{510(r-0.148)[(r-0.114)^2+0.014^2]}{2r^3(b_6+1)(b_6^2+1)}$$

可知当 $0.125<r\leqslant 0.148$ 时，$0<b_6\leqslant 1$；当 $r>0.148$ 时，$b_6>1$。

所以可得当 $0.125<r\leqslant 0.148$，$0<b<b_6\leqslant 1$ 时；或者当 $r>0.148$ 时，$M_{1dd}^{PP}>M_{1dd}^{NP}$。命题 2-9a 得证。

本供应链进行流程创新和不进行流程创新时的零售商绩效之差如下

$$R_{1dd}^{PP} - R_{1dd}^{NP} = \frac{-2r^2(a-c)^2(b-b_7)(b+b_7)}{[(b^2r+16r-2)^2(2br+8r-1)^2]}$$

易知当 $b < b_7$ 时，$R_{1dd}^{PP} > R_{1dd}^{NP}$。又由 b_7 的表达式可知，当 $r > 0.125$ 时，$b_7 > 0$，且有

$$b_7 - 1 = \frac{b_7^2 - 1}{b_7 + 1} = \frac{(16r-1)(8r-1)/(8r^2) - 1}{b_7 + 1} = \frac{120(r-0.141)(r-0.059)}{8r^2(b_7+1)}$$

因流程创新投资系数 $r > 0.125$，故 $r - 0.059 > 0$，于是当 $0.125 < r \leq 0.141$ 时，$0 < b_7 \leq 1$；当 $r > 0.141$ 时，$b_7 > 1$。

综上，当 $0.125 < r \leq 0.141$，$0 < b < b_7 \leq 1$ 时，或者当 $r > 0.141$ 时，$R_{1dd}^{PP} > R_{1dd}^{NP}$。命题 2-9b 得证。

命题 2-9 表明，若竞争对手制造商进行流程创新，则制造商和零售商实现绩效改进的条件类似，当流程创新创新投资系数相对较小，且横向竞争相对不激烈，或者无论横向竞争强度如何，只要流程创新投资系数相对较大，则制造商或零售商均能实现绩效改进。该结论显著不同于命题 2-5 和命题 2-6（即只要制造商愿意进行流程创新，则零售商必能获益，且不受流程创新投资系数和横向竞争的影响），本结论中零售商是否能实现绩效改进，取决于制造商对降低生产成本的投资程度和外部横向竞争激烈程度。

比较 b_6 与 b_7 的大小，具体如下

$$b_6 - b_7 = \frac{b_6^2 - b_7^2}{b_6 + b_7} = \frac{b_6^4 - b_7^4}{(b_6+b_7)(b_6^2+b_7^2)} = \frac{-(8r-1)^2}{64r^4(b_6+b_7)(b_6^2+b_7^2)}$$

可知 $b_6 < b_7$。结合命题 2-9，可得如下推论。

推论 2-5 当 $0.125 < r \leq 0.148$，$0 < b < b_6 \leq 1$ 时；或者当 $r > 0.148$ 时，$M_{1dd}^{PP} > M_{1dd}^{NP}$，$R_{1dd}^{PP} > R_{1dd}^{NP}$。

推论 2-5 表明，当产品差异化程度较高，同质化不严重（即横向竞争强度小于 b_6）时，当流程创新投资系数位于区间 $(0.125, 0.148]$ 内，即流程创新成本较少时，可实现低成本优势，并使得差异化优势和低成本优势的上下游绩效都得到改进。若创新投资成本较高（创新投资系数大于 0.148），则不管产品的差异化程度如何，上下游双方都能实现双赢。

若竞争对手制造商进行流程创新，则存在以下两种情形，使得本供应链中制造商不愿进行流程创新。

推论 2-6a 当 $0.125 < r < 0.141$ 时，$1 > b > b_7 > 0$，制造商和零售商均无法通过流程创新实现绩效改进。

推论 2-6b 当 $0.125 < r \leq 0.141$，$0 < b_6 < b < b_7 \leq 1$ 时，或者当 $0.141 < r < 0.148$，$0 < b_6 < b < 1 < b_7$ 时，制造商无法实现绩效改进，但零售商实现了绩效改进。

推论 2-6a 表明，若竞争对手制造商进行流程创新，则当本链中制造商的创新投资系数在区间(0.125，0.141]内，且面临的市场竞争强度大于 b_7 时，制造商和零售商均无法通过流程创新实现绩效改进。

推论 2-6b 表明若制造商的流程创新投资系数在区间(0.125，0.141]内，且竞争强度在区间(b_6，b_7)内，或者若流程创新投资系数增大，在区间(0.141，0.148)内，且横向竞争强度大于 b_6，虽然制造商进行流程创新能使零售商实现绩效改进，但制造商本身无法实现绩效改进，流程创新机制失效。

为直观观察流程创新投资系数和供应链竞争对上下游双方的绩效改进程度，令 $a=2$，$b=0.5$，$c=1$ 或 $a=2$，$c=1$，$r=0.13$，可得图 2-11 和图 2-12。由图 2-11 可知，若竞争对手制造商进行流程创新，则当本链中制造商的流程创新投入系数过小，创新投入成本不足，制造商无法获得绩效改进，而零售商可以获得绩效改进。当流程创新投资系数逐渐增大，制造商创新后的绩效改进量先快速增加而后缓慢减小，零售商的绩效改进量则先快速降低再缓慢减小，但零售商的绩效改进量一直高于制造商的绩效改进量，零售商享受制造商流程创新的溢出效应。如果市场竞争不激烈(如图 2-12 所示)，则制造商进行流程创新有利于上下游双方的绩效改进，虽然改进量随着竞争加剧而减小，直至为负。

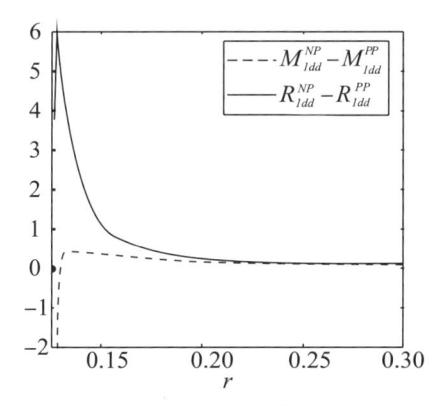

图 2-11 $a=2$，$b=0.3$，$c=1$ 时流程创新投资系数 r 对制造商和零售商绩效改进量的影响

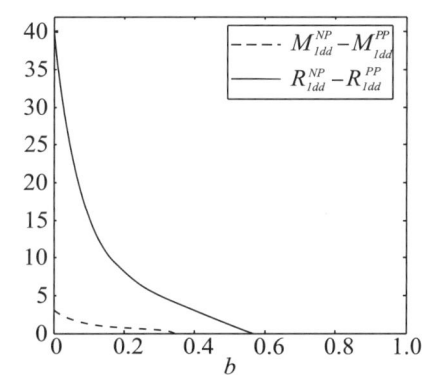

图 2-12 $a=2$，$c=1$，$r=0.13$ 时竞争强度 b 对制造商和零售商绩效改进量的影响

2.5.4 创新投资选择的博弈均衡演化过程

当 $r>0.125$，各竞争强度边界值 b_1，b_4，b_7 之间作差如下

$$b_7-b_1=\frac{b_7^2-b_1^2}{b_1+b_7}=-\frac{8r-1}{8r^2(b_1+b_7)}$$

$$b_1-b_4=\frac{b_1^2-b_4^2}{b_1+b_4}=\frac{-4(8r-1)}{r^2(b_1+b_4)(b_1^2+b_4^2)}$$

可知 $r>0.125$，故 $b_7-b_1<0$，$b_1-b_4<0$，即 $b_7<b_1$，$b_1<b_4$。结合 $b_6<b_7$，易知 $b_6<b_7<b_1<b_4$，因此可得引理 2-4。

引理 2-4 当 $r>0.125$ 时，$b_6<b_7<b_1<b_4$。

由命题 2-7 至命题 2-9，推论 2-1 至推论 2-6 和引理 2-4 可得，横向竞争强度、流程创新投资系数和供应链成员绩效的关系见表 2-2。

表 2-2 供应链成员的绩效大小关系

	$b\in(0,b_6)$	$b\in(b_6,b_1)$	$b\in(b_1,b_4)$	$b\in(b_4,1)$
当 $b_4\leqslant 1$ 时，$r\in(0.125,0.126]$	$M_{1dd}^{PP}>M_{1dd}^{NP}$ $M_{2dd}^{NP}>M_{2dd}^{NN}$ $M_{idd}^{PP}>M_{idd}^{NN}$	$M_{1dd}^{PP}<M_{1dd}^{NP}$ $M_{2dd}^{NP}>M_{2dd}^{NN}$ $M_{idd}^{PP}>M_{idd}^{NN}$	$M_{1dd}^{PP}<M_{1dd}^{NP}$ $M_{2dd}^{NP}>M_{2dd}^{NN}$ $M_{idd}^{PP}<M_{idd}^{NN}$	$M_{1dd}^{PP}<M_{1dd}^{NP}$ $M_{2dd}^{NP}<M_{2dd}^{NN}$ $M_{idd}^{PP}<M_{idd}^{NN}$
	$b\in(0,b_6)$	$b\in(b_6,b_1)$	$b\in(b_1,1)$	
当 $b_1\leqslant 1<b_4$ 时，$r\in(0.126,0.133]$	$M_{1dd}^{PP}>M_{1dd}^{NP}$ $M_{2dd}^{NP}>M_{2dd}^{NN}$ $M_{idd}^{PP}>M_{idd}^{NN}$	$M_{1dd}^{PP}<M_{1dd}^{NP}$ $M_{2dd}^{NP}>M_{2dd}^{NN}$ $M_{idd}^{PP}>M_{idd}^{NN}$	$M_{1dd}^{PP}<M_{1dd}^{NP}$ $M_{2dd}^{NP}>M_{2dd}^{NN}$ $M_{idd}^{PP}<M_{idd}^{NN}$	
	$b\in(0,b_6)$	$b\in(b_6,1)$		
当 $b_6\leqslant 1<b_1$ 时，$r\in(0.133,0.148]$	$M_{1dd}^{PP}>M_{1dd}^{NP}$ $M_{2dd}^{NP}>M_{2dd}^{NN}$ $M_{idd}^{PP}>M_{idd}^{NN}$	$M_{1dd}^{PP}<M_{1dd}^{NP}$ $M_{2dd}^{NP}>M_{2dd}^{NN}$ $M_{idd}^{PP}>M_{idd}^{NN}$		
	$b\in(0,1)$			
当 $b_6>1$ 时，$r\in(0.148,+\infty)$	$M_{1dd}^{PP}>M_{1dd}^{NP}$ $M_{2dd}^{NP}>M_{2dd}^{NN}$ $M_{idd}^{PP}>M_{idd}^{NN}$			

由表 2-2 可得如下命题。

命题 2-10a 当 $0.125<r\leqslant 0.148$、$0<b<b_6\leqslant 1$ 时，或者当 $r>0.148$ 时，制造商进行流程创新选择的博弈均衡演化过程为：$NN\to NP/PN\to PP$，且此时制造商和零售商均能实现绩效改进，进行流程创新对于制造商和零售商来说都是占优

决策。

命题 2-10b 当 $0.125<r<0.148$，$b_6<b<\min(b_1,1)$ 时，制造商进行流程创新选择的博弈均衡演化过程为：$NN\to PP\to NP/PN$，或者 $NN\to NP/PN$，且进行流程创新会产生囚徒困境。

命题 2-10c 当 $0.125<r<0.133$，$b_1<b<\min(b_4,1)$ 时，制造商进行流程创新选择的博弈均衡演化过程为：$PP\to NN\to NP/PN$，或者 $PP\to NP/PN$，且不进行流程创新会产生囚徒困境。

命题 2-10d 当 $0.125<r<0.126$，$b_4<b<1$ 时，制造商进行流程创新投资选择的博弈均衡演化过程为：$PP\to NP/PN\to NN$，且不进行流程创新对于制造商来说是占优决策。

命题 2-10 表明，制造商是否进行流程创新，受外部竞争强度和创新投资系数双重影响。

命题 2-10a 表明，只要流程创新投资系数大于 0.148，则创新带来的较强的低成本优势可以应对任何强度的外部竞争环境；若制造商在横向竞争强度小于 b_6 时进行流程创新且流程创新投资系数小于 0.148，如图 2-13 区域 Ⅳ 所示，则制造商会由不进行流程创新转为均进行生产流程改进的创新，且进行流程创新是制造商实现绩效改进及实现上下游双赢的占优均衡决策。

命题 2-10b 表明，当创新投资系数依然大于 0.148，但外部竞争加剧，竞争强度超过 b_6，小于 $\min(b_1,1)$，如图 2-13 区域 Ⅲ 所示，此时低成本优势仍较强，但横向外部性增强，进行流程创新会使其产生囚徒困境，且此时流程创新选择的博弈均衡演化路径有两条：$NN\to PP\to NP/PN$，或者 $NN\to NP/PN$，两条竞争供应链的最终均衡为创新与不创新的混合竞争供应链结构。

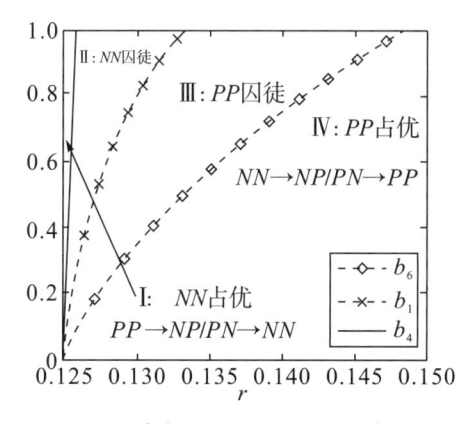

图 2-13 制造商进行流程创新的均衡演化过程

命题 2-10c 表明，若流程创新投资系数范围缩小至 $\left(0.125, \dfrac{2}{15}\right)$，且横向竞争加剧，强度在 $[b_1, \min(b_4,1)]$，如图 2-13 区域 Ⅱ 所示，两条竞争供应链的最终均衡为混合结构，且不创新会产生囚徒困境。

命题 2-10d 表明，若流程创新投资系数范围继续缩小至 (0.125, 0.126)，且横向竞争继续加剧，强度超过 b_4，如图 2-13 区域Ⅰ所示，则对制造商而言，由创新带来的弱纵向低成本优势不足以应对激烈的横向竞争带来的强负外部性，其会由创新转为不创新，且不创新是占优选择。本命题结论充分拓展了 Gupta & Loulou 等人的研究结果，识别了竞争供应链环境下制造商进行流程创新选择的路径、占优均衡、囚徒困境等，丰富了现有理论。

2.6 供应链系统角度的创新投资选择

本节将从整条供应链系统的角度识别制造商进行流程创新投资的选择机制。

命题 2-11 当 $r>0.125$ 时，$T_{idd}^{PP}>T_{idd}^{NN}$，$T_{2dd}^{NP}>T_{2dd}^{NN}$。

证明：均进行流程创新的供应链系统利润 T_{idd}^{PP} 与均不进行流程创新的供应链系统利润 T_{idd}^{NN} 之差如下

$$T_{idd}^{PP}-T_{idd}^{NN}=\frac{-(a-c)^2\left[-r(32-b^2+4b)+3\right]}{(4+b)^2(2br+8r-1)^2}$$

因 $r>0.125$ 时，$-r(32-b^2+4b)+3<0$，易知当 $r>0.125$ 时，$T_{idd}^{PP}>T_{idd}^{NN}$。

又供应链 1 不创新，供应链 2 创新与不创新的系统利润之差如下

$$T_{2dd}^{NP}-T_{2dd}^{NN}=\frac{-(a-c)^2\left[-r(512-b^4-16b^2)+48\right]}{4(4+b)^2(b^2r+16r-2)^2}$$

因 $r>0.125$ 时，$-r(512-b^4-16b^2)+48<0$，所以只要 $r>0.125$，则 $T_{2dd}^{NP}>T_{2dd}^{NN}$。

因而，当 $r>0.125$ 时，$T_{idd}^{PP}>T_{idd}^{NN}$，$T_{2dd}^{NP}>T_{2dd}^{NN}$。命题 2-11 得证。

命题 2-11 表明，只要制造商愿意进行流程创新，则两条均进行创新的供应链系统绩效高于均不进行创新时的系统绩效。并且，当竞争对手供应链不进行流程创新时，本链只要制造商愿意进行流程创新，则其带来的供应链系统绩效优于不进行创新的竞争对手供应链系统绩效，且不受横向竞争强度和流程创新投资系数的双重影响。

记 $T_{1dd}^{PP}=T_{1dd}^{NP}$ 关于竞争强度 b 的有效阈值为 b_8，其计算公式如下

$$b_8=\frac{\sqrt{(8r-1)(\sqrt{36r^2-3r}-2r)}}{\sqrt{2r}}$$

命题 2-12a 当 $0.125<r\leqslant 0.144$ 且 $0<b<b_8\leqslant 1$ 时，或者当 $r>0.144$ 时，$T_{1dd}^{PP}>T_{1dd}^{NP}$；

命题 2-12b 当 $0.125<r<0.144$ 且 $b_8<b<1$ 时，$T_{1dd}^{PP}<T_{1dd}^{NP}$。

证明：若竞争对手供应链进行流程创新，则本链进行流程创新和不进行流程创新的供应链系统利润之差如下

$$T_{1dd}^{PP} - T_{1dd}^{NP} = \frac{-r^3(a-c)^2(b-b_8)(b+b_8)\left[b^2 + \frac{(8r-1)(\sqrt{36r^2-3r}+2r)}{2r^2}\right]}{(b^2r+16r-2)^2(2br+8r-1)^2}$$

因 $0.125 < r \leqslant 0.144$ 时，$b_8 \leqslant 1$；当 $r > 0.144$ 时，$b_8 > 1$。易得当 $0.125 < r \leqslant 0.144$ 且 $0 < b < b_8 \leqslant 1$ 时，或者当 $r > 0.144$ 时，$T_{1dd}^{PP} > T_{1dd}^{NP}$；当 $0.125 < r < 0.144$ 且 $b_8 < b < 1$ 时，$T_{1dd}^{PP} < T_{1dd}^{NP}$。命题 2-12 得证。

命题 2-12 表明，若竞争对手供应链进行流程创新，则本链是否进行流程创新，受到横向竞争和流程创新投资系数双重影响，具体为：当流程创新投资系数相对较小，投资额度相对较低，且外部横向竞争相对较弱，则供应链系统偏好流程创新；特别地，当外部竞争非常激烈时，若本链创新投资系数较大，创新带来的低成本优势足以抗衡外部激烈的市场环境，进行创新依然优于不创新；若外部横向竞争很激烈但创新投资系数较小，则低成本优势不明显，此时不创新为好。因而，对于供应链系统而言，当产品差异化程度较高时，可以通过相对较低程度的流程创新提升低成本优势，强化产品的差异化优势和低成本优势。而即使产品同质化严重，也可以通过提高流程创新投资系数，降低单位生产成本，挖掘同质化产品的低成本优势，进而提升整条供应链系统的竞争力。

由命题 2-11 至 2-12 可得如下命题。

命题 2-13a 当 $0.125 < r \leqslant 0.144$ 且 $0 < b < b_8 \leqslant 1$ 时，或当 $r > 0.144$ 时，对于供应链系统而言，流程创新投资选择的博弈均衡演化过程为 $NN \to NP/PN \to PP$，且进行流程创新是占优均衡选择。

命题 2-13b 当 $0.125 < r < 0.144$ 且 $b_8 < b < 1$ 时，供应链系统角度的均衡演化路径为 $NN \to PP \to NP/PN$，或者 $NN \to NP/PN$，进行流程创新会产生囚徒困境。

命题 2-13 表明，无论两条供应链间的横向竞争强度如何，只要流程创新投资系数较大；或者当横向竞争较弱，则只需投入相对较少的流程创新成本，即可使得流程创新投资策略成为供应链系统的占优策略，若此时横向竞争加剧，则进行流程创新会产生囚徒困境，且最终的演化均衡为创新与不创新的混合竞争供应链结构。

2.7　本章小结

不同于 Gupta & Loulou 等现有研究仅考虑流程创新的渠道绩效比较和外包策略等，本章以不进行流程创新的情形为基准，研究竞争供应链环境下制造商如何选

择流程创新策略以实现低成本优势，并从制造商绩效改进角度、零售商绩效改进角度、上下游双赢及供应链系统绩效改进角度分析了流程创新选择的博弈均衡特征，识别了占优均衡和均衡动态演化过程，揭示了横向竞争和流程创新投资系数对创新策略选择的影响。本章所得主要结论如下：

（1）对制造商而言，无论竞争对手是否进行流程创新，若本链制造商进行创新的投资系数较大，则不管横向竞争如何，创新带来的低成本优势超过横向竞争带来的负外部，制造商能实现帕累托改进；若横向竞争不激烈，产品差异化程度较高，则制造商只需较小的投资系数，不仅能实现绩效改进，且可形成产品差异化和低成本化双重优势。而当横向竞争相对较激烈，产品同质化相对较严重，制造商的创新投资系数又较小，则无法实现绩效改进。

（2）对零售商而言，若竞争对手供应链不进行流程创新，只要本链中制造商愿意进行流程创新，其零售商将免费搭制造商创新的便车，实现帕累托改进，且不受创新投资系数和横向竞争的影响；若竞争对手进行流程创新，则其和制造商绩效改进的条件类似，受创新投资系数和横向竞争的双重影响。

（3）对于上下游双方而言，制造商可选择投入较高的创新投资额，或在横向竞争相对较弱时，投入较少的创新投资额，则制造商进行流程创新是实现其和零售商双赢的占优均衡策略。

（4）对于供应链系统而言，若竞争对手供应链不进行流程创新，则只要本链制造商愿意进行流程创新，就能实现系统绩效改进，不受投资系数和市场竞争强度的影响；若竞争对手供应链进行流程创新，且本链条供应的产品差异化程度较高，则可通过相对较低程度的流程创新提升产品的低成本优势，强化产品的差异化优势和低成本优势。而即使产品同质化严重，也可以通过提高流程创新投资系数，降低单位生产成本，挖掘同质化产品的低成本优势，进而提升整条供应链的竞争力。

本章的研究结论充分拓展了现有理论的研究成果，识别了竞争供应链环境下制造商进行流程创新的博弈均衡特征和占优均衡，为企业进行流程创新的实践提供了参考价值。但本章的研究也存在一定的不足，如没有考虑市场需求的不确定性及其他渠道成本等，这将在后续研究中进行拓展。

第 3 章　不同渠道竞争环境下制造商的流程创新选择

本章将基于一个制造商采用直销渠道、另一个竞争对手制造商采用分销渠道面向市场进行竞争的混合渠道竞争模型，考虑直销制造商和分销制造商均不进行流程创新、直销制造商和分销制造商均进行流程创新、只有直销制造商进行流程创新、只有分销制造商进行流程创新四种情形，分析渠道竞争和流程创新投资系数对流程创新的单位成本改进量的影响；以不进行流程创新为基准，研究各渠道制造商是否进行流程创新降低生产成本的边界条件，并从制造商绩效改进的角度识别了流程创新选择的占优均衡。

3.1　问题的提出

随着互联网市场的兴起，网络直销渠道成为众多企业打开市场的重要方式之一，如在手机制造业，不同于 OPPO 和 VIVO 等手机制造商采用传统的分销渠道销售手机，小米利用互联网直销的优势，把渠道、营销等流程全部重构，降低了产品的整体成本，获取了低成本优势，提高了产品的市场竞争力；在彩电制造业，创维、海信等传统电视品牌主要采用分销渠道销售彩电，而乐视、小米、酷开等电视品牌则采用网络渠道进行直销。互联网和电子商务的高速发展加剧了手机、家电等市场的渠道竞争，在日益激烈的渠道竞争环境下，制造型企业，特别是采用传统分销渠道的制造型企业，如何通过创新优化流程，降低生产成本，以提高企业乃至整条供应渠道的竞争优势？当竞争对手通过流程创新降低了生产成本，获取了低成本优势，本渠道中的制造商是否也需要进行流程创新以降低生产成本？渠道间的竞争强度、创新投入水平等对制造商进行流程创新的选择有何影响？本章将基于一个制造商采用直销渠道、另一个竞争对手制造商采用分销渠道进行销售的竞争模型，识别制造商选择流程创新的博弈均衡和动态演化过程，为竞争环境下采用不同渠道结构的企业进行流程创新实践提供借鉴作用。

关于流程创新的研究有：Petrakis & Roy 基于竞争性的企业进行降低成本的投

资和行业无成本进入的假设,研究同质品行业的动态性重组问题等。刘伟和徐可基于两个异质性制造企业组成的寡头竞争市场,构建了外部知识对企业流程创新作用机制的两阶段非合作博弈模型,获得纳什均衡解,并进行了数值模拟分析。Banerjee 和 Lin 针对一个上游公司和 N 个下游公司,研究了上游或下游进行生产成本降低的创新;Bernstein & Kök 研究了供应商在整个产品生命周期内进行成本削减的动态性投资问题,并分析了供应商的成本削减策略及其所带来的企业利润与制造商采购策略的关系。Iida 基于一个制造商和多个供应商的组装供应链,研究了上下游均进行成本改进的创新。张盼和江韶波构建了一个零售商和两个制造商组成的竞争供应链模型,分析了基于收益分享合同和成本分担合同的流程创新效率和竞争强度对流程创新水平、供应链成员利润的影响,并探讨了最优的激励合同。这类文献针对的是一对多或多对一的供应链结构。

Kim 针对一个供应商和一个制造商的供应链模型,研究了当制造商分担其供应商的创新投入成本时实现上下游双赢的条件;Gilbert & Cvsa 基于需求不确定环境下的双边垄断竞争模型,研究使用最高限价合约鼓励下游企业进行流程改进以降低成本的策略;Cho & Gerchak 基于一对一的零售商成本降低型创新投入模型,分别研究了零售商的可变成本为线性与非线性函数条件下的渠道协调问题。Ge 等、Song 等、Hu 等、Wang & Liu、Yoon、Sun 等、Mantin & Veldman、田巍等均对供应链的流程创新进行了研究。张盼和邹图帮基于制造商进行流程创新的成本信息不对称,建立了零售商信息甄别机制与激励合同,识别了两部定价合同和控制流程创新合同的最优形式及最优合同的条件。这类文献主要基于竞争性企业或供应链内的流程创新进行研究,均未基于两条渠道进行竞争的模型研究生产成本改进的流程创新策略选择问题。

Gupta & Loulou 基于两个制造商与两个零售商组成的渠道竞争模型,分析了两个制造商均进行流程创新时渠道结构的选择问题,并指出授权合同可以激励制造商降低生产成本;Gilbert & Xia 等假设制造商和上游供应商都有成本降低的机会,分析了两个竞争性制造商的外包策略,并研究了下游制造商为主导的纵向渠道结构选择策略;Gupta & Loulou 通过考虑过程创新行为的知识溢出效应,进一步拓展了以前研究的结论。这类文献主要考察进行流程创新时的渠道结构选择、外包策略和知识溢出效应,但并未以不创新为基准,研究不同渠道结构下制造商绩效改进的流程创新选择动态博弈演化过程,且未识别制造商绩效改进的占优均衡。

本章将基于直销渠道与分销渠道竞争的模型,分别考察直销渠道与分销渠道均不进行流程创新、直销渠道与分销渠道均进行流程创新、仅直销渠道进行创新、仅分销渠道进行创新四种情形,并以不进行流程创新的情形为基准,研究各渠道制造商如何选择流程创新策略以实现低成本优势,并识别其进行流程创新选择的博弈均衡特征和动态演化过程,分析横向竞争强度和流程创新投资系数对流程创新选择的影响。所做研究充分拓展了 Gupta & Loulou 等现有理论的研究成果,为渠道竞争环境下企业的流程创新实践提供参考借鉴价值。

3.2 基本模型

本章基于一个制造商进行直销,与另一个竞争对手制造商采用零售商进行分销的渠道竞争模型,研究制造商是否对自身生产流程进行改进的创新投资选择问题。根据 Ha & Tong 等,零售商 i 的逆需求函数为

$$p_i = a - q_i - bq_j \tag{3-1}$$

式中,a 为最高可行零售价格,$j=3-i$,$i \in \{1,2\}$;q_i 为渠道 i 中产品的需求量;p_i 为渠道 i 中产品的价格;b 为两种产品的数量竞争强度,且 $0<b<1$,b 越大表明渠道间的横向竞争越激烈。

本章流程创新的投资额为 rx_i^2,其中 x_i 为单位成本的改进量,r 为流程创新投资系数。为保证制造商创新后的利润为正,令 $r > \dfrac{1}{4}$。制造商未进行流程改进时的单位生产成本为 c,且 $c<a$,改进后的单位生产成本为 $c-x_i$。各参数含义见第 2 章表 2-1。假定:(1)分销渠道中批发价格不可被竞争对手所观测;(2)渠道中的生产量正好满足市场需求,且供应链中的其他成本如销售成本、库存成本等均为零;(3)本章的绩效主要指产出绩效,即收益减去成本之后的净利润;(4)竞争对手无法获取流程创新的相关知识,即没有横向溢出效应。

本节直销渠道与分销渠道的竞争供应链结构如图 3-1 所示。根据两条渠道中的制造商选择是否进行流程创新,有四种情形,即直销渠道(其成员由制造商 1 构成)与分销渠道(其成员由制造商 2 和零售商 2 构成)均不进行流程创新、直销渠道与分销渠道均进行流程创新、仅直销渠道创新、仅分销渠道创新,以下将针对这四种情形分别进行计算,并识别两渠道制造商进行流程创新选择的博弈均衡条件。因本章考虑直销渠道与分销渠道结构,脚标标记为 cd,本章所用符号说明如表 3-1 所示。

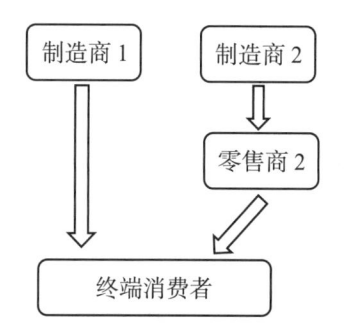

图 3-1 直销与分销的竞争供应链结构

表 3-1 符号的说明

符号	说明
p_i	产品 i 的价格
b	两种产品的竞争强度，$0<b<1$，b 越大表明渠道间的横向竞争越激烈
q_i	产品 i 的需求量
a	最高可行零售价格
r	流程创新投资系数
x_i	产品 i 的单位成本改进量
c	单位生产成本
$c-x_i$	改进后的单位生产成本
M_{icd}	直销与分销渠道结构下制造商 i 的利润
R_{icd}	直销与分销渠道结构下零售商 i 的利润
T_{icd}	直销与分销渠道结构下第 i 个渠道的总利润

3.3 模型计算

3.3.1 制造商均不进行流程创新

首先，研究两竞争渠道中的制造商均不进行流程创新的情形，则制造商 2 先决定批发价格，制造商 1 和零售商 2 同时决定生产量或订货量。记 M_1 为制造商 1 的利润，R_2 为零售商 2 的利润，M_2 为制造商 2 的利润，此时制造商 1、零售商 2 和制造商 2 的决策函数表达式分别为

$$\operatorname*{Max}_{q_1} M_{1cd} = (p_1-c)q_1 \tag{3-2}$$

$$\operatorname*{Max}_{q_2} R_{2cd} = (p_2-w_2)q_2 \tag{3-3}$$

$$\operatorname*{Max}_{w_2} M_{2cd} = (w_2-c)q_2 \tag{3-4}$$

根据博弈顺序和倒推法，将式(3-1)代入式(3-2)，求出制造商 1 利润最大时的最优生产量，即直销渠道的最优生产量如下

$$q_1 = \frac{a-bq_2-c}{2} \tag{3-5}$$

将式(3-1)代入式(3-3)，可以求出零售商 2 利润最大时的最优订货量为

$$q_2 = \frac{a-bq_1-w_2}{2} \tag{3-6}$$

将式(3-6)代入式(3-4)，可得制造商2利润最大时的最优批发价格为

$$w_2 = \frac{a - bq_1 + c}{2} \tag{3-7}$$

将式(3-7)代入式(3-6)，可得

$$q_2 = \frac{a - bq_1 - c}{4} \tag{3-8}$$

记此结构为 NN 结构，结合本章标记为 cd，联立式(3-8)和式(3-5)，可得

$$q_{1cd}^{NN} = \frac{(a-c)(4-b)}{8 - b^2} \tag{3-9}$$

$$q_{2cd}^{NN} = \frac{(a-c)(2-b)}{8 - b^2} \tag{3-10}$$

将式(3-9)和(3-10)代入式(3-1)，可得直销渠道与分销渠道的产品零售均衡价格分别如下

$$p_{1cd}^{NN} = \frac{4a + 4c - ab + bc - b^2c}{8 - b^2} \tag{3-11}$$

$$p_{2cd}^{NN} = \frac{6a + 2c - 3ab + 3bc - b^2c}{8 - b^2} \tag{3-12}$$

将式(3-9)代入式(3-7)，得到分销渠道的最优批发价格如下

$$w_{2cd}^{NN} = \frac{4a - 2ab + 2bc + 4c - b^2c}{8 - b^2} \tag{3-13}$$

将式(3-9)至式(3-13)代入式(3-2)至式(3-4)，得到直销渠道和分销渠道中各成员的最优绩效分别如下

$$M_{1cd}^{NN} = \frac{(a-c)^2 (4-b)^2}{(8-b^2)^2} \tag{3-14}$$

$$M_{2cd}^{NN} = \frac{2(a-c)^2 (2-b)^2}{(8-b^2)^2} \tag{3-15}$$

$$R_{2cd}^{NN} = \frac{(a-c)^2 (2-b)^2}{(8-b^2)^2} \tag{3-16}$$

即直销渠道的制造商利润高于分销渠道中制造商的利润，直销渠道制造商独自享受了中心化供应链的整个绩效，而分销渠道中的供应链绩效由制造商和零售商共同构成。

记 T_{icd}^{NN} 表示渠道 i 的整条供应链利润，由式(3-14)至式(3-16)可知

$$T_{1cd}^{NN} = \frac{(a-c)^2 (4-b)^2}{(8-b^2)^2} \tag{3-17}$$

$$T_{2cd}^{NN} = \frac{3(a-c)^2 (2-b)^2}{(8-b^2)^2} \tag{3-18}$$

3.3.2 制造商均进行流程创新

考虑两条渠道中的制造商均进行流程创新，直销渠道中的制造商选择单位成本

改进量 x_1，分销渠道中的制造商同时决定单位成本改进量 x_2 和批发价格 w_2。然后，直销渠道中的制造商选择生产量 q_1，同时分销渠道中的零售商选择订货量 q_2。最后，两条渠道均满足市场需求，形成横向竞争市场。各方决策函数表达式如下

$$\underset{q_1,x_1}{\mathrm{Max}} M_{1cd} = p_1 q_1 - (c-x_1)q_1 - rx_1^2 \tag{3-19}$$

$$\underset{q_2}{\mathrm{Max}} R_{2cd} = (p_2 - w_2)q_2 \tag{3-20}$$

$$\underset{w_2,x_2}{\mathrm{Max}} M_{2cd} = w_2 q_2 - (c-x_2)q_2 - rx_2^2 \tag{3-21}$$

根据博弈顺序和倒推法，将式(3-1)代入式(3-19)和式(3-20)，求出直销渠道和分销渠道中制造商利润最大时的最优生产量或订货量如下

$$q_1 = \frac{a - bq_2 - c + x_1}{2} \tag{3-22}$$

$$q_2 = \frac{a - bq_1 - w_2}{2} \tag{3-23}$$

将式(3-22)代入式(3-1)、式(3-19)，求出制造商 1 的最优单位成本改进量为

$$x_1 = \frac{(a - bq_2 - c)}{4r - 1} \tag{3-24}$$

将式(3-24)回代入式(3-22)，可得

$$q_1 = \frac{2r(a - bq_2 - c)}{4r - 1} \tag{3-25}$$

将式(3-23)代入式(3-1)、式(3-21)，求出制造商 2 的最优单位成本改进量和批发价格分别为

$$w_2 = \frac{a - bq_1 + c - x_2}{2} \tag{3-26}$$

$$x_2 = \frac{a - bq_1 - w_2}{4r} \tag{3-27}$$

联立式(3-26)和式(3-27)，可得制造商的最优批发价格和最优单位成本改进量分别为

$$w_2 = \frac{4ra - a - 4rbq_1 + 4rc + bq_1}{8r - 1} \tag{3-28}$$

$$x_2 = \frac{a - bq_1 - c}{8r - 1} \tag{3-29}$$

将式(3-28)代入式(3-23)，可得零售商的最优订货量为

$$q_2 = \frac{2r(a - bq_1 - c)}{8r - 1} \tag{3-30}$$

联立式(3-25)和(3-30)，且记此小节情形为 PP 结构，结合本章标记为 cd，根据不可观测性和倒推法，得到如下均衡表达式

$$q_{1cd}^{PP} = \frac{2r(a-c)(2br-8r+1)}{4b^2r^2-32r^2+12r-1} \tag{3-31}$$

$$q_{2cd}^{PP} = \frac{2r(a-c)(2br-4r+1)}{4b^2r^2-32r^2+12r-1} \tag{3-32}$$

将式(3-31)、式(3-32)代入式(3-1)，可得直销渠道与分销渠道的终端价格均衡分别为

$$p_{1cd}^{PP} = \frac{(2ar-a+6cr+2bcr)(2br-8r+1)+4cr(8r-1)}{4b^2r^2-32r^2+12r-1} \tag{3-33}$$

$$p_{2cd}^{PP} = \frac{(6ar-a+2cr+2bcr)(2br-8r+1)+4r(6ar-a+2cr)}{4b^2r^2-32r^2+12r-1} \tag{3-34}$$

将式(3-31)、式(3-32)代入式(3-24)、式(3-29)，可得最优的单位成本改进量分别为

$$x_{1cd}^{PP} = \frac{(a-c)(2br-8r+1)}{4b^2r^2-32r^2+12r-1} \tag{3-35}$$

$$x_{2cd}^{PP} = \frac{(a-c)(2br-4r+1)}{4b^2r^2-32r^2+12r-1} \tag{3-36}$$

将式(3-31)代入式(3-28)，可得制造商 2 的最优批发价格为

$$w_{2cd}^{PP} = \frac{[(4r-1)(2br-4r+1)a+2cr(b-8r-4br+2b^2r+2)]}{4b^2r^2-32r^2+12r-1} \tag{3-37}$$

进而可得直销渠道与分销渠道各成员最优利润如下

$$M_{1cd}^{PP} = \frac{r(a-c)^2(4r-1)(2br-8r+1)^2}{(4b^2r^2-32r^2+12r-1)^2} \tag{3-38}$$

$$M_{2cd}^{PP} = \frac{r(a-c)^2(8r-1)(2br-4r+1)^2}{(4b^2r^2-32r^2+12r-1)^2} \tag{3-39}$$

$$R_{2cd}^{PP} = \frac{4r^2(a-c)^2(2br-4r+1)^2}{(4b^2r^2-32r^2+12r-1)^2} \tag{3-40}$$

记 T_{icd}^{PP} 表示渠道 i 的整条供应链利润，由式(3-38)至式(3-40)可知

$$T_{1cd}^{PP} = \frac{r(a-c)^2(4r-1)(2br-8r+1)^2}{(4b^2r^2-32r^2+12r-1)^2} \tag{3-41}$$

$$T_{2cd}^{PP} = \frac{r(a-c)^2(12r-1)(2br-4r+1)^2}{(4b^2r^2-32r^2+12r-1)^2} \tag{3-42}$$

3.3.3 仅直销渠道的制造商进行流程创新

假设直销渠道中的制造商进行流程创新，而分销渠道中的制造商不进行创新，则首先，直销渠道中的制造商决定单位成本改进量 x_1，同时分销渠道中的制造商决定批发价格 w_2，然后，直销渠道中的制造商生产量 q_1，同时分销渠道中的零售

商选择订货量 q_2，q_1 和 q_2 形成数量竞争均衡。

直销渠道中制造商的决策函数为

$$\underset{q_1,x_1}{\text{Max}} M_{1cd} = p_1 q_1 - (c - x_1)q_1 - rx_1^2 \tag{3-43}$$

分销渠道中制造商和零售商的决策函数分别为

$$\underset{q_2}{\text{Max}} R_{2cd} = (p_2 - w_2)q_2 \tag{3-44}$$

$$\underset{w_2}{\text{Max}} M_{2cd} = (w_2 - c)q_2 \tag{3-45}$$

根据博弈顺序和倒推法，将式(3-1)代入式(3-43)，求出制造商 1 利润最大时的最优生产量，即直销渠道的最优供给量如下

$$q_1 = \frac{a - bq_2 - c + x_1}{2} \tag{3-46}$$

将式(3-46)代入式(3-1)、式(3-43)，求出制造商 1 的最优单位成本改进量为

$$x_1 = \frac{a - bq_2 - c}{4r - 1} \tag{3-47}$$

将式(3-47)回代入式(3-46)，可得

$$q_1 = \frac{2r(a - bq_2 - c)}{4r - 1} \tag{3-48}$$

将式(3-1)代入式(3-44)，求出分销渠道中零售商 2 利润最大时的最优订货量为

$$q_2 = \frac{a - bq_1 - w_2}{2} \tag{3-49}$$

将式(3-49)代入式(3-45)，可得制造商 2 的最优批发价格函数为

$$w_2 = \frac{a - bq_1 + c}{2} \tag{3-50}$$

将式(3-50)代入式(3-49)，可得

$$q_2 = \frac{a - bq_1 - c}{4} \tag{3-51}$$

联立式(3-48)和(3-51)，且记此结构为 PN 结构，结合本章标记 cd 可得

$$q_{1cd}^{PN} = \frac{r(a - c)(b - 4)}{rb^2 + 2 - 8r} \tag{3-52}$$

$$q_{2cd}^{PN} = \frac{(a - c)(2br - 4r + 1)}{2(rb^2 + 2 - 8r)} \tag{3-53}$$

将式(3-52)和式(3-53)回代上述各式，可得零售价格均衡分别为

$$p_{1cd}^{PN} = \frac{(c - a + 2ar + 6cr + 2bcr)(b - 4) + 4c(4r + 1)}{2(rb^2 + 2 - 8r)} \tag{3-54}$$

$$p_{2cd}^{PN} = \frac{2r(3a + c + bc)(b - 4) + (4r + 1)(3a + c)}{2(rb^2 + 2 - 8r)} \tag{3-55}$$

制造商 1 的最优单位成本改进量为

$$x_{1cd}^{PN} = \frac{(a-c)(b-4)}{2(rb^2+2-8r)} \quad (3-56)$$

制造商 2 的最优批发价格为

$$w_{2cd}^{PN} = \frac{c+(a-c)(2br-4r+1)}{rb^2+2-8r} \quad (3-57)$$

直销渠道与分销渠道各成员最优利润分别为

$$M_{1cd}^{PN} = \frac{r(4r-1)(a-c)^2(b-4)^2}{4(rb^2+2-8r)^2} \quad (3-58)$$

$$R_{2cd}^{PN} = \frac{(a-c)^2(2br-4r+1)^2}{4(rb^2+2-8r)^2} \quad (3-59)$$

$$M_{2cd}^{PN} = \frac{(a-c)^2(2br-4r+1)^2}{2(rb^2+2-8r)^2} \quad (3-60)$$

记 T_{icd}^{PP} 表示渠道 i 的整条供应链利润，由式(3-38)~式(3-40)可知，

$$T_{1cd}^{PN} = \frac{r(4r-1)(a-c)^2(b-4)^2}{4(rb^2+2-8r)^2} \quad (3-61)$$

$$T_{2cd}^{PN} = \frac{3(a-c)^2(2br-4r+1)^2}{4(rb^2+2-8r)^2} \quad (3-62)$$

3.3.4 仅分销渠道中的制造商进行流程创新

仅考虑分销渠道中的制造商进行流程创新，此时制造商 2 同时决定单位成本改进量 x_2 和批发价格 w_2，零售商 2 决定订货量 q_2，制造商 1 决定生产量 q_1，制造商 1、零售商 2 和制造商 2 的决策函数分别如下

$$\underset{q_1}{\text{Max}} M_{1cd} = (p_1-c)q_1 \quad (3-63)$$

$$\underset{q_2}{\text{Max}} R_{2cd} = (p_2-w_2)q_2 \quad (3-64)$$

$$\underset{w_2,x_2}{\text{Max}} M_{2cd} = w_2 q_2 - (c-x_2)q_2 - rx_2^2 \quad (3-65)$$

根据博弈顺序和倒推法，将式(3-1)代入式(3-63)，求出直销渠道的最优零售需求量或制造商 1 的生产量为

$$q_1 = \frac{a-bq_2-c}{2} \quad (3-66)$$

将式(3-1)代入式(3-64)，求出分销渠道的零售商利润最大时的最优订货量如下

$$q_2 = \frac{a-bq_1-w_2}{2} \quad (3-67)$$

将式(3-67)代入式(3-65)，求出制造商 2 的最优批发价格和最优单位成本改进量分别为

$$w_2 = \frac{4ra - a - 4rbq_1 + 4rc + bq_1}{8r - 1} \quad (3-68)$$

$$x_2 = \frac{a - bq_1 - c}{8r - 1} \quad (3-69)$$

将式(3-68)代入式(3-67)，可得零售商 2 的最优订货量为

$$q_2 = \frac{2r(a - bq_1 - c)}{8r - 1} \quad (3-70)$$

联立式(3-66)和式(3-70)，并记此小节为 NP 结构，结合本章标记 cd，得到

$$q_{1cd}^{NP} = \frac{(a-c)(2br - 8r + 1)}{2(rb^2 + 1 - 8r)} \quad (3-71)$$

$$q_{2cd}^{NP} = \frac{r(a-c)(b-2)}{rb^2 + 1 - 8r} \quad (3-72)$$

将式(3-71)、式(3-72)代入式(3-1)，可得直销渠道与分销渠道的生产量和订货量分别为

$$p_{1cd}^{NP} = \frac{2rb^2c + c - 8rc - 2rbc + 2rba + a - 8ra}{2(rb^2 + 1 - 8r)} \quad (3-73)$$

$$p_{2cd}^{NP} = \frac{2rb^2c + bc - ba - 6rbc - 4rc + 6rba + 2a - 12ra}{2(rb^2 + 1 - 8r)} \quad (3-74)$$

制造商 2 的最优批发价格为

$$w_{2cd}^{NP} = \frac{(4ab - 8c - 8a - 4bc + 2b^2c)r + 2a + cb - ab}{2(rb^2 + 1 - 8r)} \quad (3-75)$$

制造商 2 的最优单位成本改进量为

$$x_{2cd}^{NP} = \frac{(a-c)(b-2)}{2(rb^2 + 1 - 8r)} \quad (3-76)$$

直销渠道和分销渠道的制造商、零售商利润分别为

$$M_{1cd}^{NP} = \frac{(a-c)^2 (2br - 8r + 1)^2}{4(rb^2 + 1 - 8r)^2} \quad (3-77)$$

$$R_{2cd}^{NP} = \frac{r^2 (a-c)^2 (b-2)^2}{(rb^2 + 1 - 8r)^2} \quad (3-78)$$

$$M_{2cd}^{NP} = \frac{r(8r-1)(a-c)^2 (b-2)^2}{4(rb^2 + 1 - 8r)^2} \quad (3-79)$$

记 T_{icd}^{NP} 表示渠道 i 的整条供应链利润，由式(3-77)至式(3-79)可知

$$T_{1cd}^{NP} = \frac{(a-c)^2 (2br - 8r + 1)^2}{4(rb^2 + 1 - 8r)^2} \quad (3-80)$$

$$T_{2cd}^{NP} = \frac{r(12r-1)(a-c)^2 (b-2)^2}{4(rb^2 + 1 - 8r)^2} \quad (3-81)$$

3.4 渠道竞争强度和流程创新投资系数对成本改进量等的影响

3.4.1 竞争强度和流程创新投资系数对单位成本改进量的影响

记 $B=rb^2+2-8r$ 关于竞争强度 b 的有效解为 $b_1=\sqrt{\dfrac{8r-2}{r}}$；

记 $A=4b^2r^2-32r^2+12r-1$ 关于竞争强度 b 的有效解为 $b_2=\dfrac{\sqrt{(8r-1)(4r-1)}}{2r}$。

通过分析竞争强度和流程创新投资系数对成本改进量的影响，可得如下引理和命题。

引理 3-1

(1) 当 $0.25<r\leqslant0.286$ 时，$b_1\leqslant1$。

(2) 当 $0.25<r\leqslant0.315$ 时，$b_2\leqslant1$。

命题 3-1

(1) 当 $0.25<r\leqslant0.286$ 且 $0<b<b_1\leqslant1$；或当 $r>0.286$ 时，$x_{1cd}^{PN}>0$。

(2) 当 $0.25<r\leqslant0.315$，$0<b<b_2\leqslant1$ 时；或者当 $r>0.315$ 时，$x_{1cd}^{PP}>0$，$x_{1cd}^{PP}>x_{2cd}^{PP}$。

(3) 当 $0.25<r<0.286$ 且 $1>b>b_1$ 时，$x_{1cd}^{PN}<0$。

(4) 当 $0.25<r<0.315$，$1>b>b_2$ 时，$x_{1cd}^{PP}<0$，$x_{1cd}^{PP}<x_{2cd}^{PP}$。

证明：由 x_{1cd}^{PN} 的表达式可知，$x_{1cd}^{PN}=\dfrac{(b-4)(a-c)}{2r(b-b_1)(b+b_1)}$。

当 $b<b_1$ 时，$x_{1cd}^{PN}>0$；当 $b>b_1$ 时，$x_{1cd}^{PN}<0$。

又 $b_1-1=\dfrac{b_1^2-1}{b_1+1}=\dfrac{7r-2}{r(b_1+1)}$，易得当 $r\leqslant\dfrac{2}{7}\approx0.286$ 时，$b_1\leqslant1$。

因此，当 $0.25<r\leqslant\dfrac{2}{7}\approx0.286$，$b<b_1\leqslant1$，或当 $r>\dfrac{2}{7}\approx0.286$ 时，$x_{1cd}^{PN}>0$。

否则，当 $0.25<r<\dfrac{2}{7}\approx0.286$ 且 $1>b>b_1$ 时，$x_{1cd}^{PN}<0$。命题 3-1 中的(1)和(3)得证。

另外，由 x_{1cd}^{PP} 的表达式可知，$x_{1cd}^{PP}=\dfrac{(8r-2rb-1)(a-c)}{-4r^2(b-b_2)(b+b_2)}$。又由 $r>0.25$，则

$8r-2rb-1>1-\dfrac{b}{2}>0$，因而当 $b<b_2$ 时，$x_{1cd}^{PP}>0$；当 $b>b_2$ 时，$x_{1cd}^{PP}<0$。

x_{1cd}^{PP} 与 x_{2cd}^{PP} 之差为 $x_{1cd}^{PP}-x_{2cd}^{PP}=\dfrac{-(a-c)}{r(b-b_2)(b+b_2)}$，易知当 $b<b_2$ 时，$x_{1cd}^{PP}>x_{2cd}^{PP}$；

当 $b > b_2$ 时，$x_{1cd}^{PP} < x_{2cd}^{PP}$。

又 $b_2 - 1 = \dfrac{b_2^2 - 1}{b_2 + 1} = \dfrac{28r^2 - 12r + 1}{4r^2(b_2 + 1)}$，因而当 $0.25 < r \leqslant \dfrac{\sqrt{2} + 3}{14} \approx 0.315$ 时，$b_2 \leqslant 1$。

所以当 $0.25 < r \leqslant 0.315$，$0 < b < b_2 \leqslant 1$ 时；或者当 $r > 0.315$ 时，$x_{1cd}^{PP} > 0$，$x_{1cd}^{PP} > x_{2cd}^{PP}$。否则，当 $0.25 < r < 0.315$，$1 > b > b_2$ 时，$x_{1cd}^{PP} < 0$，$x_{1cd}^{PP} < x_{2cd}^{PP}$。命题 3-1 中的(2)和(4)得证。

命题 3-1 中(1)和(2)表明不管制造商 2 是否进行流程创新，当流程创新投资系数较大时，不管渠道竞争强度如何，制造商 1 进行流程创新都可以获得成本改进；或者流程创新投资系数相对较小且渠道竞争相对较弱时，制造商 1 进行流程创新也可以获得成本改进，能降低生产成本。命题 3-1 中(3)和命题 3-1 中(4)表明，若流程创新投资系数相对较小且渠道竞争加剧，则单位成本改进量为负，无法通过流程创新实现生产成本的降低(不管竞争对手制造商是否进行流程创新)。

记 $f_1 = 2br + 1 - 4r$ 关于 b 的解为 $b_3 = \dfrac{4r - 1}{2r}$。

引理 3-2 (1)当 $0.25 < r \leqslant 0.5$ 时，$b_3 \leqslant 1$。(2)$0 < b_3 < b_2$。

命题 3-2 (1)当 $r > 0.25$ 时，$x_{2cd}^{NP} > 0$。

(2)当 $0.25 < r < 0.315$，$b_2 < b < 1$；或者当 $0.25 < r \leqslant 0.5$ 且 $0 < b < b_3 \leqslant 1$；或当 $r > 0.5$ 时，$x_{2cd}^{PP} > 0$。

(3)当 $0.25 < r \leqslant 0.315$，$0 < b_3 < b < b_2 \leqslant 1$；或者当 $0.315 < r < 0.5$，$0 < b_3 < b < 1 < b_2$ 时，$x_{2cd}^{PP} < 0$。

证明： 由 x_{2cd}^{NP} 的表达式可知，当 $r > 0.25$ 时，$x_{2cd}^{NP} > 0$。

由 x_{2cd}^{PP} 的表达式可知，$x_{2cd}^{PP} = \dfrac{(a - c)(b - b_3)}{2r(b - b_2)(b + b_2)}$。当 $\dfrac{b - b_3}{b - b_2} > 0$ 时，$x_{2cd}^{PP} > 0$；当 $\dfrac{b - b_3}{b - b_2} < 0$ 时，$x_{2cd}^{PP} < 0$。

又 $b_3 - 1 = \dfrac{2r - 1}{2r}$，因而当 $r \leqslant 0.5$ 时，$b_3 \leqslant 1$。

b_3 与 b_2 作差如下

$$b_3 - b_2 = \dfrac{b_3^2 - b_2^2}{b_3 + b_2} = \dfrac{(4r - 1)^2 - (8r - 1)(4r - 1)}{4r^2(b_3 + b_2)} = \dfrac{-(4r - 1)}{r(b_3 + b_2)}$$

易知 $b_3 < b_2$。

结合当 $0.25 < r \leqslant \dfrac{\sqrt{2} + 3}{14} \approx 0.315$ 时，$b_2 \leqslant 1$，因而当 $0.25 < r < \dfrac{\sqrt{2} + 3}{14} \approx 0.315$，$1 > b > b_2$ 时；或者当 $0.25 < r \leqslant 0.5$，$0 < b < b_3 \leqslant 1$ 时；或者当 $r > 0.5$，$0 < b < 1 < b_3$ 时，$x_{2cd}^{PP} > 0$。当 $0.25 < r \leqslant 0.315$，$b_3 < b < b_2 \leqslant 1$ 时；或者当 $0.5 > r > 0.315$，

$b_3 < b < 1 < b_2$ 时，$x_{2cd}^{PP} < 0$。命题 3-2 得证。

命题 3-2 中(1)表明，当直销渠道不进行创新时，则分销渠道中的制造商进行流程创新时需保证其流程投资创新系数大于 0.25，其单位成本改进量才为正。否则，无法降低单位生产成本，反而会提高单位生产成本。

命题 3-2 中(2)表明，若直销渠道进行创新，则当流程创新投资系数位于区间 (0.25，0.315)内，且横向竞争相对较为激烈，竞争强度大于 b_2（如图 3-2 中的区域 Ⅰ 所示），或者当创新投资系数位于区间(0.25，0.5]内，且横向竞争相对较弱，竞争强度小于 b_3（如图 3-2 中的区域 Ⅲ 所示），或者流程创新投资系数大于 $\frac{1}{2}$ 时，制造商 2 进行创新时的单位成本改进量才为正。

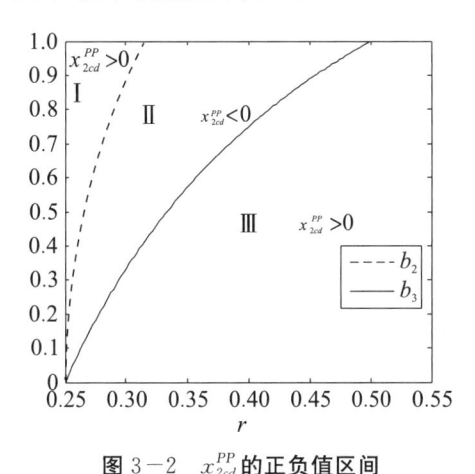

图 3-2 x_{2cd}^{PP} 的正负值区间

命题 3-2 中(3)表明，若流程创新投资系数位于区间(0.25，0.315]内，且横向竞争程度适中，即横向竞争强度位于 (b_3, b_2) 内，或者流程创新系数增大至 0.5，且横向竞争强度位于 $(b_3, 1)$ 内（如图 3-2 中的区域 Ⅱ 所示），则制造商 2 进行流程创新无法实现成本改进。

为直观观测渠道间的竞争强度对不同渠道进行流程创新的单位成本改进量的影响，令 $a=2$，$c=1$，$r=0.4$，如图 3-3 所示。由图 3-3 可知，当采用直销渠道进行创新的单位成本改进量均高于分销渠道的单位成本改进量，且直销渠道中的单位成本改进量随横向竞争的加剧而逐渐增大，而分销渠道中的单位成本改进量随横向竞争加剧而逐渐减小，由此表明横向渠道间的竞争加剧时直销渠道更适宜进行流程创新。

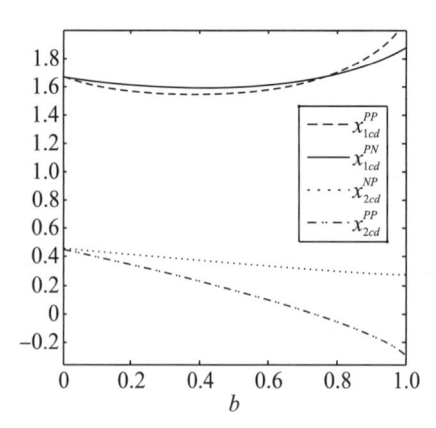

图 3-3 $a=2$，$c=1$，$r=0.4$ 时单位成本改进量与竞争强度 b 的关系

另外，对于直销渠道而言，分销渠道是否进行流程创新会影响其单位成本改进量的大小，当横向竞争相对较弱时，则分销渠道不创新时的直销渠道单位成本改进量大于分销渠道创新时的单位成本改进量；若横向竞争加剧，则分销渠道创新会带动直销渠道加大单位成本改进量。对于分销渠道而言，直销渠道不创新较创新带给分销渠道的单位成本改进量更大；直销渠道创新时分销渠道也创新的单位成本改进量随横向竞争加剧而逐渐减小，当横向竞争超过一定强度时，单位成本改进量为负，此时不适宜进行流程创新。

为直观观测创新投资系数对单位成本改进量的影响，令 $a=2$，$b=0.5$，$c=1$，如图 3-4 所示。图 3-4 表明，横向竞争强度适中时，直销渠道的单位成本改进量依然高于分销渠道，且直销渠道的单位成本改进量随流程创新投资系数的增大而逐渐减小，而采用分销渠道时的单位成本改进量则不一定，即当直销渠道不创新，分销渠道创新时其单位成本改进量随创新投资系数的增大而逐渐减少；但直销渠道创新时分销渠道的单位成本改进量先增大后减小，且当流程创新投资系数非常小时，分销渠道并不能实现成本改进，仅当流程创新投资系数相对较大时才能实现生产成本的降低。

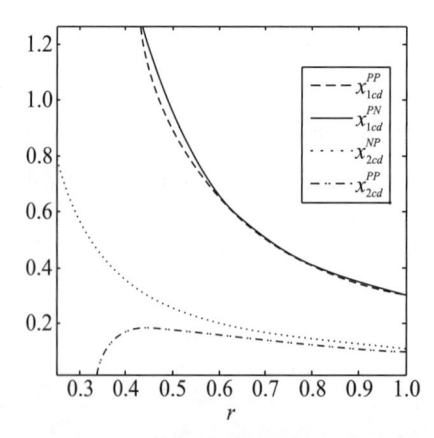

图 3-4 $a=2$，$b=0.5$，$c=1$ 时单位改进量与流程创新投资系数 r 的关系

3.4.2 竞争强度和流程创新投资系数对分销渠道批发价格的影响

为考察竞争强度和流程创新投资系数对创新后分销渠道批发价格的影响，记 $f_2 = rb^2 + 1 - 4r$ 关于 b 的有效解为 $b_4 = \sqrt{\dfrac{4r-1}{r}}$。可得以下引理和命题。

引理 3-3

(1) 当 $0.25 < r \leqslant 0.33$ 时，$b_4 \leqslant 1$。

(2) $0 < b_3 < b_4 < b_2 < b_1$。

命题 3-3 (1) 当 $r > 0.25$ 时，$w_{2cd}^{NP} < w_{2cd}^{NN}$。

(2) 若直销渠道进行流程创新，则分销渠道创新后的批发价格是否降低（即 w_{2cd}^{PP} 与 w_{2cd}^{PN} 的大小关系）取决于流程创新投资系数和竞争强度的关系，具体如表 3-2 所示。

表 3-2 w_{2cd}^{PP} 与 w_{2cd}^{PN} 的大小关系

(1)当 $b_1 \leqslant 1$ 时，$r \in (0.25, 0.286]$	$b \in (0, b_3)$ $w_{2cd}^{PP} < w_{2cd}^{PN}$	$b \in (b_3, b_4)$ $w_{2cd}^{PP} > w_{2cd}^{PN}$	$b \in (b_4, b_2)$ $w_{2cd}^{PP} < w_{2cd}^{PN}$	$b \in (b_2, b_1)$ $w_{2cd}^{PP} > w_{2cd}^{PN}$	$b \in (b_1, 1)$ $w_{2cd}^{PP} < w_{2cd}^{PN}$
(2)当 $b_2 \leqslant 1 < b_1$ 时，$r \in (0.286, 0.315]$	$b \in (0, b_3)$ $w_{2cd}^{PP} < w_{2cd}^{PN}$	$b \in (b_3, b_4)$ $w_{2cd}^{PP} > w_{2cd}^{PN}$	$b \in (b_4, b_2)$ $w_{2cd}^{PP} < w_{2cd}^{PN}$	$b \in (b_2, 1)$ $w_{2cd}^{PP} > w_{2cd}^{PN}$	
(3)当 $b_4 \leqslant 1 < b_2$ 时，$r \in (0.315, 0.33]$	$b \in (0, b_3)$ $w_{2cd}^{PP} < w_{2cd}^{PN}$	$b \in (b_3, b_4)$ $w_{2cd}^{PP} > w_{2cd}^{PN}$	$b \in (b_4, 1)$ $w_{2cd}^{PP} < w_{2cd}^{PN}$		
(4)当 $b_3 \leqslant 1 < b_4$ 时，$r \in (0.33, 0.5]$	$b \in (0, b_3)$ $w_{2cd}^{PP} < w_{2cd}^{PN}$	$b \in (b_3, 1)$ $w_{2cd}^{PP} > w_{2cd}^{PN}$			
(5)当 $b_3 > 1$ 时，$r \in (0.5, +\infty)$	$b \in (0, 1)$ $w_{2cd}^{PP} < w_{2cd}^{PN}$				

证明：w_{2cd}^{NP} 与 w_{2cd}^{NN} 作差如下

$$w_{2cd}^{NP} - w_{2cd}^{NN} = \frac{-(a-c)(b+2)(b-2)^2}{(8-b^2)(8r-b^2r-1)}$$

可知 $r > 0.25$，$w_{2cd}^{NP} < w_{2cd}^{NN}$。

w_{2cd}^{PP} 与 w_{2cd}^{PN} 作差如下

$$w_{2cd}^{PP} - w_{2cd}^{PN} = \frac{-(a-c)(b-b_3)(b-b_4)(b+b_4)}{2r(b-b_1)(b+b_1)(b-b_2)(b+b_2)}$$

易知当 $\dfrac{-(b-b_3)(b-b_4)}{(b-b_1)(b-b_2)} > 0$ 时，则 $w_{2cd}^{PP} > w_{2cd}^{PN}$；当 $\dfrac{-(b-b_3)(b-b_4)}{(b-b_1)(b-b_2)} < 0$ 时，则 $w_{2cd}^{PP} < w_{2cd}^{PN}$。

而 b_1，b_2，b_3，b_4 之间作差如下

$$b_2 - b_1 = \frac{b_2^2 - b_1^2}{b_1 + b_2} = \frac{(8r-1)(4r-1) - 4r(8r-2)}{4r^2(b_1 + b_2)} = \frac{-(4r-1)}{4r^2(b_1 + b_2)}$$

$$b_4 - b_2 = \frac{b_4^2 - b_2^2}{b_4 + b_2} = \frac{-(4r-1)^2}{4r^2(b_4 + b_2)}$$

$$b_3 - b_4 = \frac{b_3^2 - b_4^2}{b_4 + b_3} = \frac{-(4r-1)}{4r^2(b_4 + b_3)}$$

由 $r > 0.25$，可得 $b_3 < b_4 < b_2 < b_1$。

根据 b_1，b_2，b_3，b_4 之间的关系，可以分别得出 $w_{2cd}^{PP} > w_{2cd}^{PN}$ 和 $w_{2cd}^{PP} < w_{2cd}^{PN}$ 的条件如表 3-2 所示，命题 3-3 得证。

命题 3-3 中(1)表明，若直销渠道不进行流程创新，则分销渠道由不创新转为创新时，创新带来的低成本会降低产品的批发价格。命题 3-3 中(2)则表明，若直销渠道进行流程创新，则分销渠道由不创新转为创新，其并不一定能实现批发价格的降低，而是依赖于外部的横向竞争环境和制造商进行流程创新的流程创新投资系数。由图 3-5 可知，在区域Ⅰ和区域Ⅲ，制造商 1 已经进行了流程创新，制造商 2 进行流程创新后批发价格并没有降低，反而高于未创新时的价格。由图 3-5 可知，在区域Ⅲ，制造商 2 进行流程创新并没有改进单位生产成本（$x_{2cd}^{PP} < 0$），反而增加了单位生产成本，因而批发价格必然增大。在区域Ⅰ，流程创新虽然降低了单位生产成本（单位成本改进量 $x_{2cd}^{PP} > 0$），但改进量较小，导致其依然高于未创新时的批发价格。图 3-5 的区域Ⅱ则是制造商 2 进行流程创新后，其批发价格低于创新前的价格，即流程创新有效降低了单位生产成本，进而使得其批发价格得以下降。制造商 2 若想通过流程创新降低单位生产成本，以便降低批发价格，制造商需综合考虑其流程创新投资系数（例如创新能力和创新投资成本）和渠道间的竞争强度。

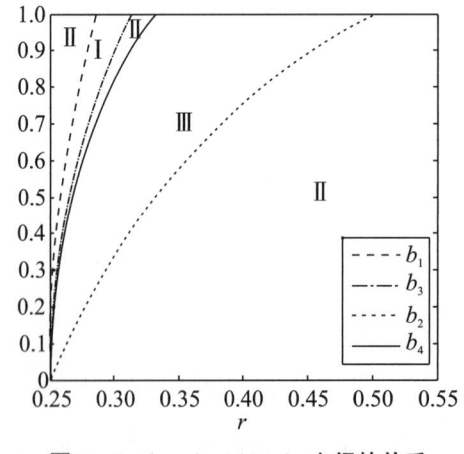

图 3-5 b_1，b_2，b_3，b_4 之间的关系

若制造商 1 不进行流程创新，为直观观测渠道竞争强度对制造商 2 进行流程创

新后批发价格的影响，令 $a=2$，$c=1$，$r=0.5$，如图 3-6 所示。由图 3-6 可知，不管竞争强度如何，此时制造商 2 进行流程创新一方面可以降低单位生产成本，另一方面也能带动批发价格的下调。另外，渠道竞争环境的变化会影响批发价格的降幅，在渠道间的竞争较弱时，降幅比较明显，但随着渠道竞争的加剧，降幅逐渐缩小。

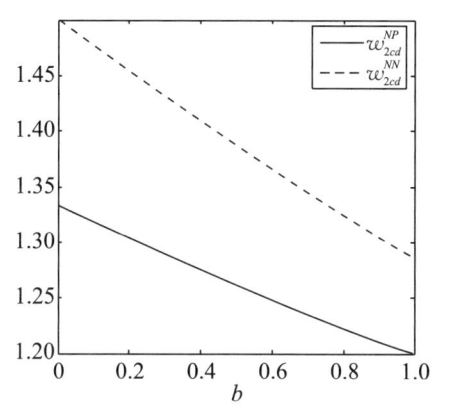

图 3-6 $a=2$，$c=1$，$r=0.5$ 时的 w_{2cd}^{NP} 与 w_{2cd}^{NN}

为直观观测流程创新投资系数对制造商 2 进行流程创新后批发价格的影响，令 $a=2$，$b=0.5$，$c=1$，如图 3-7 所示。由图 3-7 可知，在此条件下，制造商 2 进行流程创新后，可以设置较低的批发价格。但批发价格设置在什么水平依赖于流程创新投资系数，流程创新投资系数较小，制造商 2 的创新能力较强，批发价格可以设置在非常低的水平；当流程创新投资系数增大，创新投资成本加大，制造商需通过设置较高的批发价格确保企业利润，不过该批发价格依然低于不创新时的批发价格。

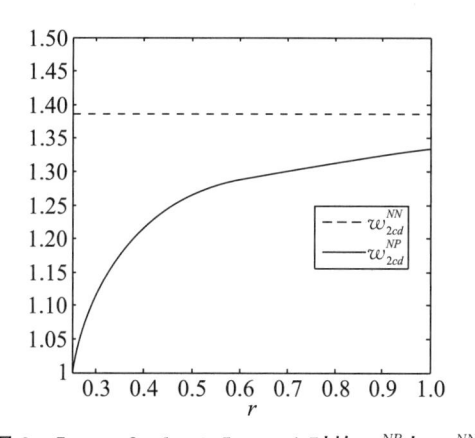

图 3-7 $a=2$，$b=0.5$，$c=1$ 时的 w_{2cd}^{NP} 与 w_{2cd}^{NN}

若制造商 1 进行流程创新，令 $a=2$，$c=1$，$r=0.4$，可直观观测渠道竞争对制造商 2 进行流程创新后批发价格的影响，如图 3-8 所示。首先，由图 3-8 可知，渠道竞争越激烈，则制造商 2 不管是否进行流程创新，均会降低批发价格以应对激烈的竞争环境。其次,当渠道竞争较弱时,制造商 2 进行流程创新可以显著降低批发价格(相较于未创新时的价格),但随着渠道竞争逐渐增强,创新后批发价格应对激烈竞争环境的下降幅度小于未创新时批发价格的下降幅度,致使创新后的批发价格在竞争强度超过 0.75 时,高于未创新时的价格。最后,即使制造商 2 进行了流程创新降低生产成本,也无法一味地调低批发价格以应对激烈的竞争环境。

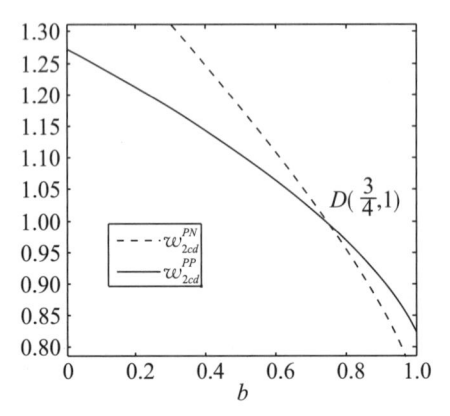

图 3-8 $a=2$,$c=1$,$r=0.4$ 时的 w_{2cd}^{PN} 与 w_{2cd}^{PP}

另外,为直观观测流程创新投资系数对制造商 2 由不创新转为创新后批发价格的影响,令 $a=2$,$b=0.5$,$c=1$,如图 3-9 所示。由图 3-9 可知,若直销渠道已进行流程创新,则仅当分销渠道中的制造商 2 在流程创新投资系数大于 $\frac{1}{3}$ 时,才能降低单位生产成本,进而实现批发价格的降低;否则,创新无法带来批发价格的下调。

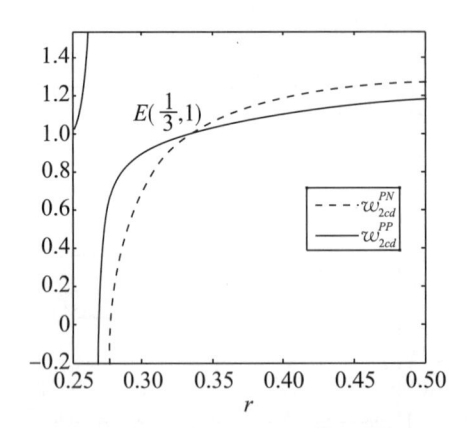

图 3-9 $a=2$,$b=0.5$,$c=1$ 时的 w_{2cd}^{PN} 与 w_{2cd}^{PP}

3.4.3 竞争强度和流程创新投资系数对制造商和供应链系统绩效的影响

针对均不创新的直销渠道与分销渠道,考虑制造商 1 和制造商 2、供应链系统

1 和供应链系统 2 的绩效对比情况，可得以下命题。

命题 3-4 （1）$M_{1cd}^{NN} > M_{2cd}^{NN}$；（2）$T_{1cd}^{NN} > T_{2cd}^{NN}$。

证明：M_{1cd}^{NN} 与 M_{2cd}^{NN} 作差、T_{1cd}^{NN} 与 T_{2cd}^{NN} 作差分别如下

$$M_{1cd}^{NN} - M_{2cd}^{NN} = \frac{(a-c)^2}{8-b^2} > 0$$

$$T_{1cd}^{NN} - T_{2cd}^{NN} = \frac{2(a-c)^2(2-b^2+2b)}{(8-b^2)^2} > 0$$

由此可得 $M_{1cd}^{NN} > M_{2cd}^{NN}$，$T_{1cd}^{NN} > T_{2cd}^{NN}$。命题 3-4 得证。

命题 3-4 表明，若两渠道均不进行创新，则直销渠道的制造商绩效和供应链整体绩效均高于分销渠道的绩效，不受渠道竞争强度和流程创新投资系数的影响。并且，随着渠道间的竞争越激烈，制造商利润和渠道利润越小（如图 3-10 和图 3-11 所示），但是中心化结构优于竞争对手的分散化结构的利润差随竞争加剧而逐渐增大，即渠道间的竞争越激烈，中心化结构对于制造商 1 和供应链系统 1 来说越具有优势。

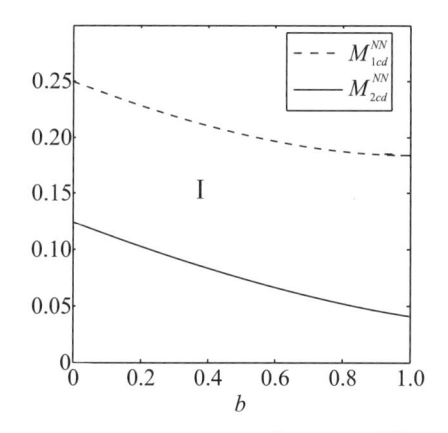

图 3-10 $a=2$，$c=1$ 时 M_{1cd}^{NN} 与 M_{2cd}^{NN} 的大小

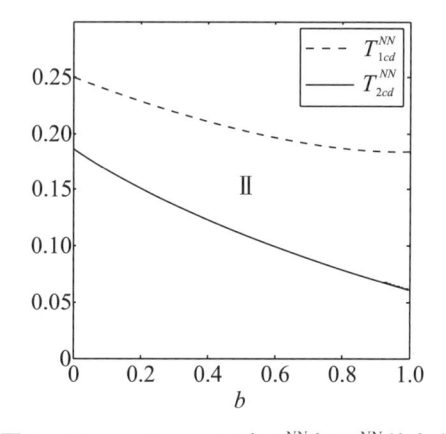

图 3-11 $a=2$，$c=1$ 时 T_{1cd}^{NN} 与 T_{2cd}^{NN} 的大小

因而，对于制造商和供应链系统而言，不进行流程创新时应选择中心化的直销

渠道，而非构建分散化的分销渠道。

记 T_{1cd}^{PP} 与 T_{2cd}^{PP} 关于竞争强度 b 的临界值分别为 b_5，b_6

$$b_5 = \frac{4r-1+\sqrt{(4r-1)(12r-1)}}{4r}$$

$$b_6 = \frac{4r-1-\sqrt{(4r-1)(12r-1)}}{4r}$$

引理 3-4 (1)当 $0.25 < r < 0.33$ 时，$b_5 < 1$；$r > 0.33$ 时，$b_5 > 1$；(2) $b_6 < 0$。

命题 3-5 (1)当 $0.25 < r \leqslant 0.315$，$0 < b < b_2 \leqslant 1$ 时；或者当 $r > 0.315$ 时，$M_{1cd}^{PP} > M_{2cd}^{PP}$。否则，当 $0.25 < r < 0.315$，$1 > b > b_2$ 时，$M_{1cd}^{PP} < M_{2cd}^{PP}$。

(2) 当 $0.25 < r \leqslant 0.33$ 时，$0 < b < b_5 \leqslant 1$ 时，或者当 $r > 0.33$ 时，$T_{1cd}^{PP} > T_{2cd}^{PP}$。否则，当 $0.25 < r < 0.33$，$b_5 < b < 1$ 时，$T_{1cd}^{PP} < T_{2cd}^{PP}$。

证明：M_{1cd}^{PP} 与 M_{2cd}^{PP} 作差如下

$$M_{1cd}^{PP} - M_{2cd}^{PP} = \frac{-(a-c)^2}{(b-b_2)(b+b_2)}$$

易得当 $b < b_2$ 时，$M_{1cd}^{PP} > M_{2cd}^{PP}$；当 $b > b_2$ 时，$M_{1cd}^{PP} < M_{2cd}^{PP}$。

因 $\frac{1}{4} < r \leqslant \frac{\sqrt{2}+3}{14} \approx 0.315$ 时，$b_2 \leqslant 1$。所以当 $0.25 < r \leqslant 0.315$，$0 < b < b_2 \leqslant 1$ 时；或者当 $r > 0.315$ 时，$M_{1cd}^{PP} > M_{2cd}^{PP}$。否则，当 $0.25 < r < 0.315$，$1 > b > b_2$ 时，$M_{1cd}^{PP} < M_{2cd}^{PP}$。命题 3-5 中(1)得证。

T_{1cd}^{PP} 与 T_{2cd}^{PP} 作差如下

$$T_{1cd}^{PP} - T_{2cd}^{PP} = \frac{-32r^4(a-c)^2(b-b_5)(b-b_6)}{(4b^2r^2-32r^2+12r-1)^2}$$

且当 $0.25 < r \leqslant \frac{1}{3} \approx 0.33$ 时，$b_5 \leqslant 1$；$r > \frac{1}{3} \approx 0.33$ 时，$b_5 > 1$，$b_6 < 0$，所以当 $0.25 < r \leqslant 0.33$ 时，$0 < b < b_5 \leqslant 1$ 时，或者当 $r > 0.33$ 时，$T_{1cd}^{PP} > T_{2cd}^{PP}$。否则，当 $0.25 < r < 0.33$，$b_5 < b < 1$ 时，$T_{1cd}^{PP} < T_{2cd}^{PP}$。命题 3-5（2）得证。

命题 3-5 表明，如果直销渠道和分销渠道均进行流程创新，制造商 1 和供应链 1 要想获得比制造商 2 高的利润，需在渠道间的竞争相对较弱时以相对较小的流程创新系数进行流程创新，或者不管渠道竞争如何，以相对较大的流程创新投资系数进行流程创新。若竞争较为激烈，且制造商的流程创新投资系数又相对较小，创新投入不足，使得制造商 1 和供应链系统 1 的利润低于制造商 2 和供应链系统 2。选择合适的时机进行流程创新不仅可以实现制造商绩效的改进，也能实现供应链系统绩效的改进。例如，在图 3-12 的区域Ⅰ进行流程创新可使制造商 1 和供应链系统 1 的绩效均高于制造商 2 和供应链系统 2；在区域Ⅲ，则是制造商 2 和供应链系统 2 的绩效均高于制造商 1 和供应链系统 1；在区域Ⅱ，制造商 1 的绩效高于制造商 2，但供应链系统 1 的绩效低于供应链系统 2。

图 3-12 b_2 与 b_5 的大小

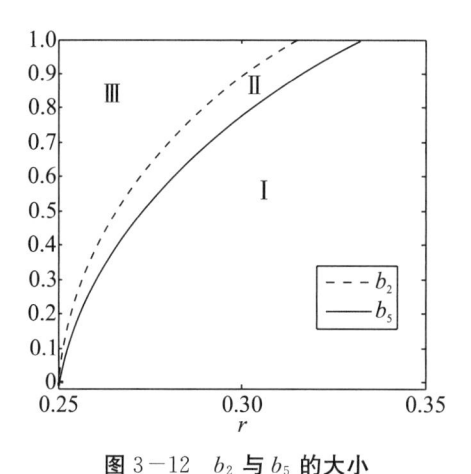

记 T_{1cd}^{PN} 与 T_{2cd}^{PN} 关于竞争强度 b 的临界值分别为 b_7，b_8，且有

$$b_7 = \frac{8r^2 - 2r + (4r+1)\sqrt{3r(4r-1)}}{r(8r+1)}$$

$$b_8 = \frac{8r^2 - 2r - (4r+1)\sqrt{3r(4r-1)}}{r(8r+1)}$$

引理 3-5 （1）当 $r \leqslant 0.2965$ 时，$b_7 \leqslant 1$。（2）$b_8 < 0$。

命题 3-6 （1）当 $0.25 < r \leqslant 0.286$ 且 $0 < b < b_1 \leqslant 1$；或当 $r > 0.286$ 时，$M_{1cd}^{PN} > M_{2cd}^{PN}$。否则，当 $0.25 < r < 0.286$ 且 $1 > b > b_1$ 时，$M_{1cd}^{PN} < M_{2cd}^{PN}$。

（2）当 $0.25 < r \leqslant 0.2965$，$0 < b < b_7 \leqslant 1$ 时，或者当时 $r > 0.2965$ 时，$T_{1cd}^{PN} > T_{2cd}^{PN}$。否则，当 $0.25 < r < 0.2965$，$b_7 < b < 1$ 时，$T_{1cd}^{PN} < T_{2cd}^{PN}$。

证明：M_{1cd}^{PN} 与 M_{2cd}^{PN} 作差如下

$M_{1cd}^{PN} - M_{2cd}^{PN} = \dfrac{-(4r+1)(a-c)^2}{4r(b-b_1)(b+b_1)}$，得到当 $b < b_1$ 时，$M_{1cd}^{PN} > M_{2cd}^{PN}$；当 $b > b_1$ 时，$M_{1cd}^{PN} < M_{2cd}^{PN}$。

因 $r \leqslant \dfrac{2}{7} \approx 0.286$ 时，$b_1 \leqslant 1$。所以当 $0.25 < r \leqslant 0.286$，$b < b_1 \leqslant 1$，或当 $r > 0.286$ 时，$M_{1cd}^{PN} > M_{2cd}^{PN}$。否则，当 $0.25 < r < 0.286$ 且 $1 > b > b_1$ 时，$M_{1cd}^{PN} < M_{2cd}^{PN}$。命题 3-6 中的（1）和（3）得证。

T_{1cd}^{PN} 与 T_{2cd}^{PN} 作差如下：

$$T_{1cd}^{PN} - T_{2cd}^{PN} = \frac{-r(a-c)^2(8r+1)(b-b_7)(b-b_8)}{[4(rb^2+2-8r)^2]}$$

$b_7 = \dfrac{8r^2 - 2r + (4r+1)\sqrt{3r(4r-1)}}{r(8r+1)}$，当 $r \leqslant 0.2965$ 时，$b_7 \leqslant 1$。

$b_8 = \dfrac{8r^2 - 2r - (4r+1)\sqrt{3r(4r-1)}}{r(8r+1)}$，$b_8 < 0$。

所以当 $0.25 < r \leqslant 0.2965$，$0 < b < b_7 \leqslant 1$ 时，或者当时 $r > 0.2965$，$0 < b < 1 <$

b_7 时，$T_{1cd}^{PN} > T_{2cd}^{PN}$。当 $0.25 < r < 0.2965$，$b_7 < b < 1$ 时，$T_{1cd}^{PN} < T_{2cd}^{PN}$。命题 3-6 中的（2）得证。

命题 3-6 表明，在直销渠道创新、分销渠道不创新的渠道竞争环境下，直销渠道创新想要获得高于竞争对手的利润，须选择合适的环境，例如直销渠道如果流程创新投资系数较小，创新投资额度低，可以选择在渠道竞争弱的时候进行了成本降低的创新；如果流程创新投资系数较大，创新投资额度充足，可以不用考虑渠道竞争环境。而如果在渠道竞争较为激烈时以较小的流程创新投资系数进行创新，不创新的分销渠道可以更好应对激烈的竞争环境，其利润反而高于直销渠道。

由图 3-13 可知，在区域 I，分销渠道的制造商利润和供应链系统利润均大于直销渠道，但随着创新能力的下降，该区域逐渐减小，即分销渠道不创新，依然想保持高于直销渠道利润的竞争环境条件越来越苛刻；而在区域 III，创新时直销渠道制造商利润和供应链利润均高于分销渠道，且所需的竞争条件随着流程创新投资系数的增大而越来越宽松。在区域 II，虽然直销渠道的制造商利润高于分销渠道，但分销渠道还有零售商的利润，因而分销渠道的供应链总利润高于直销渠道。

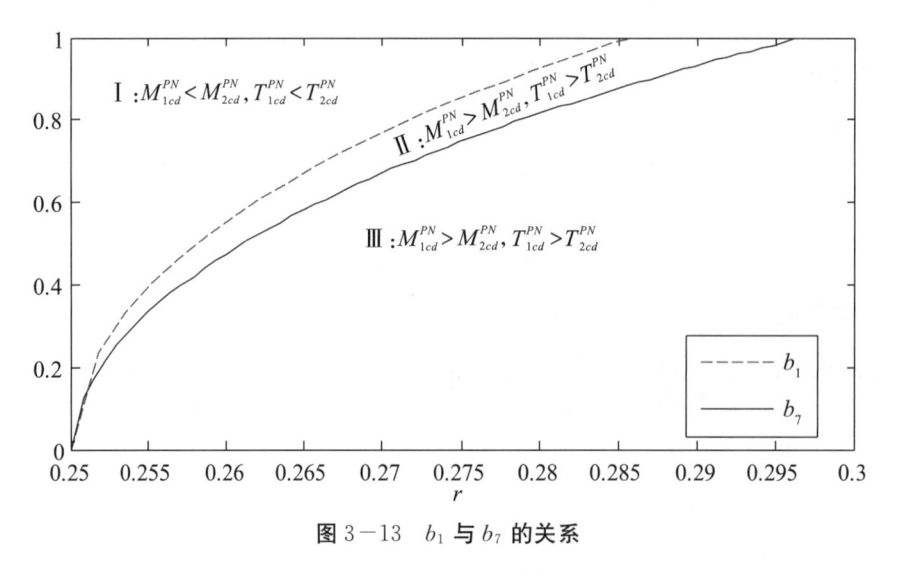

图 3-13 b_1 与 b_7 的关系

记 T_{1cd}^{NP} 与 T_{2cd}^{NP} 关于竞争强度 b 的临界值分别为 b_9，b_{10}，且有

$$b_9 = \frac{8r^2 - (4r-1)\sqrt{r(12r-1)}}{r(8r-1)}$$

$$b_{10} = \frac{8r^2 + (4r-1)\sqrt{r(12r-1)}}{r(8r-1)}$$

引理 3-6 （1）当 $0.33 < r < 0.655$ 时，$b_9 < 1$。（2）$b_{10} > 1$。

命题 3-7 （1）当 $r > 0.25$ 时，$M_{1cd}^{NP} > M_{2cd}^{NP}$。

（2）当 $0.33 < r < 0.655$，$b_9 < b < 1$ 时，$T_{2cd}^{NP} < T_{1cd}^{NP}$。否则，当 $0.33 < r < 0.655$ 时，$0 < b < b_9 < 1$；或者当 $0.25 < r < 0.33$ 时，$T_{2cd}^{NP} > T_{1cd}^{NP}$。

证明：M_{1cd}^{NP} 与 M_{2cd}^{NP} 作差如下

$$M_{1cd}^{NP} - M_{2cd}^{NP} = \frac{-(a-c)^2(4r-1)}{4(rb^2-8r+1)}$$

因为 $r>0.25$，所以 $M_{1cd}^{NP}>M_{2cd}^{NP}$。

T_{1cd}^{NP} 与 T_{2cd}^{NP} 作差如下

$$T_{1cd}^{NP} - T_{2cd}^{NP} = \frac{-r(a-c)^2(8r-1)(b-b_9)(b-b_{10})}{4(rb^2+1-8r)^2}$$

由引理 3-6 知 $b_{10}>1$；当 $0.33<r<0.655$ 时，$b_9<1$。因而当 $0.33<r<0.655$ 时，$1>b>b_9$，$T_{2cd}^{NP}<T_{1cd}^{NP}$。否则，当 $0.33<r<0.655$ 时，$0<b<b_9<1$；或者当 $0.25<r<0.33$，$0<b<1<b_9$ 时，$T_{2cd}^{NP}>T_{1cd}^{NP}$。命题 3-7 得证。

命题 3-7 表明，虽然直销渠道制造商不创新，而分销渠道制造商进行流程创新，直销渠道制造商的利润依然高于创新的分销渠道制造商，但直销渠道的供应链系统利润不一定高于分销渠道，仅当分销渠道制造商的流程创新投资系数较小，渠道竞争较为激烈时，直销渠道的供应链系统利润才会高于分销渠道。对于制造商而言，纵向控制结构的作用大于流程创新的作用，即使分销渠道制造商进行流程创新也无法提升其利润。而对于供应链系统利润，流程创新是否有效，取决于流程创新投资系数和渠道竞争环境。

为直观观察流程创新投资系数对 M_{1cd}^{NP} 与 M_{2cd}^{NP}、T_{1cd}^{NP} 与 T_{2cd}^{NP} 的影响，令 $a=2$，$b=0.2$，$c=1$，分别得到图 3-14 和图 3-15。由图 3-14 和图 3-15 可知，随着分销渠道制造商的流程创新投资系数增大，其花费的创新成本逐渐增大，对于直销渠道而言是有利的，因而直销渠道的制造商利润和供应链利润均先增大而后趋于稳定；而分销渠道的制造商则因投入了创新成本使得利润快速下降，而后创新改进越来越难，其利润下降速度非常缓慢，渠道利润则因制造商和零售商的双重减小而一直下降。

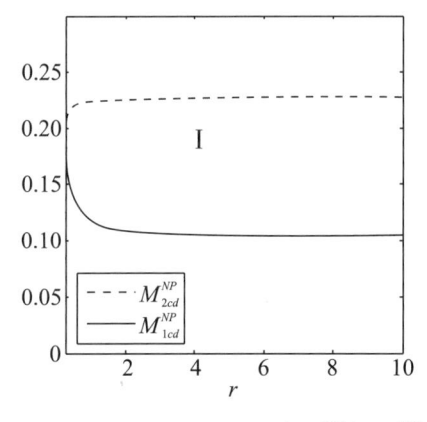

图 3-14 $a=2$，$b=0.2$，$c=1$ 时 M_{1cd}^{NP} 与 M_{2cd}^{NP} 的大小

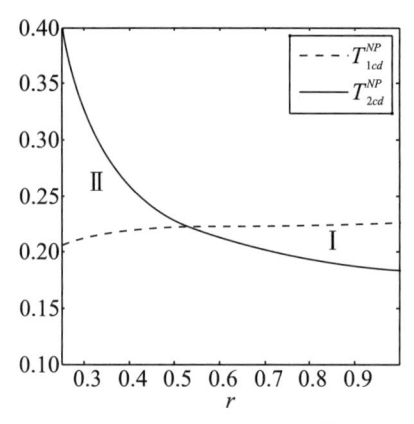

图 3-15　$a=2$，$b=0.2$，$c=1$ 时 T_{1cd}^{NP} 与 T_{2cd}^{NP} 的大小

另外，由图 3-14 可知，直销渠道的制造商利润始终高于分销渠道的制造商利润，且随着分销渠道的创新投资额继续增大，这两者的利润之差先逐渐增大，再趋于稳定。由图 3-15 可知，当分销渠道制造商的流程创新投资系数较小时，其创新投资额度较低，分销渠道的整体利润大于直销渠道的整体利润，但随着流程创新投资系数增大，创新投资额度增大，成本加剧，导致分销渠道的整体利润低于不创新的直销渠道利润。

为直观观察竞争强度对 M_{1cd}^{NP} 与 M_{2cd}^{NP}、T_{1cd}^{NP} 与 T_{2cd}^{NP} 的影响，令 $a=2$，$r=0.5$，$c=1$，分别得到图 3-16 和图 3-17。由图 3-16 和图 3-17 可知，直销渠道的制造商利润和渠道利润均随着渠道竞争的加剧而下降。不同的是，虽然渠道竞争加剧，但不创新的直销渠道的制造商利润一直高于创新的分销渠道的制造商利润，即创新并不一定有利于制造商，而选择中心化的直销渠道反而有利于制造商。而分销渠道创新后的整体利润仅在竞争相对较弱时高于不创新的直销渠道，当竞争强度超过一定值，直销渠道的整体利润高于分销渠道，此时创新并不能给分销渠道带来更高利润。

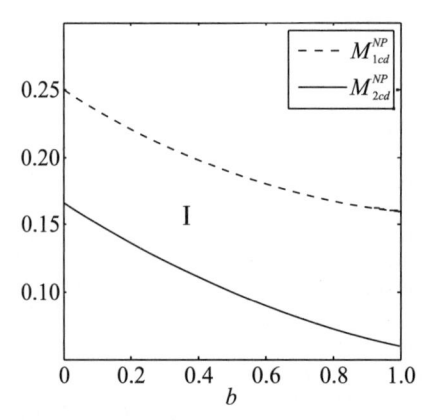

图 3-16　$a=2$，$r=0.5$，$c=1$ 时 M_{1cd}^{NP} 与 M_{2cd}^{NP} 的大小

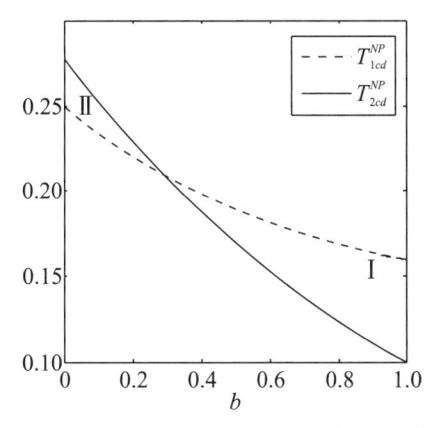

图 3-17　$a=2$，$r=0.5$，$c=1$ 时 T_{1cd}^{NP} 与 T_{2cd}^{NP} 的大小

由命题 3-4 至命题 3-7 可得如下推论。

推论 3-1　只要直销渠道不进行流程创新，不管分销渠道是否进行流程创新，分销渠道制造商的利润均低于直销渠道，即此时渠道结构对制造商利润的影响大于流程创新对制造商利润的影响。

推论 3-2　若直销渠道进行流程创新，不管分销渠道是否进行流程创新，直销渠道制造商的利润和渠道总利润均高于分销渠道的竞争和创新环境较为类似，即在渠道竞争相对较弱时直销渠道制造商拥有较强的创新能力或投入较低的创新投资成本，不同点在于边界值不同。

3.5　直销渠道中制造商的流程创新选择

3.5.1　竞争对手制造商不进行创新时的选择

记 $M_{1cd}^{PN}=M_{1cd}^{NN}$ 关于流程创新投资系数 r 的边界函数值为 $r_1=\dfrac{16}{64-b^4}$。

命题 3-8　当 $r>r_1>0.25$ 时，$M_{1cd}^{PN}>M_{1cd}^{NN}$；否则，当 $0.25<r<r_1$ 时，$M_{1cd}^{PN}<M_{1cd}^{NN}$。

证明：若分销渠道中的制造商不进行创新，则直销渠道制造商进行创新或不进行创新的利润之差，即 M_{1cd}^{PN} 与 M_{1cd}^{NN} 之差，其表达式如下

$$M_{1cd}^{PN}-M_{1cd}^{NN}=\dfrac{-(a-c)^2(b^2+8)(4-b)^2(r-r_1)}{4(rb^2+2-8r)^2(b^2-8)}$$

因为 $r_1>0.25$，所以可得当 $r>r_1>0.25$ 时，$M_{1cd}^{PN}>M_{1cd}^{NN}$；否则，当 $0.25<r<r_1$ 时，$M_{1cd}^{PN}<M_{1cd}^{NN}$。命题 3-8 得证。

命题 3-8 表明，若竞争对手制造商（即分销渠道中的制造商）不进行流程创新，则当直销渠道中制造商进行流程创新投资的系数大于 r_1（该值依赖于横向竞争强度）时，制造商可降低生产成本，并实现绩效改进。

3.5.2 竞争对手制造商进行创新时的选择

记 $M_{1cd}^{PP}=M_{1cd}^{NP}$ 关于创新投资系数 r 的有效边界函数为

$$r_2=\left[\sqrt{G^2-H^3}-G\right]^{\frac{1}{3}}-\frac{32}{3F}+\frac{H}{\left[\sqrt{G^2-H^3}-G\right]^{\frac{1}{3}}}$$

式中，$F=b^4-64$，$H=\dfrac{5}{3F}+\dfrac{1024}{9F^2}$，$G=\dfrac{80}{3F^2}+\dfrac{32768}{27F^3}+\dfrac{1}{8F}$。

命题 3-9 当 $r>r_2$ 时，$M_{1cd}^{PP}>M_{1cd}^{NP}$。

证明：若分销渠道中的制造商进行创新，则直销渠道制造商进行创新或不进行创新的利润之差，即 M_{1cd}^{PP} 与 M_{1cd}^{NP} 之差，其表达式如下

$$M_{1cd}^{PP}-M_{1cd}^{NP}=\frac{(a-c)^2(256-4b^2)(2br-8r+1)^2\left[(r-f_1)^2+f_2^2\right](r-r_2)}{4(4b^2r^2-32r^2+12r-1)^2(rb^2+1-8r)^2}$$

$$f_1=\frac{H}{2\left[\sqrt{G^2-H^3}-G\right]^{\frac{1}{3}}}-\frac{\left[\sqrt{G^2-H^3}-G\right]^{\frac{1}{3}}}{2}+\frac{32}{3F}$$

$$f_2=\frac{\sqrt{3}}{2}\left\{\left[\sqrt{G^2-H^3}-G\right]^{\frac{1}{3}}-\frac{H}{\left[\sqrt{G^2-H^3}-G\right]^{\frac{1}{3}}}\right\}$$

可得当 $r>r_2$ 时，$M_{1cd}^{PP}>M_{1cd}^{NP}$；否则，当 $r<r_2$ 时，$M_{1cd}^{PP}<M_{1cd}^{NP}$。命题 3-9 得证。

命题 3-9 表明，若竞争对手制造商进行流程创新，即分销渠道进行创新，则当直销渠道中制造商进行流程创新投资的系数大于 r_2（该边界值依赖于横向竞争强度）时，直销制造商进行流程创新不仅可降低生产成本，还能增加利润。

3.5.3 均进行或不进行流程创新

记 $M_{1cd}^{PP}=M_{1cd}^{NN}$ 关于创新投资系数 r 的有效边界函数为

$$r_3=\left[\sqrt{f_3^2-f_4^3}-f_3\right]^{\frac{1}{3}}-\frac{J}{3I}+\frac{f_4}{\left[\sqrt{f_3^2-f_4^3}-f_3\right]^{\frac{1}{3}}}$$

式中，J，I，K，f_3，f_4 分别表示如下

$$J=2048+4b^5-28b^4+400b^2-1408b$$

$$I=4b^6-4096-48b^5+160b^4-1024b^2+3072b$$

$$K=320-b^4+40b^2-192b$$

$$f_3 = \frac{J^3}{27\,I^3} + \frac{KJ}{6\,I^2} + \frac{(16-8b+b^2)}{2I}$$

$$f_4 = \frac{J^2}{9\,I^2} + \frac{K}{3I}。$$

命题 3-10 当 $r>r_3$ 时，$M_{1cd}^{PP}>M_{1cd}^{NN}$；否则，当 $r<r_3$ 时，$M_{1cd}^{PP}<M_{1cd}^{NN}$。

证明：两个渠道中的制造商均进行创新或均不进行创新的利润之差，即 M_{1cd}^{PP} 与 M_{1cd}^{NN} 之差，表示如下

$$M_{1cd}^{PP}-M_{1cd}^{NN}=\frac{(a-c)^2(32-b^3+8b^2-16b)(4-b)[(r-f_5)^2+f_6^2](r-r_3)}{(4b^2r^2-32r^2+12r-1)^2(8-b^2)}$$

式中，f_5，f_6 分别表示如下

$$f_5 = \frac{-f_4}{2\left[\sqrt{f_3^2-f_4^3}-f_3\right]^{\frac{1}{3}}} - \frac{\left[\sqrt{f_3^2-f_4^3}-f_3\right]^{\frac{1}{3}}}{2} - \frac{J}{3I}$$

$$f_6 = \frac{\sqrt{3}}{2}\left\{\frac{f_4}{\left[\sqrt{f_3^2-f_4^3}-f_3\right]^{\frac{1}{3}}} - \left[\sqrt{f_3^2-f_4^3}-f_3\right]^{\frac{1}{3}}\right\}$$

因为 $0<b<1$，所以当 $r>r_3$ 时，$M_{1cd}^{PP}>M_{1cd}^{NN}$；否则，当 $r<r_3$ 时，$M_{1cd}^{PP}<M_{1cd}^{NN}$。命题 3-10 得证。

命题 3-10 表明，若两竞争渠道均进行创新或均不进行创新，则当直销渠道中制造商的流程创新投资系数大于 r_3 时，直销渠道均创新时的制造商绩效高于均不创新时的绩效。

3.5.4 直销制造商通过流程创新实现绩效改进的数值分析

为直观观察渠道竞争和流程创新投资系数对直销渠道制造商通过流程创新实现绩效改进的程度影响，令 $a=2$，$c=1$，$r=0.4$，进行数值分析，得到制造商绩效改进程度随渠道竞争强度的变化如图 3-18、图 3-19 和图 3-20 所示；令 $a=2$，$b=0.5$，$c=1$ 进行数值分析，得到制造商绩效改进程度随创新投资系数的变化如图 3-21、图 3-22 和图 3-23 所示。

由图 3-18 至图 3-20 可知，直销制造商若不进行流程创新，其利润随渠道竞争加剧而逐渐减小，而若进行流程创新，其利润先下降后增大，但依然高于不创新时的利润。即不管竞争对手是否进行流程创新，直销渠道的制造商进行流程创新均能实现绩效改进（即创新后的制造商绩效大于不创新时的绩效，绩效改进量为图 3-18 至图 3-20 中的区域 I，其中虚线为直销制造商创新时的利润，实线为直销制造商不创新时的利润）。由图 3-18 至图 3-20 中的区域 I 可知，绩效改进程度在竞争相对较弱时比较稳定，而当渠道竞争逐渐加剧，创新带来的绩效改进空间逐渐加大，也说明渠道竞争加剧更有利于直销渠道进行流程创新。

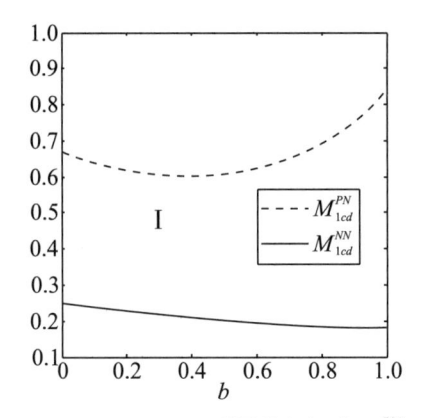

图 3-18　$a=2$，$r=0.4$，$c=1$ 时渠道竞争对 $M_{1cd}^{PN}-M_{1cd}^{NN}$ 的影响

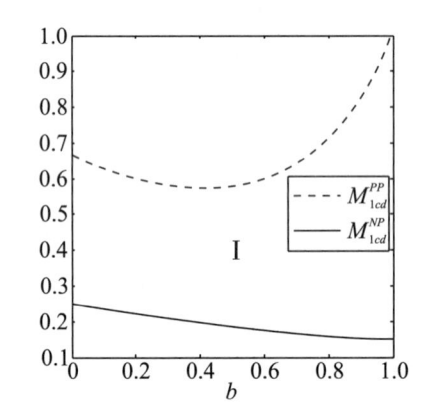

图 3-19　$a=2$，$r=0.4$，$c=1$ 时渠道竞争对 $M_{1cd}^{PP}-M_{1cd}^{NP}$ 的影响

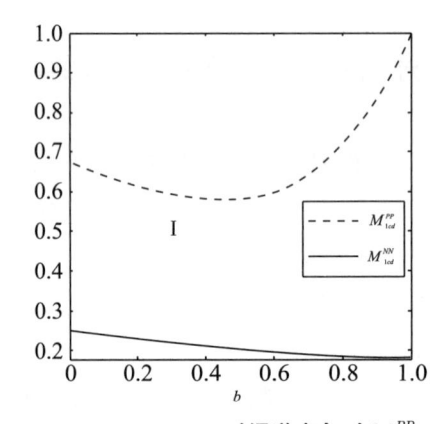

图 3-20　$a=2$，$r=0.4$，$c=1$ 时渠道竞争对 $M_{1cd}^{PP}-M_{1cd}^{NN}$ 的影响

由图 3-21 至图 3-23 可知，不管竞争对手是否进行流程创新，直销渠道的制造商只要进行流程创新就能实现绩效改进(其绩效改进量由图 3-21 至图 3-23 中区域Ⅱ可知)。并且，当流程创新投资系数较小时，绩效改进量随着流程创新投资系数的增大而快速减小；当流程创新投资系数相对较大时，绩效改进量随着流程创新投资系数的增大后逐步减小，即绩效改进量先快速减小，而后缓慢减小。图 3-21 至图 3-23 也表明流程创新投资系数越大，创新投资成本越高，对直销制造

商的创新越不利。

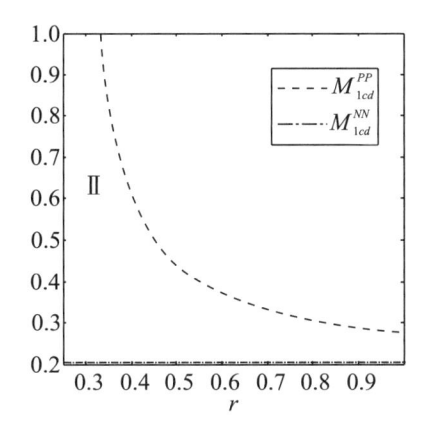

图 3-21 $a=2$，$b=0.5$，$c=1$ 时流程创新投资系数对 $M_{1cd}^{PN}-M_{1cd}^{NN}$ 的影响

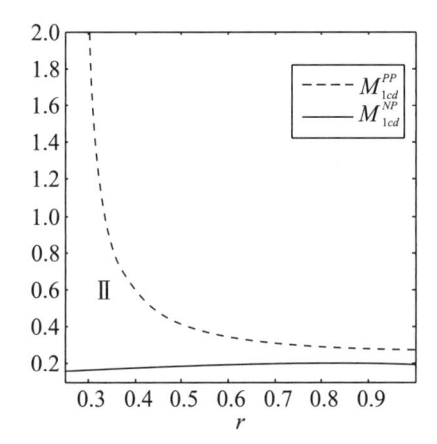

图 3-22 $a=2$，$b=0.5$，$c=1$ 时流程创新投资系数对 $M_{1cd}^{PP}-M_{1cd}^{NP}$ 的影响

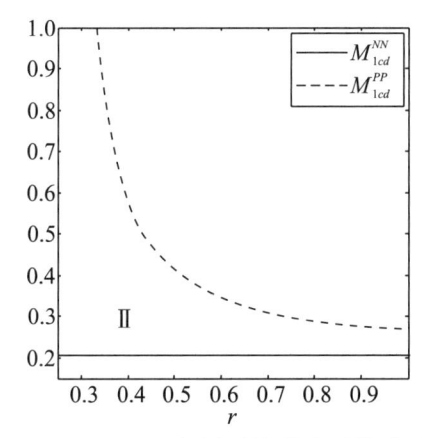

图 3-23 $a=2$，$b=0.5$，$c=1$ 时流程创新投资系数对 $M_{1cd}^{PP}-M_{1cd}^{NN}$ 的影响

3.5.5 创新投资选择的博弈均衡演化过程

由命题 3-8 至命题 3-10 可得如下命题。

命题 3-11 当 $r > \max(r_1, r_2, r_3)$ 时，直销渠道制造商进行流程创新选择的博弈均衡过程为 $NN \to NP/PN \to PP$，且进行生产流程创新对于直销渠道制造商来说是占优决策。

证明：由命题 3-8 至命题 3-10 得到当 $r > r_1 > 0.25$ 时，$M_{1cd}^{PN} > M_{1cd}^{NN}$；当 $r > r_2$ 时，$M_{1cd}^{PP} > M_{1cd}^{NP}$；当 $r > r_3$ 时，$M_{1cd}^{PP} > M_{1cd}^{NN}$，因此当 $r > \max(r_1, r_2, r_3)$ 时，$M_{1cd}^{PN} > M_{1cd}^{NN}$，$M_{1cd}^{PP} > M_{1cd}^{NP}$，$M_{1cd}^{PP} > M_{1cd}^{NN}$，得到制造商 1 的流程创新选择的博弈均衡过程为：$NN \to NP/PN \to PP$，即制造商 1 进行流程创新是其占优均衡选择。

命题 3-11 表明若流程创新投资系数相对较大（其大小依赖于渠道竞争强度），如图 3-24 中区域 I 所示，则直销渠道的制造商进行流程创新投资选择的博弈过程由不进行生产流程的创新演化为进行生产流程改进的创新，且进行流程创新是直销渠道制造商的占优均衡决策。该结论充分拓展了 Gupta & Loulou 等人的研究结果，识别了渠道竞争环境下制造商进行流程创新的占优均衡，为企业实践提供了参考价值，也丰富了现有理论研究。

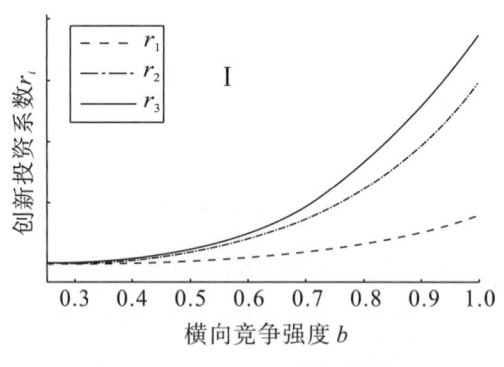

图 3-24 r_1, r_2, r_3 与 b 的关系图

3.6 分销渠道中制造商的流程创新选择

3.6.1 竞争对手制造商不进行创新时的选择

通过比较 M_{2cd}^{NP} 与 M_{2cd}^{NN} 的大小，可得如下命题。

命题 3-12 当 $r > 0.25$ 时，$M_{2cd}^{NP} > M_{2cd}^{NN}$，$T_{2cd}^{NP} > T_{2cd}^{NN}$。

证明：若直销渠道中的制造商不进行创新，则分销渠道制造商进行创新或不进行创新的利润之差，即 M_{2cd}^{NP} 与 M_{2cd}^{NN} 之差其表达式如下

$$M_{2cd}^{NP} - M_{2cd}^{NN} = \frac{(64r - b^4 r - 8)(a-c)^2 (b-2)^2}{4(rb^2 + 1 - 8r)^2 (8-b^2)^2}$$

因为 $r > 0.25$，$64r - b^4 r - 8 > 0$，所以可得 $M_{2cd}^{NP} > M_{2cd}^{NN}$。

T_{2cd}^{NP} 与 T_{2cd}^{NN} 作差如下

$$T_{2cd}^{NP} - T_{2cd}^{NN} = \frac{(128r - b^4 r - 8rb^2 - 12)(a-c)^2 (b-2)^2}{4(rb^2 + 1 - 8r)^2 (8-b^2)^2}$$

因为 $r > 0.25$，所以 $T_{2cd}^{NP} - T_{2cd}^{NN} > 0$，因而命题 3-12 得证。

命题 3-12 表明，若竞争对手不进行流程创新，则只要分销渠道中制造商愿意进行流程创新，其创新所带来的制造商绩效和渠道绩效均优于不创新时的绩效。因而，对于分销渠道而言，只要直销渠道不创新，其进行流程创新可以获得绩效改进。

3.6.2 竞争对手制造商进行创新时的选择

记 $M_{2cd}^{PP} = M_{2cd}^{PN}$ 关于竞争强度 b 的有效解为 $b_{11} = \dfrac{(128r^3 - 80r^2 + 16r - 1)^{\frac{1}{4}}}{(2r^3)^{\frac{1}{4}}}$。

引理 3-7 当 $0.25 < r \leqslant 0.299$ 时，$b_{11} \leqslant 1$。

命题 3-13 当 $0.25 < r \leqslant 0.299$，且 $0 < b < b_{11} \leqslant 1$ 时，或者当 $r > 0.299$ 时，$M_{2cd}^{PP} > M_{2cd}^{PN}$；否则，当 $0.25 < r < 0.299$ 时，$b_{11} < b < 1$，$M_{2cd}^{PP} < M_{2cd}^{PN}$。

证明：直销渠道制造商 1 进行流程创新时，分销渠道制造商 2 进行创新或不进行创新时的利润之差，即 M_{2cd}^{PP} 与 M_{2cd}^{PN} 之差，其表达式如下

$$M_{2cd}^{PP} - M_{2cd}^{PN} = \frac{-r^3 (2rb - 4r + 1)^2 (a-c)^2 (b - b_{11})(b + b_{11})(b + b_{11}^2)}{(rb^2 + 2 - 8r)^2 (4b^2 r^2 - 32r^2 + 12r - 1)^2}$$

且 $b_{11} - 1 = \dfrac{b_{11}^2 - 1}{b_{11} + 1} = \dfrac{b_{11}^4 - 1}{(b_{11} + 1)(b_{11}^2 + 1)} = \dfrac{126r^3 - 80r^2 + 16r - 1}{2r^3 (b_{11} + 1)(b_{11}^2 + 1)}$

$= \dfrac{126(r - 0.299)(r - 0.209)(r - 0.127)}{2r^3 (b_{11} + 1)(b_{11}^2 + 1)}$

因为 $r > 0.25$，所以当 $0.25 < r \leqslant 0.299$ 时，$b_{11} \leqslant 1$。因而当 $0.25 < r \leqslant 0.299$，且 $0 < b_{11} \leqslant 1$ 时；或者当 $r > 0.299$ 时，$M_{2cd}^{PP} > M_{2cd}^{PN}$。否则，当 $0.25 < r < 0.299$，$b_{11} < b < 1$，$M_{2cd}^{PP} < M_{2cd}^{PN}$。命题 3-13 得证。

命题 3-13 表明，若直销渠道进行流程创新，分销渠道中的制造商想通过流程创新同时起到降低生产成本和提高利润的效果，则需考虑渠道竞争和流程创新投资系数双重因素影响，即在外部渠道竞争较弱时投入相对较少的流程创新投资额（此时对流程创新的投资系数相对较小）；或者投入较高的创新投入成本（即流程创新投资系数较大），且不管外部渠道竞争强度如何，都可实现创新后制造商绩效的改进。

3.6.3 分销制造商通过流程创新实现绩效改进的数值分析

为观察渠道竞争强度对制造商绩效改进量的影响,令 $a=2$,$c=1$,$r=0.8$,可得图 3-25、图 3-26 和图 3-27。由图 3-25 至图 3-27 可知,不管是否创新,分销渠道中制造商的利润随渠道竞争的加剧而减少。图 3-25 至图 3-27 中的区域 Ⅰ 是分销制造商由不创新转为创新的绩效改进空间。当渠道间的竞争逐渐加剧时,该绩效改进量逐渐改小(由图 3-25 至图 3-27 中的区域 Ⅰ 所示),特别是当直销渠道和分销渠道间的 $r>0.33$ 时,两条渠道均由不创新转为创新时,创新并不能改进制造商的绩效(如图 3-27 区域 Ⅲ 所示),且随着竞争加剧,相较于创新而言,不创新所带来的利润越来越高,即竞争加剧时,不创新更有利于分销渠道制造商;竞争较弱时,更适宜创新。

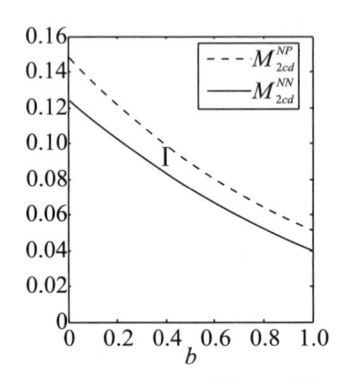

图 3-25 $a=2$,$c=1$,$r=0.8$ 时的 M_{2cd}^{NP} 与 M_{2cd}^{NN} 随竞争强度 b 的变化图

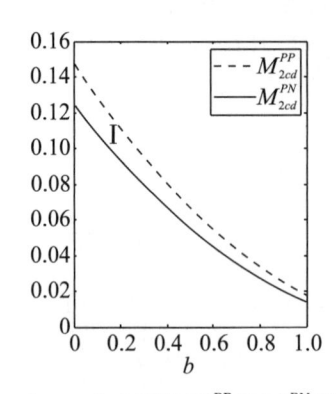

图 3-26 $a=2$,$c=1$,$r=0.8$ 时的 M_{2cd}^{PP} 与 M_{2cd}^{PN} 随竞争强度 b 的变化图

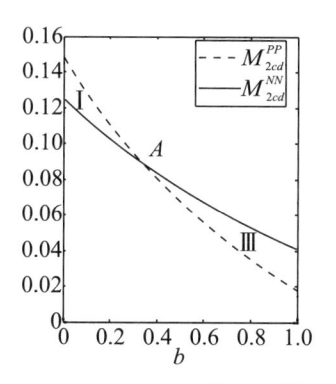

图 3-27　$a=2$，$c=1$，$r=0.8$ 时的 M_{2cd}^{PP} 与 M_{2cd}^{NN} 随竞争强度 b 的变化图

为观察渠道竞争强度和流程创新投资系数对制造商绩效改进量的影响，令 $a=2$，$b=0.2$，$c=1$，可得图 3-28、图 3-29 和图 3-30。由图 3-28 可知，当直销渠道不进行流程创新，分销渠道进行创新可以改善制造商的绩效，且创新带来的绩效改进量随流程创新投资系数的增大先快速减小，而后缓慢减小（如图 3-28 区域Ⅱ所示）。

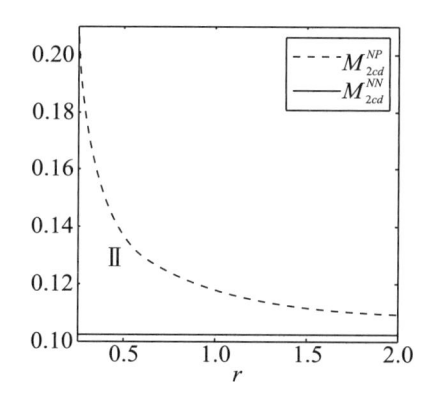

图 3-28　$a=2$，$b=0.2$，$c=1$ 时的 M_{2cd}^{NP} 与 M_{2cd}^{NN} 随流程创新投资系数 r 的变化图

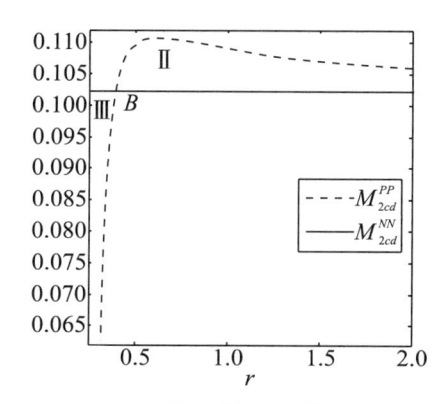

图 3-29　$a=2$，$b=0.2$，$c=1$ 时的 M_{2cd}^{PP} 与 M_{2cd}^{NN} 随流程创新投资系数 r 的变化图

由图 3-29 可知，当两个渠道均由不创新转为创新，则创新并不一定能提高制造商们的利润。但流程创新投资系数较小时，创新成本较低，此时创新并不能改善

制造商绩效，其利润不如不创新时的利润(如图 3-29 区域Ⅲ所示)。仅当分销渠道制造商投入的创新投资成本较高，其流程创新投资系数大于 0.4 时(图 3-29 中点 B 横坐标为 0.4，此时创新与不创新时的利润相等)，进行创新才能提高其利润，且利润改进量随流程创新投资系数的增大先增大而后减小(如图 3-29 区域Ⅱ所示)。即适当的创新投入可以获得较好的绩效改进，流程创新投资系数过小则无法改进，过大则改进量较小。

当直销渠道进行流程创新，则分销渠道制造商也进行流程创新是否能获得绩效改善？由图 3-30 可知，分销渠道制造商由不创新转为创新，创新可以提高其利润，但创新投入大小影响其利润改进量(见图 3-30 中区域Ⅳ和区域Ⅴ)。由图 3-30 中区域Ⅳ可知，流程创新投资系数相对较小时，制造商的绩效改进量随着流程创新投资系数的增大逐渐减小，直至消失(图中点 D 横坐标为 0.278)。当流程创新投资系数超过 0.278 时，制造商的绩效改进量随着创新投资系数的增大而先快速增大后逐渐减小(如图 3-30 中区域Ⅴ所示)。虽然创新可以提高制造商的利润，但其利润提高程度依赖于流程创新投资系数的选择，适当的创新投入可以获得更高的利润改进。

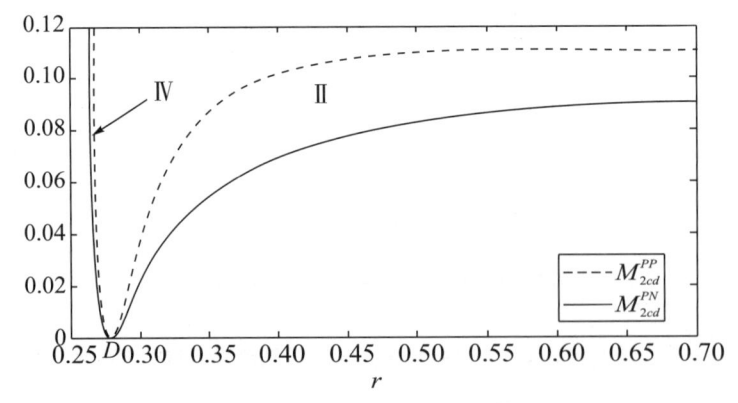

图 3-30　$a=2$，$b=0.2$，$c=1$ 时的 M_{2cd}^{PP} 与 M_{2cd}^{PN} 随流程创新投资系数 r 的变化图

结合上述制造商进行流程创新的改进量分析，为直观识别流程创新实现制造商绩效改进的占优均衡条件，令 $a=2$，$c=1$，$r=0.8$，可得特定条件下的占优均衡决策直观图如图 3-31 所示；令 $a=2$，$b=0.2$，$c=1$，可得直观图如图 3-32 所示。由图 3-31 可知，当渠道竞争强度低于 0.33(即图 3-31 中点 E 的横坐标)时，制造商进行流程创新的利润均高于不创新时的利润(由 $M_{2cd}^{NP}-M_{2cd}^{NN}>0$，$M_{2cd}^{PP}-M_{2cd}^{PN}>0$，$M_{2cd}^{PP}-M_{2cd}^{NN}>0$ 可知)，即此时制造商进行流程创新是制造商的占优均衡选择。

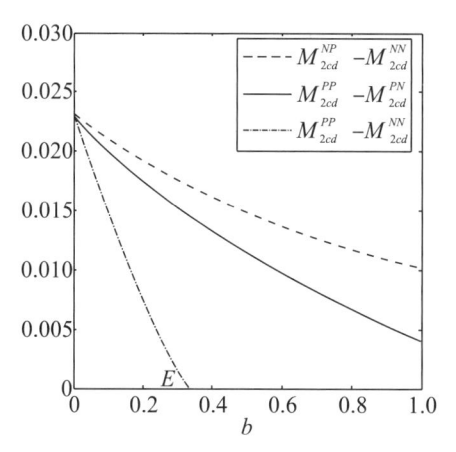

图 3-31 $a=2, c=1, r=0.8$ 时的制造商绩效多赢区间

由图 3-32 可知，基于给定的渠道竞争环境等条件，当流程创新投资系数大于 0.4 时，制造商进行流程创新的利润均高于不创新时的利润（由 $M_{2cd}^{NP}-M_{2cd}^{NN}>0$，$M_{2cd}^{PP}-M_{2cd}^{PN}>0$，$M_{2cd}^{PP}-M_{2cd}^{NN}>0$ 可知），即在此条件下制造商进行流程创新是制造商的占优均衡选择。

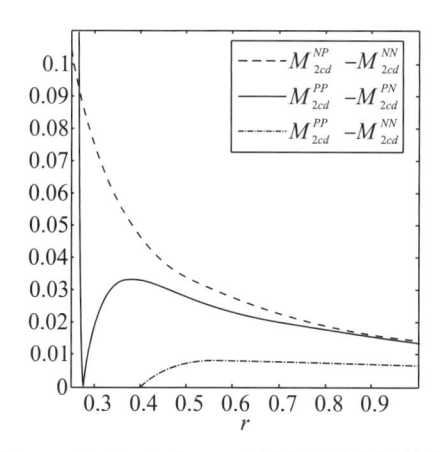

图 3-32 $a=2, b=0.2, c=1$ 时的制造商绩效多赢区间

3.7 本章小结

不同于 Gupta & Loulou 等现有研究仅考虑流程创新时的渠道绩效比较，本章以不进行流程创新的情形为基准，研究直销渠道与分销渠道进行竞争的环境下两制造商是否进行流程创新以实现低成本优势，并从制造商绩效改进角度分析了制造商进行流程创新选择的博弈均衡特征，并识别了占优均衡和均衡动态演化过程，揭示了横向竞争和流程创新投资系数对创新策略选择的影响。本章所得主要结论如下：

（1）只要直销渠道不进行流程创新，不管分销渠道是否进行流程创新，分销渠道制造商的利润均低于直销渠道，即此时渠道结构对制造商利润的影响大于流程创新对制造商利润的影响。

（2）不管分销渠道制造商是否进行流程创新，当直销渠道制造商的流程创新投资系数较大且不管横向竞争强度如何时；或者流程创新投资系数相对较小，且横向竞争相对较弱时，则其创新可以降低生产成本，且获得比竞争对手更高的利润。但若直销渠道制造商的流程创新投资系数相对较小且横向竞争加剧，则无法通过流程创新实现生产成本的降低，其利润也小于分销渠道制造商的利润。

（3）对直销渠道制造商而言，若流程创新投资系数较大（该值大小依赖于渠道竞争强度），则进行流程创新选择的博弈过程由不进行生产流程的创新最终演化为进行流程创新，且进行流程创新是直销渠道的占优均衡决策。

（4）对分销渠道而言，若直销渠道不进行流程创新，则只要分销渠道中制造商愿意进行流程创新，则其所带来的制造商绩效和渠道整体绩效均优于不创新；若直销渠道进行流程创新，则本渠道中制造商想通过流程创新一方面降低生产成本，另一方面又提高利润，则需在渠道竞争较弱时投入相对较少的流程创新投资额（此时流程创新投资系数相对较小）；或者投入较高的流程创新投入成本（此时要求较高的创新投资系数），且不管外部渠道竞争强度如何。

本章的研究结论充分拓展了现有的研究成果，识别了渠道竞争环境下制造商进行流程创新的博弈均衡特征和占优均衡，为企业进行流程创新的实践提供了参考价值。但本章的研究也存在不足，如没有考虑市场需求的不确定性、差异化的创新投资水平等因素，这将在后续研究中进行拓展。

第4章 竞争环境下直销制造商的流程创新选择

本章将针对两个竞争性的直销制造商是否进行流程创新进行研究,将分别考虑两个制造商均不进行流程创新、两个制造商均进行流程创新、仅制造商2进行流程创新三种情形,对该三种情形下的单位成本改进量、零售价格和销量比较,分析竞争强度和流程创新投资系数对单位成本改进量和零售价格等影响;并以制造商不进行流程创新为基准,识别直销制造商进行流程创新的决策机制;最后,对制造商进行流程创新是否实现绩效改进进行相关数值分析。

4.1 问题的提出

现代企业除了通过传统的分销渠道销售产品,也往往采用直销渠道销售产品。特别是随着网购的发展和直播带货的流行,很多企业会选择在网上各大网购主流平台开设直营店铺进行直销,或在直播平台开设自营、直营店铺提高销量。然而,自营或直营等直销渠道都面临着越来越激烈的市场竞争,如在京东平台,有商家的自营旗舰店,也有竞争对手的自营旗舰店,甚至京东自有品牌也加入直销竞争行列中。京东自2015年起,便在京东平台上相继引入了佳佰、京东京造、惠寻和LATIT等自有品牌进行直销,亚马逊从2009年开始自营自有品牌的产品种类已超过70种。自有品牌制造商协会(Private Label Manufacturers Association,PLMA)在2022年的自有品牌年度报告中显示,美国零售商通过自有品牌直营销售的年销售额增加了19亿美元,创下了美国所有零售渠道销售额1990亿美元的新纪录。虽然直营或直销可以提高企业品牌声誉,但市场竞争日益激烈,不少企业选择通过流程创新等方式进一步降低生产成本,提升产品的价格竞争力,进而拓展市场。特别是当同样采用直销渠道的竞争对手企业进行或不进行流程创新时,本企业是否也要进行流程创新以降低单位成本?流程创新投资系数和竞争环境对直销企业进行流程创新选择有何影响?鉴于现有相关文献并未研究此问题,本章将针对两个直销企业面临的竞争性环境,识别直销企业进行流程创新的决策机制。

4.2 基本模型

本章基于两个直销制造商销售产品给终端用户。与第 3 章相同，制造商 i 的逆需求函数为

$$p_i = a - q_i - bq_j, \qquad (4-1)$$

式中，a 为最高可行零售价格，$j=3-i$，$i \in \{1, 2\}$；q_j 为产品 j 的需求量；p_i 为产品 i 的价格；b 为两种产品的数量竞争强度，且 $0<b<1$，b 越大表明竞争越激烈。

假定制造商生产量刚好满足市场需求，流程创新投资额为 rx_i^2，其中 x_i 为单位成本的改进量，r 为流程创新投资系数。为保证模型计算的运行，令 $r>\frac{1}{4}$。制造商未进行流程改进时的单位生产成本为 c，且 $c<a$，进行流程改进后的单位生产成本为 $c-x_i$。

两个直销制造商的供应链结构上两条中心化竞争供应链结构如图 4-1 所示，其博弈顺序为：制造商 1 和制造商 2 同时选择是否进行流程创新，如果进行流程创新，则制造商们选择单位成本改进量 x_i 和生产量；如果不进行流程创新，则制造商们仅决定生产量。本章假定制造商的生产量和市场需求量相等。

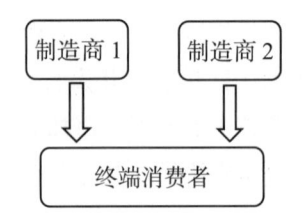

图 4-1 中心化竞争供应链结构

因本章考虑制造商直销，其实质是中心化的供应链结构，遂标记为 cc。本章将分别分析制造商们均不进行流程创新（用 NN 表示）、均进行流程创新（用 PP 表示）、制造商 1 不进行流程创新且制造商 2 进行流程创新（用 NP 表示）三种情形，因本章考虑的是对称性供应链，因此本章不考虑制造商 1 进行流程创新且制造商 2 不进行流程创新的情形。本章将对制造商在上述三种情形下的单位成本改进量、零售价格、销售分别进行比较分析（如 4.4 节所示），并对制造商在不创新与创新时各情形下的利润分别进行比较分析（如 4.5 节所示），进而识别直销制造商进行流程创新的选择机制。也将对制造商通过流程创新实现绩效改进进行数值分析（如 4.6 节所示）。

4.3 模型计算

4.3.1 采用中心化结构的直销制造商们均不进行流程创新

若两条中心化的竞争性供应链均不进行流程创新以降低生产成本,则制造商 i 的决策函数如下

$$\underset{q_i}{\text{Max}} M_i = (p_i - c) q_i \tag{4-2}$$

将 $p_i = a - q_i - bq_j$ 代入式(4-2),求出最优生产量如下

$$q_i = \frac{a - bq_j - c}{2} \tag{4-3}$$

同理,可得

$$q_j = \frac{a - bq_i - c}{2} \tag{4-4}$$

联立式(4-3)和式(4-4),并记两条中心化的竞争性供应链均不进行流程创新情形为 NN 结构,结合本节考虑 cc 中心化结构,可得最优生产量为

$$q_{icc}^{NN} = \frac{a - c}{2 + b} \tag{4-5}$$

将式(4-5)代入式(4-1),可得最优零售价格为

$$p_{icc}^{NN} = \frac{a + bc + c}{2 + b} \tag{4-6}$$

将式(4-5)和式(4-6)代入式(4-2),可得制造商 i 的最大利润如下

$$M_{icc}^{NN} = \frac{(a - c)^2}{(2 + b)^2} \tag{4-7}$$

4.3.2 采用中心化结构的直销制造商们均进行流程创新

若两条中心化的竞争性供应链均进行流程创新以降低生产成本,则两个制造商同时决定生产量和单位成本改进量,其决策函数如下

$$\underset{q_i, x_i}{\text{Max}} M_i = p_i q_i - (c - x_i) q_i - r x_i^2 \tag{4-8}$$

因制造商们基于利润最大同时决策单位成本改进量 x_i 和生产量 q_i,根据式(4-8),可以求得最优单位成本改进量 x_i 和生产量 q_i 分别为

$$q_i = \frac{a - bq_j - c + x_i}{2} \tag{4-9}$$

$$x_i = \frac{q_i}{2r} \tag{4-10}$$

联立式(4-9)和式(4-10)可得

$$q_i = \frac{2r(a - bq_j - c)}{4r - 1} \tag{4-11}$$

$$x_i = \frac{a - bq_j - c}{4r - 1} \tag{4-12}$$

同理,可得

$$q_j = \frac{2r(a - bq_i - c)}{4r - 1} \tag{4-13}$$

联立式(4-11)和式(4-13),并记两条中心化的竞争性供应链均进行流程创新的情形为 PP,结合本节考虑 cc 中心化结构,因此均衡产量为

$$q_{icc}^{PP} = \frac{2r(a - c)}{2br + 4r - 1} \tag{4-14}$$

将式(4-14)代入式(4-1),可得最优零售价格如下

$$p_{icc}^{PP} = \frac{2ar - a + 2rc + 2brc}{2br + 4r - 1} \tag{4-15}$$

将式(4-14)代入式(4-12),可得最优单位成本改进量如下

$$x_{icc}^{PP} = \frac{(a - c)}{2br + 4r - 1} \tag{4-16}$$

将式(4-14)、式(4-15)、式(4-16)代入式(4-8),可得制造商 i 的最优利润如下

$$M_{icc}^{PP} = \frac{r(4r - 1)(a - c)^2}{(2br + 4r - 1)^2} \tag{4-17}$$

4.3.3 仅制造商 2 进行流程创新

若制造商 1 不进行流程创新,仅制造商 2 进行流程创新,则制造商 1 和制造商 2 的决策函数分别如下

$$\underset{q_1}{\text{Max}} M_1 = (p_1 - c)q_1 \tag{4-18}$$

$$\underset{q_2, x_2}{\text{Max}} M_2 = p_2 q_2 - (c - x_2)q_2 - rx_2^2 \tag{4-19}$$

通过求解式(4-18)和式(4-19)中制造商的利润最大化,可得 $q_1 = \frac{(a - bq_2 - c)}{2}$, $q_2 = \frac{2r(a - bq_1 - c)}{4r - 1}$ 及 $x_2 = \frac{(a - bq_1 - c)}{4r - 1}$。并记此结构为 NP 结构,结合本节考虑 cc 中心化结构,因此均衡产量如下

$$q_{1cc}^{NP} = \frac{(a - c)(2br - 4r + 1)}{2(b^2 r - 4r + 1)} \tag{4-20}$$

$$q_{2cc}^{NP} = \frac{r(a-c)(b-2)}{b^2r - 4r + 1} \quad (4-21)$$

制造商 2 的最优改进量为

$$x_{2cc}^{NP} = \frac{(a-c)(b-2)}{2(b^2r - 4r + 1)}. \quad (4-22)$$

将式(4-14)代入式(4-1)，可得最优零售价格如下

$$p_{1cc}^{NP} = \frac{2(b-2)(a+c+bc)r + a + c}{2(b^2r - 4r + 1)} \quad (4-23)$$

$$p_{1cc}^{NP} = \frac{2(b-2)(a+c+bc)r + 2a + bc - ba}{2(b^2r - 4r + 1)} \quad (4-24)$$

两个制造商的最优利润函数分别如下

$$M_{1cc}^{NP} = \frac{(a-c)^2 (4r - 1 - 2br)^2}{4(b^2r - 4r + 1)^2} \quad (4-25)$$

$$M_{2cc}^{NP} = \frac{r(a-c)^2 (4r - 1)(2 - b)^2}{4(b^2r - 4r + 1)^2} \quad (4-26)$$

4.4 单位成本改进量、零售价格等均衡的比较分析

本节将分析流程创新投资系数和竞争强度对单位成本改进量、零售价格均衡、销量均衡等的影响。

4.4.1 进行流程创新时单位成本改进量的比较分析

根据 4.3 节数据，可得到制造商创新时的单位成本改进量如表 4-1 所示。

表 4-1 创新时的单位成本改进量

情形	单位成本改进量
均进行流程创新(PP)	$x_{icc}^{PP} = \dfrac{a-c}{2br + 4r - 1}$
仅制造商 2 进行流程创新(NP)	$x_{2cc}^{NP} = \dfrac{(a-c)(b-2)}{2(b^2r - 4r + 1)}$

比较制造商 2 在不同情形下的单位成本改进量 x_{2cc}^{PP} 与 x_{2cc}^{NP} 之差，其表达式如下

$$x_{2cc}^{PP} - x_{2cc}^{NP} = \frac{b(a-c)}{2r(2br + 4r - 1)(b - b_1)(b + b_1)}, \text{ 其中 } b_1 = \sqrt{\frac{4r-1}{r}}.$$

同时，x_{icc}^{PP} 的表达式如下

$$x_{icc}^{PP} = \frac{(a-c)}{2br+4r-1}$$

$$x_{2cc}^{NP} = \frac{(b-2)(a-c)}{2r(b-b_1)(b+b_1)}$$

可得当 $b<b_1$ 时，$x_{2cc}^{PP}-x_{2cc}^{NP}<0$，$x_{2cc}^{NP}>0$；当 $b>b_1$ 时，$x_{2cc}^{PP}-x_{2cc}^{NP}>0$，$x_{2cc}^{NP}<0$。又因 $0.25<r\leqslant 0.333$ 时，$b_1\leqslant 1$，x_{icc}^{PP} 恒大于零，所以得到如下引理和命题。

引理 4-1 当 $0.25<r\leqslant \frac{1}{3}\approx 0.333$ 时，$0<b_1\leqslant 1$。

命题 4-1 (1) $x_{icc}^{PP}>0$。

(2)当 $0.25<r<0.333$ 且 $0<b<b_1<1$，或者 $r\geqslant 0.333$ 时，$x_{2cc}^{PP}<x_{2cc}^{NP}$，$x_{2cc}^{NP}>0$。

(3)当 $0.25<r<0.333$ 且 $b_1<b<1$ 时，$x_{2cc}^{PP}>x_{2cc}^{NP}$，$x_{2cc}^{NP}<0$。

命题 4-1(1)表明如果两个制造商同时进行流程创新，则单位生产成本一定可以得到改进，且这种改进不受竞争强度和流程创新投资系数的影响。命题 4-1(2)与命题 4-1(3)表明当流程创新投资系数在(0.25，0.333)区间内，且直销制造商间的竞争不是很激烈，即竞争强度（程度）小于 b_1 时，或者只要创新投资额度高，则采用直销的制造商进行流程创新均能改进单位生产成本，但竞争性制造商均创新时的单位成本改进量小于仅制造商 2 创新时的单位成本改进量，即此时制造商想要获得较大改进量，其竞争对手不创新时对其更有利。否则，若市场竞争激烈，但制造商的流程创新投资额较低时，则两制造商均创新可降低单位成本，仅制造商 2 创新无法降低单位生产成本。基于 x_{icc}^{PP} 和 x_{2cc}^{NP} 的正负情况，总结制造商进行流程创新是否能降低生产成本，结论如表 4-2 所示。

表 4-2 制造商进行流程创新是否能降低生产成本

	$b<b_1$	$b>b_1$
$0.25<r<0.333$	均创新、只有一个制造商创新	均创新
$r\geqslant 0.333$	均创新、只有一个制造商创新	均创新、只有一个制造商创新

为直观观察竞争强度对流程创新后单位成本改进量的影响，令 $a=2$，$c=1$，$r=0.3$，x_{2cc}^{PP} 与 x_{2cc}^{NP} 随竞争强度 b 变化的趋势如图 4-2 所示。由图 4-2 知，当市场竞争相对较弱时，混合结构(NP)中流程创新链的单位成本改进量随竞争强度增大而增大，即单位生产成本越来越低；而当市场竞争较为激烈时，单位成本改进量为负，即竞争加剧，流程创新无法改进单位生产成本，反而增加了单位生产成本。而两个制造商均创新时的单位成本改进量一直为正，但随竞争程度加强而逐渐减小，即单位成本可改进量逐渐减小。

为直观观察流程创新投资系数对流程创新后单位成本改进量的影响，令 $a=2$，

$b=0.5$，$c=1$，x_{2cc}^{PP} 与 x_{2cc}^{NP} 随流程创新投资系数 r 变化的趋势如图 4-3 所示。由图 4-3 知不管基于何种结构进行流程创新（即无论 PP 或 NP），只要制造商投入创新成本，都可以改进单位生产成本。特别是，当流程创新投资系数相对较小时，单位生产成本可快速改进，实现单位生产成本快速下降，但随着流程创新投资额的逐渐加大，单位成本改进量缓慢减小，改进难度越来越大。

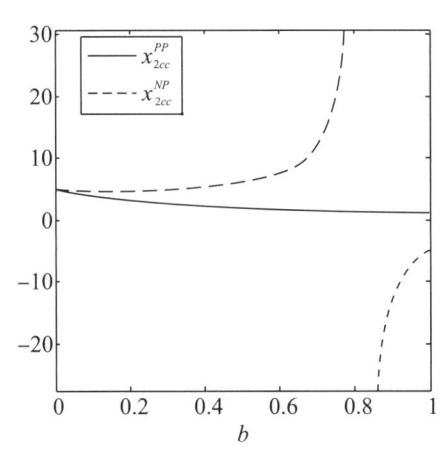

图 4-2　$a=2$，$c=1$，$r=0.3$ 时 x_{2cc}^{PP} 与 x_{2cc}^{NP} 随竞争强度 b 的变化图

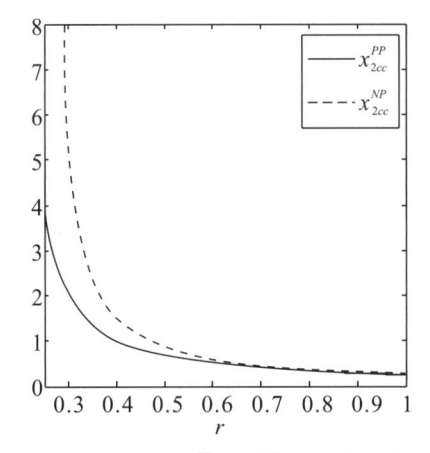

图 4-3　$a=2$，$b=0.5$，$c=1$ 时 x_{2cc}^{PP} 与 x_{2cc}^{NP} 随流程创新投资系数 r 的变化图

4.4.2　各情形下的零售价格和销售量的比较分析

竞争环境下，不同流程创新结构中各直销制造商所售产品的零售价格如下表 4-3 所示：

表 4-3　不同流程创新结构中各直销制造商所售产品的零售价格

情形	零售价格	销售量
均不进行流程创新（NN）	$p_{icc}^{NN} = \dfrac{(a+bc+c)}{(2+b)}$	$q_{icc}^{NN} = \dfrac{(a-c)}{(2+b)}$
均进行流程创新（PP）	$p_{icc}^{PP} = \dfrac{(2ar-a+2rc+2brc)}{2br+4r-1}$	$q_{icc}^{PP} = \dfrac{2r(a-c)}{2br+4r-1}$
仅制造商 2 进行流程创新（NP）	$p_{1cc}^{NP} = \dfrac{[2(b-2)(a+c+bc)r+a+c]}{2(b^2r-4r+1)}$ $p_{1cc}^{NP} = \dfrac{[2(b-2)(a+c+bc)r+2a+bc-ba]}{2(b^2r-4r+1)}$	$q_{1cc}^{NP} = \dfrac{(a-c)(2br-4r+1)}{2(b^2r-4r+1)}$ $q_{2cc}^{NP} = \dfrac{r(a-c)(b-2)}{(b^2r-4r+1)}$

对制造商在创新与不创新时的零售价格和需求量进行比较分析，首先当竞争对手不进行流程创新时制造商 2 进行创新或不创新时的价格均衡函数 p_{2cc}^{NP} 与 p_{2cc}^{NN} 之差、销量均衡函数 q_{2cc}^{NP} 与 q_{2cc}^{NN} 之差如下所示

$$p_{2cc}^{NP} - p_{2cc}^{NN} = \frac{(2-b^2)(a-c)}{2r(b+2)(b-b_1)(b+b_1)}$$

因而得到当 $b > b_1$ 时，$p_{2cc}^{NP} > p_{2cc}^{NN}$；当 $b < b_1$ 时，$p_{2cc}^{NP} < p_{2cc}^{NN}$。

$$q_{2cc}^{NP} - q_{2cc}^{NN} = \frac{-(a-c)}{2r(b+2)(b-b_1)(b+b_1)}$$

因而得到当 $b > b_1$ 时，$q_{2cc}^{NP} < q_{2cc}^{NN}$；当 $b < b_1$ 时，$q_{2cc}^{NP} > q_{2cc}^{NN}$。

因当 $0.25 < r \leqslant \dfrac{1}{3} \approx 0.333$ 时，$0 < b_1 \leqslant 1$。所以当 $0.25 < r < 0.333$ 时，$b_1 < b < 1$ 时，$p_{2cc}^{NP} > p_{2cc}^{NN}$，$q_{2cc}^{NP} < q_{2cc}^{NN}$。当 $b < \min(b_1, 1)$ 时，即当 $0.25 < r < 0.333$ 时，$b < b_1 < 1$；或者当 $r \geqslant 0.333$ 时，$b < 1 \leqslant b_1$，$p_{2cc}^{NP} < p_{2cc}^{NN}$，$q_{2cc}^{NP} > q_{2cc}^{NN}$，可得如下命题。

命题 4-2　(1)当 $0.25 < r < 0.333$ 时，$b_1 < b < 1$ 时，$p_{2cc}^{NP} > p_{2cc}^{NN}$，$q_{2cc}^{NP} < q_{2cc}^{NN}$。

(2)当 $0.25 < r < 0.333$ 时，$b < b_1 < 1$；或者当 $r \geqslant 0.333$ 时，$p_{2cc}^{NP} < p_{2cc}^{NN}$，$q_{2cc}^{NP} > q_{2cc}^{NN}$。

命题 4-2 表明如果竞争对手不进行流程创新，当制造商 2 在市场竞争激烈时投入相对较少的资金进行流程创新，其创新反而增加了单位生产成本（由命题 4-1 可知此时 $x_{2cc}^{NP} < 0$），使得零售商价格增加，销量减小，此时不创新反而有利于制造商。若制造商 2 此时提高创新投资额，或提高产品的差异化水平，降低和竞争对手产品之间的替代性，则可降低单位生产成本（由命题 4-1 可知此时 $x_{2cc}^{NP} > 0$），零售价格得以降低，产品销量可得到提高。

当竞争对手进行流程创新，则制造商 1 进行创新或不进行创新时的价格均衡函数 p_{1cc}^{PP} 与 p_{1cc}^{NP} 之差、销量均衡函数 q_{1cc}^{PP} 与 q_{1cc}^{NP} 之差如下所示

$$p_{1cc}^{PP} - p_{1cc}^{NP} = \frac{-(a-c)(b-b_2)(b+b_2)}{(2br+4r-1)(b-b_1)(b+b_1)}，\text{其中 } b_2 = \sqrt{(4r-1)/(2r)} =$$

$b_1/\sqrt{2}$。

因 $b_2<b_1$，得到当 $b>b_1$ 或 $b<b_2$ 时，$p_{1cc}^{PP}<p_{1cc}^{NP}$。当 $b_2<b<b_1$ 时，$p_{1cc}^{PP}>p_{1cc}^{NP}$。因竞争强度系数 $b<1$，当 $r<0.5$ 时，$b_2<1$，可得当 $0.25<r<0.333$，$1>b>b_1$ 时；或者当 $0.25<r<0.5$，$b<b_2<1$ 时；或者当 $r\geqslant0.5$，$b<1\leqslant b_2$，$p_{1cc}^{PP}<p_{1cc}^{NP}$。

当 $b_2<b<\min(b_1,1)$ 时，即当 $0.25<r<0.333$，$b_2<b<b_1<1$ 时；或者当 $0.333\leqslant r<0.5$ 时，$b_2<b<1\leqslant b_1$，$p_{1cc}^{PP}>p_{1cc}^{NP}$。

引理 4-2 (1)当 $r<0.5$ 时，$b_2<1$；(2)$b_2<b_1$。

命题 4-3 当 $0.25<r<0.333$，$1>b>b_1$ 时；或者 $0.25<r<0.5$，$b<b_2<1$ 时；或者当 $r\geqslant0.5$ 时，$p_{1cc}^{PP}<p_{1cc}^{NP}$。否则，反之。

命题 4-3 表明若竞争对手制造商进行流程创新，则制造商 1 仅在适当条件(合适的流程创新投资系数和竞争环境)下进行流程创新，才能改进单位生产成本，降低产品零售价格，即在图 4-4 中的区域Ⅰ和区域Ⅱ进行流程创新。若在图 4-4 中的区域Ⅲ进行流程创新，则无法改进单位生产成本，反而提高了产品零售价格。相较于命题 4-2，命题 4-3 表明，竞争对手是否进行流程创新会影响制造商创新后的零售价格变化。

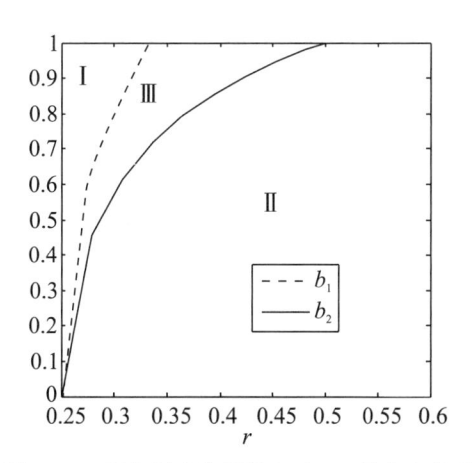

图 4-4 竞争强度临界值 b_1 与 b_2 的大小关系

为进一步比较制造商在进行或不进行流程创新时产品需求量之间的关系，根据 4.3 节销售量的数据，对 q_{1cc}^{PP} 与 q_{1cc}^{NP} 进行比较，其差值如下所示

$$q_{1cc}^{PP}-q_{1cc}^{NP}=\frac{-(a-c)(4r-1)}{2r(2br+4r-1)(b-b_1)(b+b_1)}$$

由上式可得如下命题：

命题 4-4 (1)当 $0.25<r<0.333$，$b<b_1<1$ 时；或者当 $r\geqslant0.333$ 时，$q_{1cc}^{PP}>q_{1cc}^{NP}$。

(2)当 $0.25<r<0.333$，$b_1<b<1$ 时，$q_{1cc}^{PP}<q_{1cc}^{NP}$。

命题 4-4 表明若竞争对手(制造商 2)进行流程创新，则制造商 1 在图 4-1 中的区域Ⅱ和区域Ⅲ进行流程创新可提高产品的销量，在区域Ⅰ则会降低产品销量。结合命题 4-3，制造商需综合考量在不同的环境(市场竞争强度和创新投入情况)进行流程创新对零售价格和需求量的影响。

对制造商们均进行创新或均不创新时的零售价格和需求量进行比较分析，得到 p_{icc}^{PP} 与 p_{icc}^{NN} 之差、q_{icc}^{PP} 与 q_{icc}^{NN} 之差如下所示

$$p_{icc}^{PP} - p_{icc}^{NN} = \frac{-(a-c)(1+b)}{(2br+4r-1)(b+2)}$$

$$q_{icc}^{PP} - q_{icc}^{NN} = \frac{(a-c)}{(2br+4r-1)(b+2)},$$

因 $r > 0.25$，所以 $p_{icc}^{PP} - p_{icc}^{NN} < 0$，$q_{icc}^{PP} - q_{icc}^{NN} < 0$，可得如下命题。

命题 4-5 $p_{icc}^{PP} < p_{icc}^{NN}$，$q_{icc}^{PP} > q_{icc}^{NN}$。

命题 4-5 表明如果两个直销制造商由均不创新转为均同时进行流程创新，则零售价格将得到下降，销量将得到提升，且不受竞争强度和流程创新投资系数的影响。

4.5 制造商的流程创新选择机制

本节将通过比较制造商在不创新与创新时的利润，识别制造商采用直销渠道进行产品销售时是否进行流程创新。

首先，比较中心化结构下制造商均进行创新或均不进行创新的制造商利润之差，即 M_{icc}^{PP} 与 M_{icc}^{NN} 的利润之差，如下所示：

$$M_{icc}^{PP} - M_{icc}^{NN} = \frac{-r(a-c)^2(b-b_1)(b+b_1)}{(2br+4r-1)^2(2+b)^2}，其中 b_1 = \sqrt{\frac{4r-1}{r}}$$

其次，制造商 1 不进行流程创新，制造商 2 进行流程创新时，两个制造商的利润之差如下所示

$$M_{1cc}^{NP} - M_{2cc}^{NP} = \frac{(a-c)^2}{4r(b-b_1)(b+b_1)}$$

结合 b_1 与 1 的关系，可得如下命题：

命题 4-6 当 $0.25 < r \leqslant 0.333$，$0 < b < b_1 \leqslant 1$ 时；或者 $r > 0.333$ 时，$M_{icc}^{PP} > M_{icc}^{NN}$，$M_{2cc}^{NP} > M_{1cc}^{NP}$。否则，反之。

(2)当 $0.25 < r < 0.333$ 且 $b_1 < b < 1$ 时，$M_{icc}^{PP} < M_{icc}^{NN}$，$M_{1cc}^{NP} > M_{2cc}^{NP}$。

命题 4-6(1)表明制造商们如果同时从均不创新(NN 结构)转为均创新(PP 结构)，或者其中一个制造商选择创新，而另一个制造商不行动(NP 结构)中，当两个制造商间的竞争较弱时，制造商投入较少的创新投资额就可以提高利润。若制造

商的流程创新投资系数较高，能投入较高的创新投资成本，则不管竞争环境如何，创新流程优于不创新。也说明即使制造商间的竞争比较激烈，也可以通过投入较高的流程创新成本改进业务流程、降低生产成本，以获得绩效的改进。命题 4-6(2) 说明如果采用直销模式的制造商面临的市场竞争较为激烈，而创新投入又相对较少，则流程创新不能提高制造商的利润，反而会降低其利润。

令 $b_3 = \left[\frac{4(4r-1)}{r}\right]^{\frac{1}{4}}$，$b_4 = \left[\frac{(4r-1)^3}{4r^3}\right]^{\frac{1}{4}}$，通过比较 M_{2cc}^{NP} 与 M_{2cc}^{NN}，以及 M_{1cc}^{PP} 与 M_{1cc}^{NP} 的大小，可得如下引理和命题

引理 4-3 (1)当 $0.25 < r \leqslant \frac{4}{15} \approx 0.267$ 时，$0 < b_3 \leqslant 1$；(2)当 $0.25 < r \leqslant 0.415$ 时，$0 < b_4 \leqslant 1$。

命题 4-7 (1)当 $0.25 < r \leqslant 0.267$，$0 < b < b_3 \leqslant 1$ 时；或者当 $r > 0.267$ 时，$M_{2cc}^{NP} > M_{2cc}^{NN}$。否则，反之。

(2)当 $0.25 < r \leqslant 0.415$，$0 < b < b_4 \leqslant 1$ 时，或者当 $r > 0.415$ 时，$M_{1cc}^{PP} > M_{1cc}^{NP}$。否则，反之。

证明：M_{2cc}^{NP} 与 M_{2cc}^{NN} 的利润之差如下所示

$$M_{2cc}^{NP} - M_{2cc}^{NN} = \frac{-r(a-c)^2(b-b_3)(b+b_3)\left(b^2+\sqrt{\frac{4r-1}{r}}\right)^2}{4(4r-1-b^2r^2(2+b)^2}$$

M_{1cc}^{PP} 与 M_{1cc}^{NP} 的利润之差如下所示

$$M_{1cc}^{PP} - M_{1cc}^{NP} = \frac{-r^3(a-c)^2(b-b_4)(b+b_4)\left(b^2+\sqrt{\left(\frac{4r-1}{4r}\right)^3}\right)}{(4r-1-b^2r)^2(4r-1+2br)^2}$$

知当 $b < b_3$ 时，$M_{2cc}^{NP} > M_{2cc}^{NN}$，当 $b < b_4$ 时，$M_{1cc}^{PP} > M_{1cc}^{NP}$。否则，反之。结合当 $0.25 < r \leqslant \frac{4}{15} \approx 0.267$ 时，$0 < b_3 \leqslant 1$；当 $0.25 < r \leqslant 0.415$ 时，$0 < b_4 \leqslant 1$，因而当 $0.25 < r \leqslant 0.267$，$0 < b < b_3 \leqslant 1$ 时，或者当 $r > 0.267$ 时，$M_{2cc}^{NP} > M_{2cc}^{NN}$；当 $0.25 < r \leqslant 0.415$，$0 < b < b_4 \leqslant 1$ 时，或者当 $r > 0.415$ 时，$M_{1cc}^{PP} > M_{1cc}^{NP}$。否则，反之。命题 4-7 得证。

命题 4-7 表明不管竞争对手是否进行流程创新时，制造商若想通过流程创新获得绩效改进，须选择合适时机，例如在竞争较弱时投入较低的创新成本；或者直接投入较高的创新成本进行流程创新，即可实现帕累托改进。而如果竞争激烈，创新额度投入不足，则不应进行流程创新。

由命题 4-6 至命题 4-7，可得当 $0.25 < r \leqslant 0.333$ 且 $0 < b < b_1 \leqslant 1$，或者 $r > 0.333$ 时，$M_{1cc}^{PP} > M_{1cc}^{NN}$；当 $0.25 < r \leqslant 0.267$ 且 $0 < b < b_3 \leqslant 1$ 时，或者当 $r > 0.267$ 时，$M_{2cc}^{NP} > M_{2cc}^{NN}$。因本章考虑的是对称直销制造商竞争模型，根据对称性，可得此时 $M_{1cc}^{PN} > M_{1cc}^{NN}$。又当 $0.25 < r \leqslant 0.415$，$0 < b < b_4 \leqslant 1$ 时，或者当 $r > 0.415$ 时，

$M_{1cc}^{PP}>M_{1cc}^{NP}$。综合可得当 $0<b<\min(b_1,b_3,b_4,1)$ 时，$M_{1cc}^{PP}>M_{1cc}^{NN}$，$M_{1cc}^{PN}>M_{1cc}^{NN}$，$M_{1cc}^{PP}>M_{1cc}^{NP}$。因 $b_3-b_1=\dfrac{b_3^2-b_1^2}{b_3+b_1}=\dfrac{b_3^4-b_1^4}{(b_3+b_1)(b_3^2+b_1^2)}=\dfrac{(4r-1)}{r^2(b_3+b_1)(b_3^2+b_1^2)}>0$，$b_1-b_4=\dfrac{b_1^2-b_4^2}{b_4+b_1}=\dfrac{b_1^4-b_4^4}{(b_4+b_1)(b_4^2+b_1^2)}=\dfrac{(4r-1)^2}{4r^3(b_4+b_1)(b_4^2+b_1^2)}>0$，即 $b_4<b_1<b_3$。因此，可得如下引理和命题：

引理 4-4 $b_4<b_1<b_3$。

命题 4-8 当 $0.25<r\leqslant 0.415$ 且 $0<b<b_4\leqslant 1$ 时，或者当 $r>0.415$ 时，对于制造商而言，其占优均衡策略为均进行流程创新。

命题 4-8 表明当制造商间的竞争较弱，制造商的创新投资系数较小，创新投资额较低；或者制造商的创新投资系数较大，投资额度较高，即位于图 4-5 中区域Ⅰ时，两制造商均会选择从不进行流程创新演变为进行流程创新，且进行流程创新是两直销制造商的占优均衡策略。

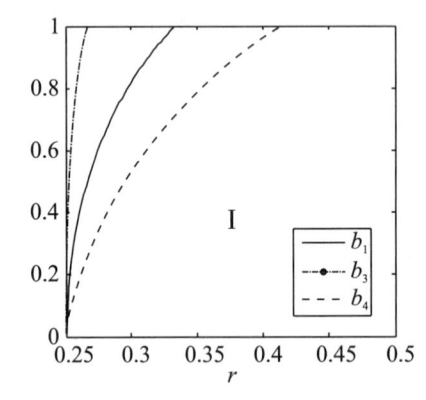

图 4-5 b_1、b_3 与 b_4 随流程创新投资系数 r 的变化图

4.6 制造商通过流程创新的绩效改进数值分析

为考察竞争强度对创新投资选择的影响，令 $a=2$，$c=1$，$r=0.3$，画 M_{icc}^{PP} 与 M_{icc}^{NN}、M_{1cc}^{PP} 与 M_{1cc}^{NP}、M_{2cc}^{NP} 与 M_{2cc}^{NN} 随竞争强度 b 变化的图，如图 4-6、图 4-7、图 4-8 所示。

由图 4-6 可知当产品之间的竞争相对较弱时，两个制造商均进行流程创新优于均不进行流程创新，创新带来的绩效改进区域如图 4-6 中区域Ⅱ所示，且该绩效改进区域随竞争强度增强而逐渐减小，直到当竞争强度达到 0.82，创新与不创新的利润相等。当竞争强度超过 0.82，均不创新有利于两个制造商。

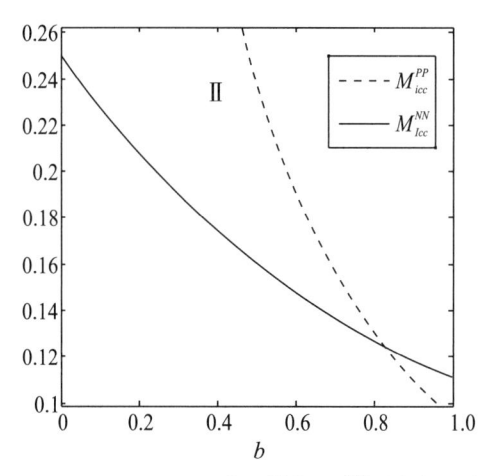

图 4-6　$a=2$，$c=1$，$r=0.3$ 时 M_{icc}^{PP} 与 M_{icc}^{NN} 随竞争强度 b 的变化图

由图 4-7 可知如果竞争对手进行流程创新，则制造商是否进行流程创新依赖于两个产品间的竞争强度。竞争较弱时，制造商应进行流程创新，其创新相较于不创新带来的绩效改进程度如区域Ⅲ所示，该区域亦随着竞争加剧而逐渐减小，直至趋为零。竞争相对较强时，强度超过 0.52 时，则不适宜进行流程创新，创新带来的利润反而低于不创新时的利润。

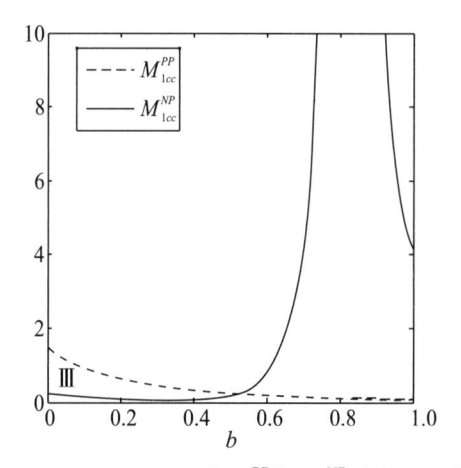

图 4-7　$a=2$，$c=1$，$r=0.3$ 时 M_{1cc}^{PP} 与 M_{1cc}^{NP} 随竞争强度 b 的变化图

图 4-8 表明当竞争对手不进行流程创新，则制造商 2 应由不创新改为创新，因为不管市场竞争强度如何，进行流程创新都能提高制造商 2 的利润，但利润改进程度随竞争的加剧先缓慢增大，再快速增大，而后快速下降又逐渐减小，具体如图 4-8 中区域Ⅳ所示。

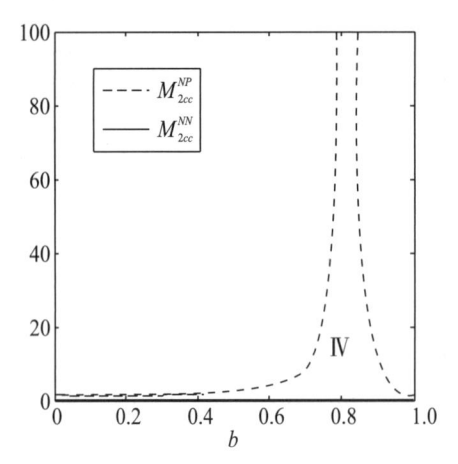

图 4−8 $a=2$，$c=1$，$r=0.3$ 时 M_{2cc}^{NP} 与 M_{2cc}^{NN} 随竞争强度 b 的变化图

为考察流程创新投资系数 r 对制造商进行流程创新选择的影响，令 $a=2$，$b=0.5$，$c=1$，画出 M_{icc}^{PP} 与 M_{icc}^{NN}、M_{1cc}^{PP} 与 M_{1cc}^{NP}、M_{2cc}^{NP} 与 M_{2cc}^{NN} 随流程创新投资系数 r 变化的图，分别如图 4−9、图 4−10、图 4−11 所示。

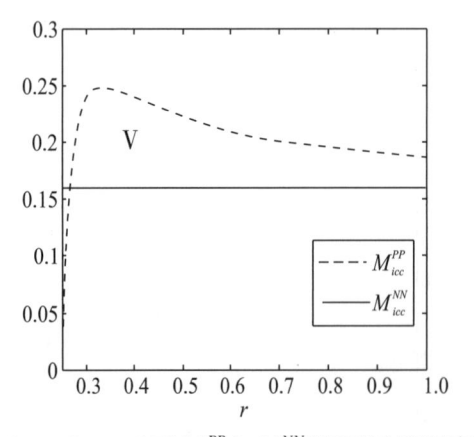

图 4−9 $a=2$，$b=0.5$，$c=1$ 时 M_{icc}^{PP} 与 M_{icc}^{NN} 随流程创新投资系数 r 的变化图

由图 4−9 可知，在给定的市场竞争环境下（当市场竞争强度适中时），两个制造商均同时选择是创新还是不创新，且若制造商们想要通过流程创新降低成本并获得绩效改进，需确保创新投资系数在适当范围内，即位于图 4−9 中的区域Ⅴ。该区域中，流程创新的绩效改进量随创新投资系数先快速增大，而后缓慢减小，即制造商想要通过流程创新获得较好的绩效改进，则流程创新投资系数不宜过大，创新投资成本不宜大。与此同时，若流程创新投资系数过小，创新投入成本不足，则不足以通过改进单位生产成本，提高销售，进而提高利润。

图 4−10 表明市场竞争强度适中时，当竞争对手进行流程创新，制造商 1 无法通过创新带来绩效的改进，特别是若流程创新投资系数小，创新投入成本相对较低时，进行流程创新会使企业利润下降更为严重，此时不宜用流程创新改进绩效。而当竞争对手不进行流程创新，制造商 1 可以通过流程创新改进单位生产成本，提高

绩效(由图 4-11 区域 Ⅵ 可知)，且绩效改进程度随着流程创新投资系数的增大先缓慢加大，再快速增大至最高点，而后快速下降直至缓慢减小。该区域说明，即使创新投入资金额度较低，也能保证制造商通过流程创新获得高额利润。

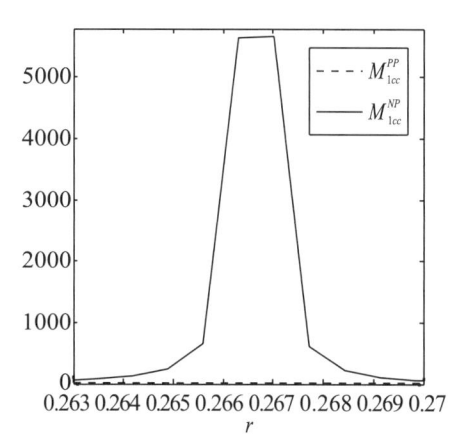

图 4-10　$a=2$，$b=0.5$，$c=1$ 时 M_{1cc}^{PP} 与 M_{1cc}^{NP} 随流程创新投资系数 r 的变化图

由图 4-10 和图 4-11 可知，同样的市场竞争环境和制造商创新投入能力，竞争对手是否进行流程创新会影响制造商是否创新的决策。

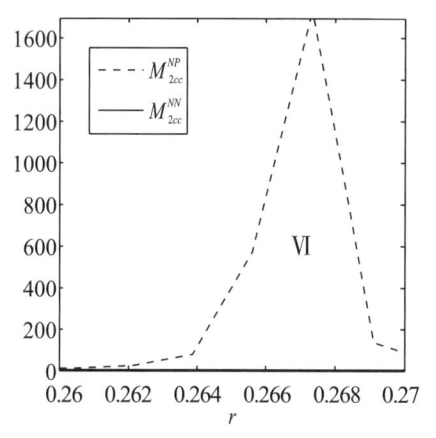

图 4-11　$a=2$，$b=0.5$，$c=1$ 时 M_{2cc}^{NP} 与 M_{2cc}^{NN} 随创新投资系数 r 的变化图

4.7　本章小结

本章基于两个竞争性的直销制造商是否进行流程创新进行建模，分析了两个制造商均不进行流程创新、均进行流程创新、仅制造商 2 进行流程创新三种情形下的制造商利润，对各情形下的单位成本改进量、零售价格和销量、制造商利润分别进行比较分析，讨论了竞争强度和流程创新投资系数对单位成本改进量、制造商利润等的影响，识别了直销制造商进行流程创新的决策机制。研究得到如下结论：

（1）如果制造商的流程创新投资系数相对较小，创新投入资金较少，且市场竞争环境又相对较为激烈，则制造商不适合进行流程创新，避免无法提高产品在市场的竞争力又因直销需要直面市场竞争。

（2）当制造商面临的市场竞争较弱，即使制造商的流程创新投资系数较小，创新投资额较低，制造商选择进行流程创新可以提高其利润；或者不管市场竞争强度如何，只要制造商的流程创新投资系数较大，投资额度较高，则进行流程创新优于不进行流程创新；这两种情形下，制造商进行流程创新都是制造商的占优均衡策略。

第 5 章　供应链竞争环境下流程创新与纵向控制结构选择

本章将对第 2 章纯分散化供应链竞争环境下的流程创新、第 3 章中心化与分散化结合的混合竞争供应链的流程创新、第 4 章纯中心化供应链竞争环境下的流程创新进行比较，分析不同纵向控制结构下制造商进行流程创新的单位成本改进量、制造商利润、供应链系统利润的大小关系，识别在何种纵向控制结构下进行流程创新能获得相对较大单位成本改进量，探索进行流程创新时制造商角度、供应链系统角度的占优均衡控制结构。

5.1　问题的提出

企业进行流程创新的主要目的是降低成本，提高顾客满意度。但往往忽略选择合适的纵向控制结构进行流程创新，是选择基于分销模式的分散化结构，还是基于直营或直销模式的中心化结构？德勤公司在 1999 年就提出现代企业之间的竞争已经演变为供应链与供应链之间的竞争，其针对美国和加拿大 200 多个大型制造商和分销商的调查报告指出，航空航天、电信、汽车制造、消费类产品、高技术产品等行业存在供应链与供应链之间的竞争。这种供应链与供应链间的竞争模式主要体现为中心化结构与中心化结构竞争、分散化结构与分散化结构竞争或者分散化与中心化结构之间的竞争。企业通常采用不同的销售方式形成供应链间的竞争，如企业自身采用直销模式或自营模式、竞争对手也采用直销模式或自营模式；企业自身采用直销模式或自营模式、但竞争对手采用分销模式；或者企业自身采用分销模式、竞争对手采用直销模式或自营模式；或者企业和其竞争对手都采用分销模式。例如在石油天然气行业，中石化和中石油在下游销售环节通常采用自营或特许经营等方式进行竞争。在手机制造业，不同手机生产商采用不同销售方式销售手机，或通过电商平台开设直营店铺或自有网站进行直销，或授权其他店铺进行分销，等等。不同的纵向控制结构带来的供应链成员绩效和供应链系统绩效不一样，如果制造商采用分散化结构，制造商若进行流程创新，既可以改进自身单位生产成本，降低产品的批发价格，也会产生纵向溢出效应，使得其下游零售商受益。如果制造商采用中心化结构（即自营模式或直营模式），其流程创新带来的效益不会纵向溢出，但是否会横向溢出？不管制造商基于何种纵向控制结构，其进行流程创新的选择是否会受到竞争对手的纵向控制结构、供应链间的竞争强度、竞争对手的流程创新选择等因素的影响呢？鉴于现有文献并未针对这些问题进行研究，本章将针对两个制造商都进行流程创新、只有制造商1进行流程创新、只有制造商2进行流程创新三种情况，识别制造商角度和单条供应链系统角度的纵向控制结构选择，分析供应链间的竞争强度、流程创新投资系数、竞争对手的选择等对制造商和单条供应链系统绩效的影响。

本章将主要基于本书第2章分散化供应链与分散化供应链竞争（dd 结构）的环境下制造商进行流程创新、第3章中心化供应链与分散化供应链结合（cd 结构）的混合竞争供应链环境下制造商进行流程创新、第4章纯中心化供应链竞争环境下（cc 结构）制造商进行流程创新的制造商绩效、供应链系统绩效进行比较分析，识别两个制造商均进行流程创新、只有制造商1进行流程创新、只有制造商2进行流程创新时的纵向控制结构均衡，为供应链竞争环境下的生产制造企业基于何种纵向控制结构进行流程创新提供理论参考价值。

本章首先将比较不同纵向控制结构下制造商进行流程创新的单位成本改进量，如5.2节所示。其次，将识别制造商均进行流程创新（即 PP 情形）的纵向控制结构均衡（如5.3节所示）、识别制造商2进行流程创新（即 NP 情形）的纵向控制结构均衡（如5.4节所示）、识别只有制造商1进行流程创新（即 PN 情形）时的纵向控制结构均衡（如5.5节所示），各节内容对应第2章、第3章、第4章内容如下表5-1所示：

表5-1 本章主要结构安排

	dd 结构（第3章）	cd 结构（第3章）	cc 结构（第4章）	识别竞争性供应链是否创新时的最优纵向控制结构（第5章）
NN	2.3.1节	3.3.1节	4.2.1节	
PP	2.3.2节	3.3.2节	4.2.2节	5.3节
PN	等同于2.3.3节（对称性）	3.3.3节	等同于4.2.3节（对称性）	5.4节
NP	2.3.3节	3.3.4节	4.2.3节	5.5节
识别竞争供应链成员在固定渠道结构组合的流程创新决策机制	2.5节和2.6节	3.5节和3.6节	4.4节	

5.2 不同纵向控制结构下进行流程创新的单位成本改进量比较分析

本节将针对不同纵向控制结构下制造商进行流程创新的单位成本改进量进行比较分析,并识别竞争强度 b、流程创新投资系数 r 对单位成本改进量的影响。由第 2 章 2.3.2 节和 2.3.3 节,第 3 章 3.3.2 节、3.3.3 节和 3.3.4 节,第 4 章 4.2.2 节和 4.2.3 节获悉各情形的单位成本改进量分别如下表 5-2 所示。本章 5.2.1 至 5.2.3 节分别分析两条链均创新(PP 情形)、仅制造商 2 进行流程创新(NP 情形)、仅制造商 1 进行流程创新(PN 情形)时各单位成本改进量的大小关系。

表 5-2　不同纵向控制结构下的流程创新单位成本改进量

	dd	cd	cc
PP	$x_{idd}^{PP}=\dfrac{(a-c)}{(2br+8r-1)}$	$x_{1cd}^{PP}=\dfrac{(a-c)(2br-8r+1)}{(4b^2r^2-32r^2+12r-1)}$ $x_{2cd}^{PP}=\dfrac{(a-c)(2br-4r+1)}{(4b^2r^2-32r^2+12r-1)}$	$x_{icc}^{PP}=\dfrac{(a-c)}{2br+4r-1}$
PN	$x_{1dd}^{PN}=\dfrac{(b-4)(a-c)}{2(b^2r-16r+2)}$	$x_{1cd}^{PN}=\dfrac{(a-c)(b-4)}{[2(rb^2+2-8r)]}$	$x_{1cc}^{PN}=\dfrac{(a-c)(b-2)}{2(b^2r-4r+1)}$
NP	$x_{2dd}^{NP}=\dfrac{(b-4)(a-c)}{2(b^2r-16r+2)}$	$x_{2cd}^{NP}=\dfrac{(a-c)(b-2)}{[2(rb^2+1-8r)]}$	$x_{2cc}^{NP}=\dfrac{(a-c)(b-2)}{2(b^2r-4r+1)}$

注:x_{1dd}^{PN} 由 x_{2dd}^{NP} 根据对称性可得,x_{1cc}^{PN} 同理。

5.2.1 PP 情形下各纵向控制结构的单位成本改进量比较分析

通过比较纯中心化与纯分散化结构下的单位成本改进量之差,即

$$x_{icc}^{PP}-x_{idd}^{PP}=\frac{4r(a-c)}{(2br+4r-1)(2br+8r-1)}>0$$

可得如下命题:

命题 5-1　$x_{icc}^{PP}>x_{idd}^{PP}$。

命题 5-1 表明制造商若进行流程创新,则其在中心化结构下的单位成本改进量高于分散化结构,使得中心化结构下的零售价格也低于分散化(由 $p_{icc}^{PP}-p_{idd}^{PP}=\dfrac{-8r^2(a-c)(1+b)}{(2br+4r-1)(2br+8r-1)}<0$ 可知),进而中心化结构下进行流程创新带来的产品销量也高于创新的分散化结构[由 $q_{icc}^{PP}-q_{idd}^{PP}=2r(x_{icc}^{PP}-x_{idd}^{PP})$ 可知 $q_{icc}^{PP}>q_{idd}^{PP}$],即从单位成本改进量或销量等角度而言,创新时中心化的纵向控制结构优于分散化结构。

x_{idd}^{PP} 与 x_{1cd}^{PP} 之差、x_{idd}^{PP} 与 x_{2cd}^{PP} 之差、x_{icc}^{PP} 与 x_{1cd}^{PP} 之差、x_{icc}^{PP} 与 x_{2cd}^{PP} 之差分别如下所示

$$x_{idd}^{PP} - x_{1cd}^{PP} = \frac{4r(8r-1)(a-c)}{-(32-4b^2)(r-r_2)(r-r_1)(2br+8r-1)}$$

$$x_{idd}^{PP} - x_{2cd}^{PP} = \frac{8br^2(a-c)}{(32-4b^2)(r-r_2)(r-r_1)(2br+8r-1)}$$

$$x_{icc}^{PP} - x_{1cd}^{PP} = \frac{8br^2(a-c)}{-(32-4b^2)(r-r_2)(r-r_1)(2br+4r-1)}$$

$$x_{icc}^{PP} - x_{2cd}^{PP} = \frac{4r(4r-1)(a-c)}{(2br+4r-1)(32-4b^2)(r-r_2)(r-r_1)},$$

其中 $r_1 = \frac{3-\sqrt{1+b^2}}{2(8-b^2)}$，$r_2 = \frac{3+\sqrt{1+b^2}}{2(8-b^2)}$。

因 $0 < b < 1$，因而由 r_2 和 r_1 的式子可知，$r_2 > \frac{2}{(8-b^2)} > \frac{1}{4}$；$\sqrt{1+b^2} > 1$，$r_1 < \frac{1}{(8-b^2)} < \frac{1}{7} < \frac{1}{4}$，即 $0 < r_1 < \frac{1}{4}$。结合 $r > \frac{1}{4}$，可得当 $\frac{1}{4} < r < r_2$ 时，$x_{idd}^{PP} - x_{1cd}^{PP} > 0$，$x_{idd}^{PP} - x_{2cd}^{PP} < 0$，$x_{icc}^{PP} - x_{1cd}^{PP} > 0$，$x_{icc}^{PP} - x_{2cd}^{PP} < 0$。当 $r > r_2$ 时，$x_{idd}^{PP} - x_{1cd}^{PP} < 0$，$x_{idd}^{PP} - x_{2cd}^{PP} > 0$，$x_{icc}^{PP} - x_{1cd}^{PP} < 0$，$x_{icc}^{PP} - x_{2cd}^{PP} > 0$，得到如下命题：

命题 5-2 （1）当 $0.25 < r < r_2$ 时，$x_{2cd}^{PP} > x_{idd}^{PP} > x_{1cd}^{PP}$；$x_{2cd}^{PP} > x_{icc}^{PP} > x_{1cd}^{PP}$。

（2）当 $r > r_2$ 时，$x_{2cd}^{PP} < x_{idd}^{PP} < x_{1cd}^{PP}$；$x_{2cd}^{PP} < x_{icc}^{PP} < x_{1cd}^{PP}$。

命题 5-2(1)表明如果两条竞争性供应链均创新，且流程创新投资系数较小，则混合结构（第一条链采取中心化结构、第二条链采取分散化结构，即 cd 结构）中的中心化结构供应链单位成本改进量最小，而分散化结构供应链的单位成本改进量最大，纯分散化结构或纯中心化结构的改进量居中。结合命题 4-5，$x_{2cd}^{PP} > x_{icc}^{PP} > x_{idd}^{PP} > x_{1cd}^{PP}$，知 $x_{2cd}^{PP} > x_{icc}^{PP}$，$x_{2dd}^{PP} > x_{2dc}^{PP}$（由 $x_{idd}^{PP} > x_{1cd}^{PP}$ 根据对称性可得），可知不管竞争对手采用中心化结构还是分散化结构，制造商采用分散化结构的单位成本改进量均优于中心化结构。

命题 5-2(2)表明当流程创新投资系数较大时，混合结构的分散化供应链的单位成本改进量最小，中心化供应链的改进量最大。结合命题 4-5，$x_{2cd}^{PP} < x_{idd}^{PP} < x_{icc}^{PP} < x_{1cd}^{PP}$，因 $x_{2cd}^{PP} < x_{icc}^{PP}$，$x_{2dd}^{PP} < x_{2dc}^{PP}$（由 $x_{idd}^{PP} < x_{1cd}^{PP}$ 根据对称性可得），可知不管竞争对手采用中心化结构还是分散化结构，制造商采用中心化结构的单位成本改进量均优于分散化结构。

5.2.2 NP 情形下各纵向控制结构的单位成本改进量比较分析

如果只有制造商 2 进行流程创新，通过比较纯分散化的 dd 结构与混合结构的 cd 结构下的单位成本改进量之差，即

$$x_{2dd}^{NP} - x_{2cd}^{NP} = \frac{b(8r-1-2br)(a-c)}{(8r-b^2r-1)(16r-b^2r-2)} > 0$$

命题 5-3 $x_{2dd}^{NP} > x_{2cd}^{NP}$。

如果制造商 1 不进行流程创新，制造商 2 进行流程创新且制造商 2 采用分散化结构，则制造商 2 进行流程创新的单位成本改进量的大小受到制造商 1 的纵向控制结构影响。命题 5-3 表明，相较于中心化结构制造商 1 采用分散化结构更有利于制造商 2 进行流程创新，且不受竞争强度和创新投资系数等的影响。

校较于 cc 结构和 dd 结构、cd 结构和 cc 结构下的单位成本改进量的大小关系如下所示

$$x_{2cc}^{NP} - x_{2dd}^{NP} = \frac{(a-c)(16r-12br+2b^2r+b)}{2(4r-b^2r-1)(16r-b^2r-2)} = \frac{(a-c)(16r-12br+2b^2r+b)}{2(4-b^2)(r-r_3)(16r-b^2r-2)}$$

$$x_{2cc}^{NP} - x_{2cd}^{NP} = \frac{2r(a-c)(2-b)}{(4-b^2)(r-r_3)(8r-b^2r-1)}, \text{ 其中 } r_3 = \frac{1}{4-b^2}, r_3 > \frac{1}{4}$$

可得当 $r > r_3$ 时，$x_{2cc}^{NP} - x_{2dd}^{NP} > 0$，$x_{2cc}^{NP} - x_{2cd}^{NP} > 0$。当 $0.25 < r < r_3$ 时，$x_{2cc}^{NP} - x_{2dd}^{NP} < 0$，$x_{2cc}^{NP} - x_{2cd}^{NP} < 0$，得到如下命题：

命题 5-4 (1)当 $r > r_3$ 时，$x_{2cc}^{NP} > x_{2dd}^{NP}$；$x_{2cc}^{NP} > x_{2cd}^{NP}$。

(2)当 $0.25 < r < r_3$ 时，$x_{2cc}^{NP} < x_{2dd}^{NP}$；$x_{2cc}^{NP} < x_{2cd}^{NP}$。

命题 5-4(1)表明如果制造商 1 不创新、制造商 2 创新，则当流程创新投资系数相对较大时，创新投资额较大，纯中心化结构下的单位成本改进量大于纯分散化结构；如果制造商 1 采用中心化结构，则制造商 2 采用中心化结构进行流程创新带来的单位成本改进量高于分散化结构。

命题 5-4(2)表明，当流程创新投资系数相对较小，制造商 2 的创新投资额较低，采用纯分散化结构下的单位成本改进量大于纯中心化结构；若制造商 1 采用中心化结构，则制造商 2 采用分散化结构更能改进单位生产成本。

5.2.3 PN 情形下各纵向控制结构的单位成本改进量比较分析

本节将分析制造商 1 进行流程创新，制造商 2 不进行流程创新时哪种控制结构下的单位成本改进量更高，首先，比较 x_{1cd}^{PN} 与 x_{1dd}^{PN} 之差，即

$$x_{1cd}^{PN} - x_{1dd}^{PN} = \frac{-4r(b-4)(a-c)}{(8-b^2)(r-r_4)(16r-b^2r-2)}, \text{ 其中 } r_4 = \frac{2}{8-b^2}$$

由 r_4 的表达式可知 $r_4 > 0.25$。因而当 $r > r_4$ 时，$x_{1cd}^{PN} > x_{1dd}^{PN}$；当 $r < r_4$ 时，$x_{1cd}^{PN} < x_{1dd}^{PN}$，得到命题如下：

命题 5-5 (1)当 $r > r_4$ 时，$x_{1cd}^{PN} > x_{1dd}^{PN}$。

(2)当 $0.25 < r < r_4$ 时，$x_{1cd}^{PN} < x_{1dd}^{PN}$。

命题 5-5 表明当竞争对手采用分散化结构且不进行流程创新时，制造商 1 若

想通过流程创新获得较大单位成本改进量,可采用收购、兼并等方式进行一体化管理,实现中心化的控制结构,并投入较高的创新投资成本(流程创新投资系数相对较大);若创新投资额较低,宜采用分散化结构进行流程创新,以获得相对较高的单位成本改进量。

比较 cd 结构和 cc 结构下的单位成本改进量,即 x_{1cd}^{PN} 与 x_{1cc}^{PN} 之差,具体如下所示

$$x_{1cd}^{PN} - x_{1cc}^{PN} = \frac{(4-2b)(a-c)b(r-r_5)}{2(8-b^2)(4-b^2)(r-r_4)(r-r_3)}$$

其中 $r_3 = \frac{1}{4-b^2}$,$r_5 = \frac{1}{4-2b}$。

比较 r_3、r_4 和 r_5 之间的大小关系,r_3 与 r_4 之差、r_3 与 r_5 之差分别如下所示

$$r_3 - r_4 = \frac{b^2}{(4-b^2)(8-b^2)} > 0,\ r_5 - r_3 = \frac{b}{2(4-b^2)} > 0,\ \text{得}\ r_5 > r_3 > r_4$$

又 $r > 0.24$,由 r_3、r_4 和 r_5 的表达式可知,$r_5 > r_3 > r_4 > 0.25$。

所以,当 $r > r_5$,或者 $r_4 < r < r_3$ 时,$x_{1cd}^{PN} - x_{1cc}^{PN} > 0$;当 $0.25 < r < r_4$ 或 $r_3 < r < r_5$ 时,$x_{1cd}^{PN} - x_{1cc}^{PN} < 0$,得到命题如下:

命题 5-6 (1)当 $r > r_5$ 时,或者 $r_4 < r < r_3$ 时,$x_{1cd}^{PN} > x_{1cc}^{PN}$。

(2)当 $0.25 < r < r_4$ 或 $r_3 < r < r_5$ 时,$x_{1cd}^{PN} < x_{1cc}^{PN}$。

命题5-6表明,竞争对手采用的纵向结构、企业自己的流程创新投资系数及投资额对企业在中心化结构下进行流程创新的单位成本改进量均有影响。若中心化供应链进行流程创新的投资额非常高(如图5-1中区域Ⅰ),或者适中(如图5-1中区域Ⅲ),则竞争对手采用分散化结构有利于中心化供应链通过流程创新获得更低的单位生产成本。若中心化供应链的流程创新投资额非常低(如图5-1中区域Ⅳ),或者较高(如图5-1中区域Ⅱ),则竞争对手采用中心化结构对于中心化供应链创新的单位生产成本改进量更高。

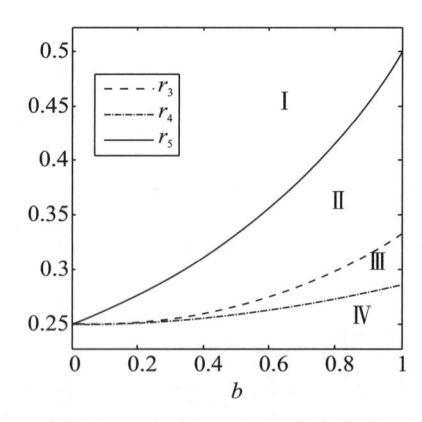

图 5-1 r_3、r_4、r_5 的大小关系

5.2.4 单位成本改进量的数值分析

为观察流程创新投资系数对不同结构下流程创新带来的单位成本改进量的影响，令 $a=2$，$b=0.5$，$c=1$，得到图 5-2 至图 5-4。由图 5-2 可知，如果两个制造商均进行流程创新，则有如下结论：

(1) 纯中心化结构下的单位成本改进量一直高于纯分散化结构，但两种结构下的单位成本改进量之差随流程创新投资系数的增大逐渐缩小(图 5-2 中 x_{idd}^{PP} 与 x_{icc}^{PP} 的关系可知)。

(2) 竞争对手采用分散化结构进行流程创新时，制造商采用中心化结构进行流程创新优于分散化结构(图 5-2 中 $x_{1cd}^{PP} > x_{idd}^{PP}$ 可知)。

(3) 竞争对手采用中心化结构进行流程创新时，制造商在流程创新投资系数相对较小时宜采用分散化结构，以使得单位成本改进量更高；在流程创新投资系数相对较大时更适宜采用中心化结构进行创新(图 5-2 中 x_{2cd}^{PP} 与 x_{icc}^{PP} 的关系可知)。

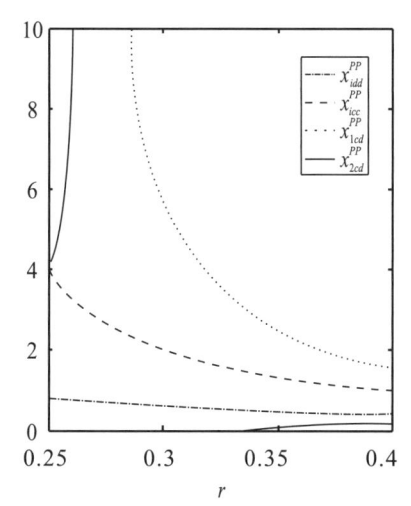

图 5-2 x_{icc}^{PP}、x_{idd}^{PP}、x_{1cd}^{PP}、x_{2cd}^{PP} 随流程创新投资系数 r 的变化

如果仅有一个制造商进行流程创新，由图 5-3 和图 5-4 可知，流程创新投资系数越大，创新投入成本越高，单位成本改进量反而越小。如果仅制造商 2 进行流程创新(图 5-3)，则纯中心化结构下的单位成本改进量最大，混合结构中分散化供应链的单位成本改进量最小。如果仅制造商 1 进行流程创新(图 5-4)，则纯分散化结构下的单位成本改进量最小，纯中心化结构和混合结构下的中心化供应链单位改进成本量的大小依赖于流程创新投资系数的大小。

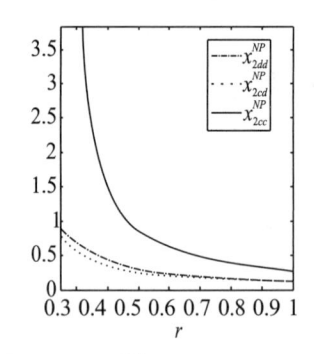

图 5-3　x_{2dd}^{NP}、x_{2cd}^{NP}、x_{2cc}^{NP} 随流程创新投资系数 r 的变化

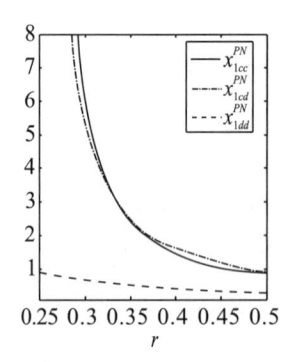

图 5-4　x_{1cc}^{PN}、x_{1cd}^{PN}、x_{1dd}^{PN} 随流程创新投资系数 r 的变化

为观察竞争强度对不同结构下流程创新带来的单位成本改进量的影响,令 $a=2$,$c=1$,$r=0.5$,得到图 5-5 至图 5-7。由图 5-5 可知如下结论:

(1)混合结构中心化供应链的单位成本改进量最大,分散化链的单位成本改进量最小;纯中心化结构的单位成本改进量大于纯分散化结构。因而基于特定创新投资系数(即 $r=0.5$),针对单位成本改进量而言,中心化结构优于分散化结构。

(2)不管竞争对手采用分散化结构还是中心化结构进行流程创新,制造商采用中心化结构进行流程创新均优于分散化结构(由图 5-5 中 $x_{1cd}^{PP}>x_{1dd}^{PP}$ 和 $x_{2cd}^{PP}<x_{icc}^{PP}$ 可知)。

(3)对于纯分散化结构、纯中心化结构以及混合结构中的分散化供应链,竞争加剧不利于流程创新,因为单位成本改进量会随竞争强度的增强而逐渐减小。但混合结构的中心化供应链进行创新的单位成本改进量随竞争强度加强而先减小后增加,当竞争非常激烈时,中心化供应链需要提高单位成本改进量以降低零售价格,获取价格优势以便应对激烈的市场竞争。

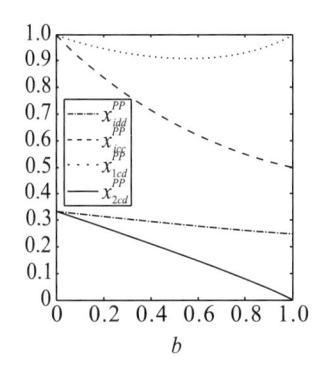

图 5-5　x_{icc}^{PP}，x_{idd}^{PP}，x_{1cd}^{PP}，x_{2cd}^{PP} 随竞争强度 b 的变化

如果仅有一个制造商进行流程创新，由图 5-6 和图 5-7 可知，竞争对不同控制结构下单位成本改进量的影响不同。随着竞争加剧，分散化供应链创新的单位成本改进量逐渐下降，而中心化供应链的单位成本改进量先下降后增大。图 5-6 和图 5-7 显示中心化供应链创新带来的单位成本改进量远大于分散化供应链创新带来的单位成本改进量，即两条竞争性供应链中若只有一个制造商考虑进行流程创新，则可以先通过纵向兼并、收购等方式实行一体化经营再进行流程创新，或者选择直营店进行流程创新。否则，采用分销模式后制造商投入创新成本改进单位生产成本，其带来的单位成本改进量相对较小，零售商则可以"搭便车"，享受成本降低带来的低零售价格。

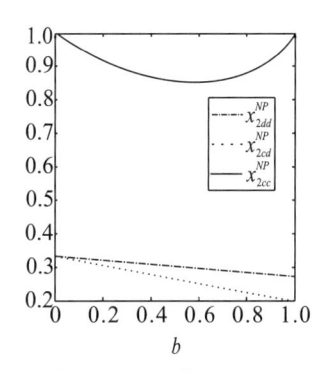

图 5-6　x_{2dd}^{NP}，x_{2cd}^{NP}，x_{2cc}^{NP} 随竞争强度 b 的变化

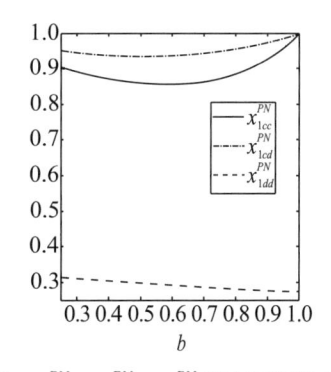

图 5-7　x_{1cc}^{PN}，x_{1cd}^{PN}，x_{1dd}^{PN} 随竞争强度 b 的变化

5.3 均创新(PP 策略)时的纵向控制结构选择

本节将研究两条竞争供应链均创新时采用何种纵向控制结构使制造商的利润、整体供应链系统的利润最大，并分别以4.4.1节和4.4.2节中的内容展开。

5.3.1 制造商角度的纵向控制结构选择

结合2.3.2节、3.3.2节、4.2.2节，可得两条竞争供应链均创新时(PP 策略)的制造商利润如表5-3所示。

表5-3 PP 策略的供应链系统制造商的利润

	制造商的利润
纯分散化结构	$M_{idd}^{PP} = \dfrac{r(8r-1)(a-c)^2}{(2br+8r-1)^2}$
混合结构的供应链1	$M_{1cd}^{PP} = \dfrac{r(a-c)^2(4r-1)(2br-8r+1)^2}{(4b^2r^2-32r^2+12r-1)^2}$
混合结构的供应链2	$M_{2cd}^{PP} = \dfrac{r(a-c)^2(8r-1)(2br-4r+1)^2}{(4b^2r^2-32r^2+12r-1)^2}$
纯中心化结构	$M_{icc}^{PP} = \dfrac{r(4r-1)(a-c)^2}{(2br+4r-1)^2}$

首先，比较制造商在分散化结构、中心化结构均创新时的利润，由 M_{icc}^{PP} 与 M_{idd}^{PP} 的利润函数可知两者之差如下：

$$M_{icc}^{PP} - M_{idd}^{PP} = \frac{-16\,r^4(a-c)^2(b-b_1)(b+b_1)}{(2br+8r-1)^2\,(2br+4r-1)^2}$$

$$b_1 = \frac{\sqrt{(8r-1)(4r-1)}}{2r}$$

$$b_1 - 1 = \frac{7(r-0.315)(r+0.113)}{r^2(b_1+1)}$$

即当 $0.25 < r \leqslant 0.315$ 时，$b_1 \leqslant 1$，可得如下命题。

命题 5-7 (1)当 $b < \min(b_1, 1)$ 时，即当 $0.25 < r < 0.315$ 时，$b < b_1 < 1$；或者当 $r \geqslant 0.315$ 时，$M_{icc}^{PP} > M_{idd}^{PP}$。

(2)当 $0.25 < r < 0.315$，$b_1 < b < 1$ 时，$M_{icc}^{PP} < M_{idd}^{PP}$。

命题5-7的结论亦可以用表5-4所示。命题5-7表明，制造商们均选择中心化结构进行流程创新的条件较为宽松，而选择分散化结构进行流程创新的条件较为严苛。如果制造商的创新投资成本较少，则制造商可以采用直销渠道在市场竞争较为温和的环境下进行流程创新；若市场竞争激烈，则制造商可以采用分销渠道。如果制造商的创新投资成本较高，则直销模式优于分销模式，不受市场环境的竞争强度影响。

表 5-4 纯分散化或纯中心化结构时制造商创新的纵向结构选择

	$b<b_1$	$b>b_1$
$0.25<r<0.315$	纯中心化结构	纯分散化结构
$r\geqslant 0.315$	纯中心化结构	纯中心化结构

当竞争对手采用中心化结构时，比较制造商采用纯中心化结构和纯分散化结构时的绩效，即 M_{2cc}^{PP} 与 M_{2cd}^{PP} 之差如下

$$M_{2cc}^{PP}-M_{2cd}^{PP}=\frac{-64\,r^6(a-c)^2(b-b_2)(b+b_2)(b^2+b_2^2)}{(4r^2b^2-32r^2+12r-1)^2(2br+4r-1)^2}$$

$$b_2=\frac{\left[(4r-1)^3(8r-1)\right]^{\frac{1}{4}}}{2r}$$

$$b_2-1=\frac{(b_2^2-1)(b_2^2+1)}{(b_2+1)(b_2^2+1)}=\frac{496(r-0.39)(r-0.122)\left[(r-0.196)^2+0.064^2\right]}{16r^4(b_2+1)(b_2^2+1)}$$

即当 $0.25<r\leqslant 0.39$ 时，$b_2\leqslant 1$。

当竞争对手采用纯分散化结构时，比较制造商采用纯中心化结构和纯分散化结构时的绩效，即 M_{1cd}^{PP} 与 M_{1dd}^{PP} 之差如下

$$M_{1cd}^{PP}-M_{1dd}^{PP}=\frac{-64\,r^6(a-c)^2(b-b_3)(b+b_3)(b^2+b_3^2)}{(2br+8r-1)^2(4r^2b^2-32r^2+12r-1)^2}$$

纯 $b_3=\frac{\left[(8r-1)^3(4r-1)\right]^{\frac{1}{4}}}{2r}$

纯 $b_3-1=\frac{(b_3^2-1)(b_3^2+1)}{(b_3+1)(b_3^2+1)}=\frac{2032(r-0.264)(r-0.106)\left[(r-0.13)^2+0.0265^2\right]}{16r^4(b_3+1)(b_3^2+1)}$

即当 $0.25<r\leqslant 0.264$ 时，$b_3\leqslant 1$。

综上，可得如下命题：

命题 5-8 (1)当 $b<\min(b_2,1)$ 时，即当 $0.25<r<0.39$ 时，$b<b_2<1$；或者当 $r\geqslant 0.39$ 时，$M_{2cc}^{PP}>M_{2cd}^{PP}$。

(2)当 $b<\min(b_3,1)$ 时，即当 $0.25<r<0.264$ 时，$b<b_3<1$；或者当 $r\geqslant 0.264$ 时，$M_{1cd}^{PP}>M_{1dd}^{PP}$。

命题 5-8 表明，不论竞争对手采用纯中心化结构还是纯分散化结构，若制造商的流程创新投资系数较小（创新投入成本低），则市场环境较为宽松（竞争不激烈）时，采用直销或直营的方式进行流程创新，可以获得高于纯分散化结构时的绩效；而若流程创新投资系数较大（创新投资额较高）时，则无论市场环境的竞争程度如何，中心化结构进行流程创新带来的制造商绩效均高于纯分散化结构，即制造商可

通过采取兼并、收购等方式实现自营或直营后再进行流程创新，而非基于纯分散化结构进行流程创新。

命题 5-9 （1）当 $0.25<r<0.39$，$b_2<b<1$ 时，$M_{2cc}^{PP}<M_{2cd}^{PP}$。

（2）当 $0.25<r<0.264$，$b_3<b<1$ 时，$M_{1cd}^{PP}<M_{1dd}^{PP}$。

命题5-9表明，不论竞争对手采用纯中心化结构还是纯分散化结构，若制造商在流程创新投资系数较小（创新投入成本较低），则市场竞争较为激烈时宜采用分销（引入零售商）的方式进行流程创新以获得较高绩效，也避免直面终端激烈的竞争。

由命题5-7、命题5-8和命题5-9可得表5-5。由表5-5可知，制造商采用纯中心化结构的条件较为宽松如表4-5中（Ⅰ）、（Ⅱ）、（Ⅲ），采用纯分散化结构的条件较为严苛如表4-5中（Ⅱ）。如果纯分散化结构中的制造商面临的市场竞争变弱，则可通过纵向整合、持股经营、兼并等方式实现纵向一体化经营，以使流程创新后的绩效更好，即由（Ⅱ）转为（Ⅰ）。如果制造商加大了流程创新的投资额，即由（Ⅱ）转为（Ⅳ），则制造商也需将分销模式改为直销或直营模式才可确保利润最优。如果制造商提高了流程创新的成本，且市场竞争强度变弱，则依然需要改变纵向控制结构，由纯分散化结构转为纯中心化结构，即由（Ⅱ）变为（Ⅲ），以获得更好的利润。

表5-5 纵向结构与竞争强度、流程创新投资系数间的匹配关系

	$b<b_i$	$b>b_i$
$0.25<r<r_{Ai}$	（Ⅰ）中心化结构	（Ⅱ）分散化结构
$r\geqslant r_i$	（Ⅲ）中心化结构	（Ⅳ）中心化结构

注：r_{Ai} 与 b_i 对应，$i=1,2,3$，即 $r_{A1}=0.315$，与 b_1 对应；$r_{A2}=0.39$，与 b_2 对应；$r_{A3}=0.264$，与 b_3 对应。当 $0.25<r<r_1=0.315$，且 $b<b_1$ 时，制造商宜采用纯中心化结构进行流程创新。

最后，比较上述各边界值 b_1，b_2，b_3 之间的关系，其表达式如下

$$b_1-b_2=\frac{b_1^4-b_2^4}{(b_1+b_2)(b_1^2+b_2^2)}=\frac{(4r-1)^2(8r-1)}{4r^3(b_1+b_2)(b_1^2+b_2^2)}$$

$$b_1-b_3=\frac{b_1^4-b_3^4}{(b_1+b_3)(b_1^2+b_3^2)}=\frac{-(8r-1)^2(4r-1)}{4r^3(b_1+b_3)(b_1^2+b_3^2)}$$

因为 $r>0.25$，所以 $b_1-b_2>0$，$b_1-b_3<0$，即 $b_2<b_1<b_3$。

结合命题5-7至命题5-9，比较制造商1和制造商2在不同纵向控制结构下的利润大小，可得供应链成员的绩效大小关系（表5-6）。

表 5-6 供应链成员的绩效大小关系

	$b\in(0, b_2)$	$b\in(b_2, b_1)$	$b\in(b_1, b_3)$	$b\in(b_3, 1)$
(1)当 $b_3<1$ 时, $r\in(0.25, 0.264)$	$M_{icc}^{PP}>M_{idd}^{PP}$ $M_{2cc}^{PP}>M_{2cd}^{PP}$ $M_{1cd}^{PP}>M_{1dd}^{PP}$	$M_{icc}^{PP}>M_{idd}^{PP}$ $M_{2cc}^{PP}<M_{2cd}^{PP}$ $M_{1cd}^{PP}>M_{1dd}^{PP}$	$M_{icc}^{PP}<M_{idd}^{PP}$ $M_{2cc}^{PP}<M_{2cd}^{PP}$ $M_{1cd}^{PP}>M_{1dd}^{PP}$	$M_{icc}^{PP}<M_{idd}^{PP}$ $M_{2cc}^{PP}<M_{2cd}^{PP}$ $M_{1cd}^{PP}<M_{1dd}^{PP}$
	$b\in(0, b_2)$	$b\in(b_2, b_1)$	$b\in(b_1, 1)$	
(2)当 $b_1<1\leqslant b_3$ 时, $r\in[0.264, 0.315)$	$M_{icc}^{PP}>M_{idd}^{PP}$ $M_{2cc}^{PP}>M_{2cd}^{PP}$ $M_{1cd}^{PP}>M_{1dd}^{PP}$	$M_{icc}^{PP}>M_{idd}^{PP}$ $M_{2cc}^{PP}<M_{2cd}^{PP}$ $M_{1cd}^{PP}>M_{1dd}^{PP}$	$M_{icc}^{PP}<M_{idd}^{PP}$ $M_{2cc}^{PP}<M_{2cd}^{PP}$ $M_{1cd}^{PP}>M_{1dd}^{PP}$	
	$b\in(0, b_2)$	$b\in(b_2, 1)$		
(3)当 $b_2<1\leqslant b_1$ 时, $r\in[0.315, 0.39)$	$M_{icc}^{PP}>M_{idd}^{PP}$ $M_{2cc}^{PP}>M_{2cd}^{PP}$ $M_{1cd}^{PP}>M_{1dd}^{PP}$	$M_{icc}^{PP}>M_{idd}^{PP}$ $M_{2cc}^{PP}<M_{2cd}^{PP}$ $M_{1cd}^{PP}>M_{1dd}^{PP}$		
	$b\in(0, 1)$			
(4)当 $b_2\geqslant 1$ 时, $r\in[0.39, +\infty)$	$M_{icc}^{PP}>M_{idd}^{PP}$ $M_{2cc}^{PP}>M_{2cd}^{PP}$ $M_{1cd}^{PP}>M_{1dd}^{PP}$			

根据对称性,由 $M_{2cc}^{PP}>M_{2cd}^{PP}$ 可得 $M_{1cc}^{PP}>M_{1dc}^{PP}$。由表 5-6 可知,当 $b<\min(b_1, b_2, b_3, 1)$ 时,$M_{1cc}^{PP}>M_{1dd}^{PP}$,$M_{2cc}^{PP}>M_{2cd}^{PP}$($M_{1cc}^{PP}>M_{1dc}^{PP}$),$M_{1cd}^{PP}>M_{1dd}^{PP}$。当 $0.25<r<0.264$ 时,$b_3<b<1$ 时,$M_{1cc}^{PP}<M_{1dd}^{PP}$,$M_{2cc}^{PP}<M_{2cd}^{PP}$($M_{1cc}^{PP}<M_{1dc}^{PP}$),$M_{1cd}^{PP}<M_{1dd}^{PP}$,得到命题如下。

命题 5-10 (1)当 $b<\min(b_2, 1)$ 时,纯中心化结构是制造商的占优均衡结构。

(2)当 $0.25<r<0.264$ 时,$b_3<b<1$ 时,纯分散化结构是制造商的占优均衡结构。

命题 5-10 表明,如果两个制造商都进行流程创新,则哪种纵向控制结构有利于流程创新取决于竞争环境和制造商的流程创新投资系数。对于制造商而言,如果市场竞争不是很激烈,如图 5-8 区域Ⅰ所示,纯中心化结构是制造商的占优均衡结构,且该区域随着竞争强度的增强而逐渐减小,随着流程创新投资系数的增大而逐渐增大。当供应链间的竞争较为激烈,且投资系数较小,投资额较低,则纯分散化结构是制造商的占优均衡结构,即图 5-8 中的区域Ⅱ,也表明只要竞争强度和流程创新投资系数的取值在该区域内,纯分散化结构都是制造商的占优均衡选择。

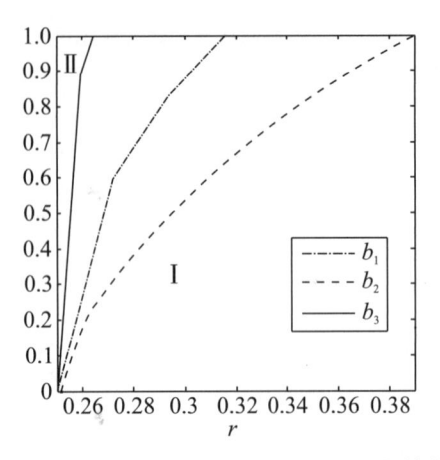

图 5-8 竞争强度边界值 b_1，b_2，b_3 之间的关系

5.3.2 整条供应链角度的纵向控制结构选择

结合 2.3.2 节、3.3.2 节、4.2.2 节，可得 PP 策略的制造商利润和供应链整体利润分别如表 5-7 所示。

表 5-7 PP 策略的供应链整体利润

	供应链系统的利润
纯分散化结构	$T_{idd}^{PP} = \dfrac{r(12r-1)(a-c)^2}{(2br+8r-1)^2}$
混合结构的供应链 1	$T_{1cd}^{PP} = \dfrac{r(a-c)^2(4r-1)(2br-8r+1)^2}{(4b^2r^2-32r^2+12r-1)^2}$
混合结构的供应链 2	$T_{2cd}^{PP} = \dfrac{r(a-c)^2(12r-1)(2br-4r+1)^2}{(4b^2r^2-32r^2+12r-1)^2}$
纯中心化结构	$T_{icc}^{PP} = \dfrac{r(4r-1)(a-c)^2}{(2br+4r-1)^2}$

5.3.2.1 cc 结构与 dd 结构的系统绩效比较

比较纯中心化和纯分散化供应链进行流程创新的供应链系统利润，由表 5-7 得到 T_{icc}^{PP} 与 T_{idd}^{PP} 之差如下：

$$T_{icc}^{PP} - T_{idd}^{PP} = \frac{-32r^4(a-c)^2(b-b_4)(b-b_5)}{(2br+8r-1)^2(2br+4r-1)^2}, \text{其中}$$

$$b_4 = \frac{\sqrt{(12r-1)(4r-1)} - (4r-1)}{4r}$$

$$b_5 = \frac{-\sqrt{(12r-1)(4r-1)} + (4r-1)}{4r}$$

且 $b_4 - 1 = \dfrac{\sqrt{(12r-1)(4r-1)} - (8r-1)}{4r} < 0$，由 b_5 表达式知 $b_5 < 0$。由 $T_{icc}^{PP} - T_{idd}^{PP}$ 之值可得如下命题：

命题 5-11 当 $b < b_4 < 1$ 时，$T_{icc}^{PP} > T_{idd}^{PP}$。否则，$T_{icc}^{PP} < T_{idd}^{PP}$。

命题 5-11 表明，当市场竞争较弱时，纯中心化结构进行流程创新的供应链绩效改进量高于纯分散化结构；当市场竞争加剧时，纯分散化结构下的流程创新带给供应链的绩效改进量高于纯中心化结构。该结论不同于命题 5-7，对于供应链系统而言，在哪种纵向控制结构下进行流程创新，只依赖于供应链间的竞争强度，而对于制造商而言，则需要综合考虑竞争强度和流程创新投资系数。从供应链整体绩效考虑，制造商可以通过由直销模式转为分销模式应对激烈的市场竞争，也说明直销模式适合更温和的市场环境。

5.3.2.2 cc 结构与 cd 结构的系统绩效比较

基于表 5-7 中的数据，当竞争对手采用纯中心化控制结构时，本供应链采用纯中心化和纯分散化结构的供应链系统绩效之差，即 T_{2cc}^{PP} 与 T_{2cd}^{PP} 之差如下

$$T_{2cc}^{PP} - T_{2cd}^{PP} = \dfrac{-128 r^6 (a-c)^2 (b^2 - b_6)(b^2 + b_7)}{(4r^2 b^2 - 32r^2 + 12r - 1)^2 (2br + 4r - 1)^2}，\text{其中}$$

$$b_6 = \dfrac{\sqrt{(4r-1)^3 (12r-1)} + (4r-1)^2}{8r^2}$$

$$b_7 = \dfrac{\sqrt{(4r-1)^3 (12r-1)} - (4r-1)^2}{8r^2}$$

由 b_6 的表达式知 $b_6 > 0$。又由 $12r - 1 > 4r - 1$，易知 $b_7 > 0$。

因 $b < 1$，可比较 b_6 与 1 的关系，具体如下

$$b_6 - 1 = \dfrac{\left[\sqrt{(4r-1)^3 (12r-1)} - (8r - 8r^2 - 1)\right]}{8r^2}$$

因 $8r - 8r^2 - 1 = -8(r - 0.854)(r - 0.146)$，且 $r > 0.25$，易得当 $r \geq 0.854$ 时，$8r - 8r^2 - 1 \leq 0$，$b_6 - 1 > 0$，即 $b_6 > 1$。当 $0.25 < r < 0.854$ 时，$8r - 8r^2 - 1 > 0$，无法得知 b_6 与 1 的关系。为比较 $0.25 < r < 0.854$ 时 b_6 与 1 的关系，$(\sqrt{(4r-1)^3 (12r-1)})^2 - (8r - 8r^2 - 1)^2 = 704r(r - 0.402)[(r - 0.163)^2 + 0.042^2]$，得到当 $0.25 < r < 0.402$ 时，$b_6 - 1$ 的分子小于零，$b_6 < 1$。当 $0.854 > r > 0.402$ 时，$b_6 - 1$ 的分子大于零，$b_6 > 1$；$r = 0.402$ 时，$b_6 = 1$。结合 $r \geq 0.854$ 时，$b_6 > 1$，易得当 $r \geq 0.402$ 时，$b_6 \geq 1$。

综上，可得当 $0.25 < r < 0.402$ 时，$b_6 < 1$；即 $r \geq 0.402$ 时，$b_6 \geq 1$。

由 $T_{2cc}^{PP} - T_{2cd}^{PP}$ 之值可知，当 $0.25 < r < 0.402$，$\sqrt{b_6} < b < 1$ 时，$T_{2cc}^{PP} < T_{2cd}^{PP}$。当 $b < \min(\sqrt{b_6}, 1)$，即 $0.25 < r < 0.402$，$b < \sqrt{b_6} < 1$，或 $r \geq 0.402$，$b < 1 \leq \sqrt{b_6}$，

$T_{2cc}^{PP} > T_{2cd}^{PP}$。由此得到如下命题。

命题 5-12 当 $0.25 < r < 0.402$，$b < \sqrt{b_6} < 1$；或 $r \geq 0.402$，$T_{2cc}^{PP} > T_{2cd}^{PP}$。否则，反之。

命题 5-12 表明，如果竞争对手采用纯中心化结构进行流程创新，制造商 2 若想提高整条供应链的利润，可以选择采用直销模式在竞争较弱的环境下以较低的流程创新投资系数进行流程创新，或者投入较高的创新投资成本由纯分散化的分销模式转为纯中心化的直销模式。如果创新投入成本较低，竞争又较为激烈，则应由直营或直销改为分销（即引入零售商，由零售商直面终端激烈的市场竞争）。

5.3.2.3 cd 结构与 dd 结构的系统绩效比较

本小节将基于制造商 2 采用纯分散化结构，研究制造商 1 是采用纯分散化结构还是纯中心化结构进行流程创新。cd 结构与 dd 结构的供应链系统 1 的绩效之差如下

$$T_{1cd}^{PP} - T_{1dd}^{PP} = \frac{-128 r^6 (a-c)^2 (b^2 - b_8)(b^2 + b_9)}{(4r^2 b^2 - 32r^2 + 12r - 1)^2 (2br + 8r - 1)^2}，其中$$

$$b_8 = \frac{(8r-1)[(4r-1) + \sqrt{(4r-1)(12r-1)}]}{8r^2}$$

$$b_9 = \frac{(8r-1)[\sqrt{(4r-1)(12r-1)} - (4r-1)]}{8r^2}$$

由 b_8 的表达式知 $b_8 > 0$。又由 $12r - 1 > 4r - 1$，可知 $b_9 > 0$。因 $b < 1$，可比较 b_8 与 1 的关系，具体如下

$$b_8 - 1 = \frac{[(8r-1)\sqrt{(4r-1)(12r-1)} - (12r - 24r^2 - 1)]}{8r^2}$$

从 $12r - 24r^2 - 1 = -24(r - 0.394)(r - 0.106)$，得到如下结论：

(1) 当 $r > 0.394$ 时，$12r - 24r^2 - 1 < 0$，$b_8 > 1$。当 $r = 0.394$ 时，$b_8 > 1$，得到 $r \geq 0.394$ 时，$b_8 > 1$。

(2) 当 $0.25 < r < 0.394$ 时，$12r - 24r^2 - 1 > 0$，b_8 与 1 的关系未知，二者之差如下

$$b_8 - 1 = \frac{[(8r-1)^2(4r-1)(12r-1) - (12r - 24r^2 - 1)^2]}{8r^2[(8r-1)\sqrt{(4r-1)(12r-1)} + (12r - 24r^2 - 1)]}$$

$$= \frac{2496(r - 0.27)[(r - 0.109)^2 + 0.009^2]}{8r^2[(8r-1)\sqrt{(4r-1)(12r-1)} + (12r - 24r^2 - 1)]}$$

易得当 $0.394 > r \geq 0.27$ 时，$b_8 \geq 1$，当 $0.25 < r < 0.27$ 时，$b_8 < 1$。因此，当 $r \geq 0.27$ 时，$b_8 \geq 1$，当 $0.25 < r < 0.27$ 时，$b_8 < 1$。

综上，由 $T_{1cd}^{PP} - T_{1dd}^{PP}$ 之值得到当 $0.25 < r < 0.27$，$\sqrt{b_8} < b < 1$ 时，$T_{1cd}^{PP} < T_{1dd}^{PP}$。当 $b < \min(\sqrt{b_8}, 1)$，即 $0.25 < r < 0.27$，$b < \sqrt{b_8} < 1$，或 $r \geq 0.27$，$b <$

$1<\sqrt{b_8}$，$T_{1cd}^{PP}>T_{1dd}^{PP}$。由此得到如下命题。

命题 5-13 当 $b<\min(\sqrt{b_8},1)$ 时，即当 $0.25<r<0.27$，$b<\sqrt{b_8}<1$；或 $r\geqslant 0.27$ 时，$T_{1cd}^{PP}>T_{1dd}^{PP}$。否则，反之。

命题 5-13 表明，当竞争对手采用纯分散化结构进行流程创新，则制造商 1 是采用纯分散化结构还是纯中心化结构依赖于竞争强度和流程创新投资系数。当竞争相对较弱(临界值的大小取决于流程创新投资系数)时，制造商 1 应从纯分散化结构转为纯中心化结构进行流程创新，以获得更高的绩效。若供应链间的竞争加剧，流程创新投资系数又较小，则应由纯中心化结构转为纯分散化结构，以提高供应链系统利润。

由命题 5-11 至命题 5-13 可知，当 $b<\min(b_4,\sqrt{b_6},\sqrt{b_8},1)$ 时，$T_{icc}^{PP}>T_{idd}^{PP}$，$T_{1cc}^{PP}>T_{1dc}^{PP}$（由 $T_{2cc}^{PP}>T_{2cd}^{PP}$ 的对称性可得），$T_{1cd}^{PP}>T_{1dd}^{PP}$。当 $1>b>\min(b_4,\sqrt{b_6},\sqrt{b_8})$ 时，$T_{icc}^{PP}<T_{idd}^{PP}$，$T_{1cc}^{PP}<T_{1dc}^{PP}$（由 $T_{2cc}^{PP}<T_{2cd}^{PP}$ 的对称性可得），$T_{1cd}^{PP}<T_{1dd}^{PP}$，可得如下命题。

命题 5-14 (1) 当 $b<\min(b_4,\sqrt{b_6},\sqrt{b_8},1)$ 时，纯中心化结构是供应链系统角度进行流程创新的占优均衡结构；

(2) 当 $\max(b_4,\sqrt{b_6},\sqrt{b_8})<b<1$ 时，纯分散化结构是供应链系统角度进行流程创新的占优均衡结构。

命题 5-14 识别了何种纵向结构进行流程创新是供应链系统的占优均衡结构。当竞争强度相对较弱(其边界值取决于制造商的流程创新投资系数)，如图 5-9 中下方虚线区域所示，纯中心化结构是供应链系统的占优均衡结构。当竞争强度相对较激烈(其边界值取决于制造商的创新投资系数)，如图 5-9 中左上角实线区域，纯分散化结构时供应链系统的占优均衡结构。综上，若市场竞争环境温和，宜采用直营的方式进行流程创新，直接获得低价带来的全部收益；若市场竞争激烈，宜采用分销模式进行流程创新以规避直面市场竞争，即零售商直面终端竞争，但也享受了制造商通过创新改进单位生产成本带来的纵向溢出效应，不用付出创新成本即"搭便车"。

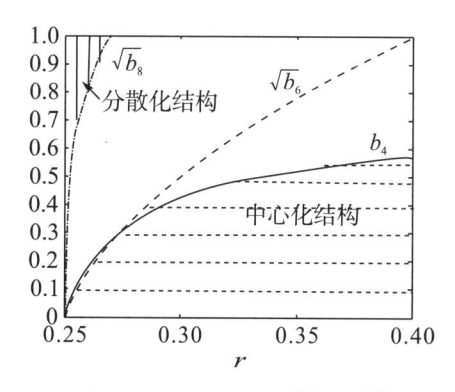

图 5-9 竞争强度边界值 b_4，$\sqrt{b_6}$，$\sqrt{b_8}$ 的大小关系

5.4 仅供应链 2 创新（NP 策略）时的纵向控制结构选择

本节将从制造商利润角度、供应链系统利润角度讨论供应链 1 不进行流程创新、供应链 2 进行流程创新时，不同纵向控制结构（dd 结构、cd 结构、cc 结构三种情形）下的利润，识别进行流程创新的最优纵向控制结构。由 2.3.3 节、3.3.4 节、4.2.3 节可得表 5-8。

表 5-8 NP 策略时制造商的利润和供应链系统利润

	制造商的利润	供应链系统的利润
纯分散化结构 (dd)	$M_{1dd}^{NP} = \dfrac{(2br+1-8r)^2 (a-c)^2}{2(b^2r-16r+2)^2}$	$T_{1dd}^{NP} = \dfrac{3(2br+1-8r)^2 (a-c)^2}{4(b^2r-16r+2)^2}$
	$M_{2dd}^{NP} = \dfrac{r(8r-1)(b-4)^2 (a-c)^2}{4(b^2r-16r+2)^2}$	$T_{2dd}^{NP} = \dfrac{r(12r-1)(b-4)^2 (a-c)^2}{4(b^2r-16r+2)^2}$
混合结构 (cd)	$M_{1cd}^{NP} = \dfrac{(a-c)^2 (2br-8r+1)^2}{4(rb^2+1-8r)^2}$	$T_{1cd}^{NP} = \dfrac{(a-c)^2 (2br-8r+1)^2}{4(rb^2+1-8r)^2}$
	$M_{2cd}^{NP} = \dfrac{r(8r-1)(a-c)^2 (b-2)^2}{4(rb^2+1-8r)^2}$	$T_{2cd}^{NP} = \dfrac{r(12r-1)(a-c)^2 (b-2)^2}{4(rb^2+1-8r)^2}$
纯中心化结构 (cc)	$M_{1cc}^{NP} = \dfrac{(a-c)^2 (4r-1-2br)^2}{4(b^2r-4r+1)^2}$	$T_{1cc}^{NP} = \dfrac{(a-c)^2 (4r-1-2br)^2}{4(b^2r-4r+1)^2}$
	$M_{2cc}^{NP} = \dfrac{r(a-c)^2 (4r-1)(2-b)^2}{4(b^2r-4r+1)^2}$	$T_{2cc}^{NP} = \dfrac{r(a-c)^2 (4r-1)(2-b)^2}{4(b^2r-4r+1)^2}$

5.4.1 制造商角度的纵向控制结构选择

本节将从制造商的角度识别进行流程创新或不进行流程创新采用何种控制结构更有利。首先，基于竞争对手（制造商 2）采用分散化结构进行流程创新，比较制造商 1 不创新分别采用中心化结构与分散化结构时的利润，可得如下命题。

命题 5-15 $M_{1cd}^{NP} > M_{1dd}^{NP}$。

M_{1cd}^{NP} 与 M_{1dd}^{NP} 作差如下

$$M_{1cd}^{NP} - M_{1dd}^{NP} = \frac{(a-c)^2 (2br-8r+1)^2 (128r^2 - b^4r^2 - 32r + 2)}{4(b^2r-8r+1)^2 (b^2r-16r+2)^2}$$

令 $f_1(r) = 128r^2 - b^4r^2 - 32r + 2$，对 $f_1(r)$ 关于 r 求导，$\dfrac{\partial f_1(r)}{\partial r} = 256r - 2b^4r - 32$，因 $r > 0.25$，可得 $\dfrac{\partial f_1(r)}{\partial r} > 32 - 0.5b^4 > 0$，即 $f_1(r)$ 在 $[0.25, +\infty)$ 上单调递增。$f_1(r)$ 关于 r 的最小值 $f(0.25) = \dfrac{32-b^4}{16} > 0$，因而 $f_1(r) > 0$，

$M_{1cd}^{NP} - M_{1dd}^{NP} > 0$,命题 5-15 得证。

命题 5-15 表明,如果制造商 2 基于分散化结构进行流程创新,而制造商 1 不进行流程创新,则制造商 1 采用纯中心化结构比纯分散化结构更有利,因为纯中心化结构下的零售价格更具吸引力($p_{1cd}^{NP} < p_{1dd}^{NP}$),能给制造商 1 带来更高利润。

如果竞争对手制造商(制造商 2)基于不同的纵向控制结构进行流程创新,需比较制造商 1 基于纯中心化结构不进行创新的利润,即 $M_{1cc}^{NP} - M_{1cd}^{NP}$ 之差。令 $M_{1cc}^{NP} - M_{1cd}^{NP}$ 关于创新投资系数临界值为 r_6 和 r_7,其值分别如下

$$r_6 = \frac{b^2 + 2b - 12 + \sqrt{16 - 4b^3 + b^4 + 4b^2}}{4(b-2)(8-b^2+b)}$$

$$r_7 = \frac{b^2 + 2b - 12 - \sqrt{16 - 4b^3 + b^4 + 4b^2}}{4(b-2)(8-b^2+b)}$$

$M_{1cc}^{NP} - M_{1cd}^{NP}$ 作差如下

$$M_{1cc}^{NP} - M_{1cd}^{NP} = \frac{4br^2(a-c)^2(b-2)^2(b^2-b-8)(r-r_6)(r-r_7)}{(b^2r-4r+1)^2(b^2r-8r+1)^2}$$

由于需保证流程创新投资系数 r 大于 0.25,因此需比较 r_6 与 0.25、r_7 与 0.25 的大小关系

$$r_6 - \frac{1}{4} = \frac{b^3 - 2b^2 - 4b + 4 + \sqrt{16 - 4b^3 + b^4 + 4b^2}}{4(b-2)(8-b^2+b)}$$

$$r_7 - \frac{1}{4} = \frac{b^3 - 2b^2 - 4b + 4 - \sqrt{16 - 4b^3 + b^4 + 4b^2}}{4(b-2)(8-b^2+b)}$$

首先,比较 r_6 与 0.25 的大小关系。当 $b \leqslant 0.806$ 时,$b^3 - 2b^2 - 4b + 4 \geqslant 0$,$r_6 - \frac{1}{4} < 0$。当 $b > 0.806$ 时,$b^3 - 2b^2 - 4b + 4 < 0$,$b^3 - 2b^2 - 4b + 4 + \sqrt{16 - 4b^3 + b^4 + 4b^2} = \sqrt{16 - 4b^3 + b^4 + 4b^2} - (4b - b^3 - 4 + 2b^2) = \frac{16 - 4b^3 + b^4 + 4b^2 - (4b - b^3 - 4 + 2b^2)^2}{\sqrt{16 - 4b^3 + b^4 + 4b^2} + (4b - b^3 - 4 + 2b^2)} = \frac{b(b-2)^2(8 - b^3 + 9b)}{\sqrt{16 - 4b^3 + b^4 + 4b^2} + (4b - b^3 - 4 + 2b^2)} > 0$,可得 $r_6 - \frac{1}{4} < 0$。即不管竞争强度如何,$r_6 < 0.25$。

其次,比较 r_7 与 0.25 的大小关系。当 $b \geqslant 0.806$ 时,$b^3 - 2b^2 - 4b + 4 \leqslant 0$,$r_7 > 0.25$。当 $b < 0.806$ 时,$b^3 - 2b^2 - 4b + 4 > 0$,$b^3 - 2b^2 - 4b + 4 - \sqrt{16 - 4b^3 + b^4 + 4b^2} = \frac{(b^3 - 2b^2 - 4b + 4)^2 - (16 - 4b^3 + b^4 + 4b^2)}{b^3 - 2b^2 - 4b + 4 + \sqrt{16 - 4b^3 + b^4 + 4b^2}} = \frac{-b(b-2)^2(8 - b^3 + 9b)}{b^3 - 2b^2 - 4b + 4 + \sqrt{16 - 4b^3 + b^4 + 4b^2}} < 0$,即 r_7 与 0.25 之差的分子 $b^3 - 2b^2 - 4b + 4 - \sqrt{16 - 4b^3 + b^4 + 4b^2} < 0$,而分母 $4(b-2)(8-b^2+b) < 0$,因而 $r_7 > 0.25$。

因 $r_6 < 0.25$,$r_7 > 0.25$,$r > 0.25$,所以 $r < r_7$ 时,$M_{1cc}^{NP} - M_{1cd}^{NP} > 0$;$r > r_7$

时，$M_{1cc}^{NP}-M_{1cd}^{NP}<0$，得到命题如下。

命题 5-16 当 $0.25<r<r_7$ 时，$M_{1cc}^{NP}>M_{1cd}^{NP}$；否则，反之。

命题 5-16 表明，即使采用纯中心化结构的制造商 1 不创新，制造商 2 基于不同的纵向控制结构进行流程创新也会影响制造商 1 的利润。当制造商 2 的流程创新投资系数较小，创新成本投入较低，即图 5-10 中区域Ⅰ，其采用纯中心化结构（相较于分散化结构）更有利于制造商 1。如果制造商 2 的流程创新投资系数较大，则可表示为图 5-10 中区域Ⅱ，制造商 2 采用纯分散化结构反而对制造商 1 更有益。即在竞争供应链环境中，竞争对手的决策会影响自己的利润，即制造商 1 未改变其纵向控制结构，也未进行流程创新，但制造商 2 在不同的纵向控制结构下进行流程创新带给制造商 1 的横向溢出效应不同。制造商 1 应尽可能获悉制造商 2 的创新投资投入，并引导制造商 2 采用有利于制造商 1 的纵向控制结构进行流程创新。

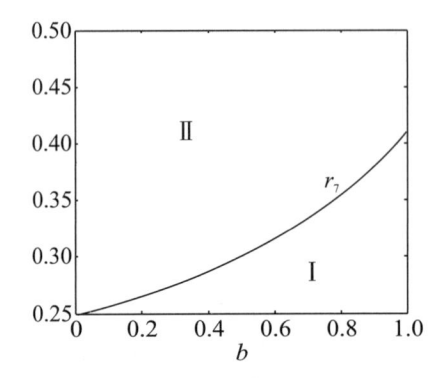

图 5-10 流程创新投资系数临界值 r_7 随竞争强度 b 的变化

如果制造商 1 基于不同的纵向控制结构不进行流程创新，比较制造商 2 基于纯分散化结构进行流程创新时的利润，识别竞争对手采用何种纵向控制结构有利于供应链 2 进行流程创新，M_{2cd}^{NP} 与 M_{2dd}^{NP} 作如下

$$M_{2cd}^{NP}-M_{2dd}^{NP}=\frac{br(8r-1)(a-c)^2(2br-8r+1)(b-4)(b^2+b-8)(r-r_8)}{2(b^2r-16r+2)^2(b^2r-8r+1)^2}$$

式中，r_8 为创新投资系数临界值，$r_8=\frac{8-3b}{2(b-4)(b^2+b-8)}$。

因 $r>\frac{1}{4}$，且 $r_8-\frac{1}{4}=\frac{-(b-2)(b^2-b-8)}{4(b-4)(b^2+b-8)}<0$，所以 $r-r_8>0$。另外，$-(2br-8r+1)>\frac{8-2b}{4}-1=1-0.5b>0$。所以 $br(8r-1)(a-c)^2(2br-8r+1)(b-4)(b^2+b-8)(r-r_8)<0$，即 $M_{2cd}^{NP}-M_{2dd}^{NP}<0$，得到如下命题。

命题 5-17 $M_{2cd}^{NP}<M_{2dd}^{NP}$。

命题 5-17 表明，制造商 2 选择纯分散化结构进行流程创新，制造商 1 即使不创新，其采用不同的控制结构也会影响制造商 2 的利润，且与采用中心化结构相比，制造商 1 采用纯分散化结构，对制造商 2 更有利。如果制造商 2 决定基于分销模式进行流程创新,且希望获得更高利润,则应引导制造商 1 也采用分销模式。

如果制造商 1 基于纯中心化结构不进行流程创新,比较制造商 2 基于纯中心化结构和纯分散化结构进行流程创新时的利润,即

$$M_{2cc}^{NP}-M_{2cd}^{NP}=\frac{-r^4(a-c)^2(b-2)^2(b-b_{10})(b+b_{10})(b^4+(b_{10})^2)}{(b^2r-8r+1)^2(b^2r-4r+1)^2}$$

其中竞争强度临界值 b_{10} 表达式如下

$$b_{10}=\frac{[(8r-1)(4r-1)]^{\frac{1}{4}}}{\sqrt{r}}$$

因 $b_{10}-1=\frac{b_{10}^2-1}{b_{10}+1}=\frac{b_{10}^4-1}{(b_{10}+1)(b_{10}^2+1)}=\frac{31(r-0.266)(r-0.12)}{r^2(b_{10}+1)(b_{10}^2+1)}$

易得当 $0.25<r<0.266$ 时,$b_{10}<1$。

因而当 $0.25<r<0.266$,$1>b>b_{10}$ 时,$M_{2cc}^{NP}-M_{2cd}^{NP}<0$;当 $b<\min(b_{10},1)$ 时,$M_{2cc}^{NP}-M_{2cd}^{NP}>0$,进而得到命题如下。

命题 5－18 当 $b<\min(b_{10},1)$ 时,即当 $0.25<r<0.266$,且 $b<b_{10}<1$;或者 $r\geqslant 0.266$ 时,$M_{2cc}^{NP}>M_{2cd}^{NP}$;否则,反之。

命题 5－18 表明,如果制造商 1 采用直销模式且不进行流程创新,制造商 2 则在竞争较弱(如图 5－11 中区域Ⅳ所示,竞争强度的临界值受创新投资系数影响)时由纯分散化结构(分销模式)转为纯中心化结构(直销模式)进行流程创新,可使自身绩效更高。若竞争加剧(如图 5－11 中区域Ⅲ所示),超过临界值(其大小取决于流程创新投资系数),创新投资成本又较低时,则制造商 2 宜采用纯分散化结构以应对终端竞争。

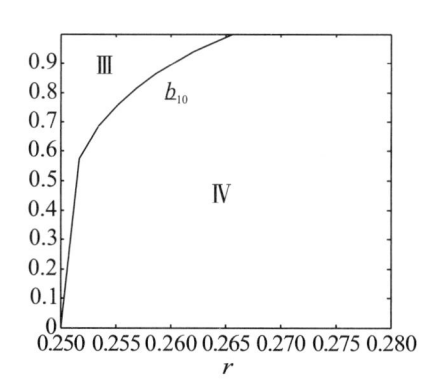

图 5－11 竞争强度临界值 b_{10} 随流程创新投资系数 r 的变化

5.4.2 供应链系统角度的纵向控制结构选择

本节将从供应链系统的角度考虑制造商进行流程创新时如何选择纵向控制结构。首先,针对供应链系统 1 在仅供应链系统 2 创新时,比较其在不同纵向控制结

构下的利润大小关系，识别供应链系统 1 的纵向控制结构选择机制。其次，针对供应链系统 2 在其进行流程创新时，不同的纵向控制结构对其利润的影响，识别其创新时的纵向控制结构偏好。

5.4.2.1 供应链 1 的纵向控制结构选择

本小节将主要对供应链 1 的系统绩效进行比较分析，以识别供应链 1 的纵向结构选择机制。首先，针对供应链 2 采用纯分散化结构进行流程创新，分析供应链 1 采用纯中心化结构和纯分散化结构的利润之差，即 T_{1cd}^{NP} 与 T_{1dd}^{NP} 之差，其表达式如下

$$T_{1cd}^{NP} - T_{1dd}^{NP} = \frac{(a-c)^2 (2br-8r+1)^2 \left[(64+16b^2-2b^4)r^2 - (16+2b^2)r + 1 \right]}{4(b^2r-8r+1)^2(b^2r-16r+2)^2}$$

令 $f_2(r)=(64+16b^2-2b^4)r^2-(16+2b^2)r+1$，对 $f_2(r)$ 关于 r 求导，得到

$$\frac{\partial f_2(r)}{\partial r} = 2(64+16b^2-2b^4)r - (16+2b^2)$$

因 $r>0.25$，得到 $\frac{\partial f_2(r)}{\partial r}>16+6b^2-b^4>0$，即 $f_2(r)$ 在 $[0.25, +\infty)$ 上单调递增。$f_2(r)$ 关于 r 的最小值 $f_2(0.25)=\frac{8+4b^2-b^4}{8}>0$，因而 $f_2(r)>0$，$T_{1cd}^{NP}-T_{1dd}^{NP}>0$，可得命题 5-19。

命题 5-19 $T_{1cd}^{NP}>T_{1dd}^{NP}$。

命题 5-19 表明，竞争对手供应链采用纯分散化结构进行流程创新时，供应链 1 如果采用纯分散化结构，则应从分散化结构转为纯中心化结构，因为中心化结构能给供应链 1 带来更高的利润，且不受竞争强度和对手供应链流程创新投资系数的影响。

如果供应链 1 采用纯中心化结构且不进行流程创新，则竞争对手供应链采用不同的纵向控制结构进行流程创新，会对供应链 1 的利润产生何种影响？通过比较 T_{1cc}^{NP} 与 T_{1cd}^{NP} 的大小，得到如下命题。

命题 5-20 当 $0.25<r<r_7$ 时，$T_{1cc}^{NP}>T_{1cd}^{NP}$；否则，反之。

该命题证明过程同命题 5-16。

命题 5-20 表明即使采用中心化结构（直营或直销模式）的供应链 1 不进行流程创新，其绩效依然受到竞争对手供应链进行流程创新的影响。当竞争对手链的流程创新投资系数相对较小，竞争对手链采用直营或直销模式的中心化结构更有利于供应链 1。如果对手链的流程创新投资系数相对较大，则竞争对手供应链采用分散化结构对供应链 1 更好。即竞争对手链采用不同的纵向控制结构进行创新，其流程创新投资系数不同，横向创新溢出效应不同，会影响供应链 1 的整体利润，供应链 1 可在观测对竞争对手的创新投资额度后，引导对手链采用有利于自身的纵向控制

结构。

5.4.2.2 供应链 2 的纵向控制结构选择

本小节将主要对供应链 2 的系统绩效进行比较分析，以识别供应链 2 创新时的纵向结构选择机制。

首先，针对供应链 1 采用纯中心化结构，且不进行流程创新，分析供应链 2 进行创新，其采用纯中心化结构和纯分散化结构的利润之差，即 T_{2cc}^{NP} 与 T_{2cd}^{NP} 之差。为更好地进行比较分析，设 $T_{2cc}^{NP} - T_{2cd}^{NP}$ 关于流程创新投资系数 r 的临界值为 r_9，其表达式如下

$$r_9 = \frac{b^2+2}{(8-b^4+4b^2)}$$

因 $r>0.25$，比较 r_9 与 0.25 的关系，因为 $r_9 - \frac{1}{4} = \frac{b^4}{4(8-b^4+4b^2)} > 0$，得到 $r_9 > 0.25$。根据 T_{2cc}^{NP} 与 T_{2cd}^{NP} 的大小关系，得到命题如下。

命题 5-21 （1）当 $r>r_9$ 时，$T_{2cc}^{NP}>T_{2cd}^{NP}$；（2）当 $r<r_9$ 时，$T_{2cc}^{NP}<T_{2cd}^{NP}$。

证明：T_{2cc}^{NP} 与 T_{2cd}^{NP} 作差如下

$$T_{2cc}^{NP} - T_{2cd}^{NP} = \frac{-2r^3(a-c)^2(b-2)^2(b^4-4b^2-8)(r-r_9)}{(b^2r-8r+1)^2(b^2r-4r+1)^2}$$

易得当 $r>r_9$ 时，$T_{2cc}^{NP}>T_{2cd}^{NP}$；当 $r<r_9$ 时，$T_{2cc}^{NP}<T_{2cd}^{NP}$。命题 5-21 得证。

命题 5-21 表明，供应链 1 采用纯中心化结构且不进行创新，则供应链 2 采用何种结构进行流程创新依赖于其流程创新投资系数，当供应链 2 的流程创新投资系数相对较大，如图 5-12 中区域Ⅷ所示，则供应链 2 采用纯中心化结构进行创新优于采用纯分散化结构。否则，如果流程创新投资系数较小，如图 5-12 中区域Ⅶ所示，对于供应链 2 而言，纯分散化结构优于纯中心化结构。

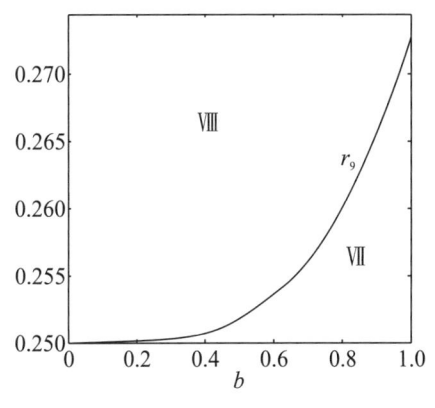

图 5-12 流程创新投资系数临界值 r_9 随竞争强度 b 的变化

对命题 5-20 和命题 5-21 关于流程创新投资系数的临界值进行比较，r_7 与 r_9 作差如下

$$r_7-r_9=\frac{b^6-2b^5-4b^4+8b^3+32b-32+(8+4b^2-b^4)\sqrt{16-4b^3+b^4+4b^2}}{4(2-b)(8-b^2+b)(8+4b^2-b^4)}$$

令 $f_1(b)=b^6-2b^5-4b^4+8b^3+32b-32=(b-0.917)(b+2.404)(b-2.288+0.834i)(b-2.288-0.834i)(b+0.545+1.466i)(b+0.545-1.466i)$，由于 $(b+2.404)(b-2.288+0.834i)(b-2.288-0.834i)(b+0.545+1.466i)(b+0.545-1.466i)>0$，当 $b>0.917$ 时，$f_1(b)>0$；当 $b<0.917$ 时，$f_1(b)<0$。

当 $b>0.917$ 时，$f_1(b)>0$，则 r_7-r_9 的分子大于零，其分母也大于零，于是 $r_7>r_9$。

当 $b<0.917$ 时，$f_1(b)<0$，则 $f_1(b)+(8+4b^2-b^4)\sqrt{16-4b^3+b^4+4b^2}$ 可化简为

$$\frac{[(8+4b^2-b^4)\sqrt{16-4b^3+b^4+4b^2}]^2-[-f_1(b)]^2}{(8+4b^2-b^4)\sqrt{16-4b^3+b^4+4b^2}-f_1(b)}$$
$$=\frac{64b(2-b)(8+b-b^2)(2+b+b^2)}{(8+4b^2-b^4)\sqrt{16-4b^3+b^4+4b^2}-f_1(b)}>0$$

即 r_7-r_9 的分子大于零，其分母也大于零，于是 $r_7>r_9$。

综上，$r_7>r_9$。结合命题 5-20 中"当 $0.25<r<r_7$ 时，$T_{1cc}^{NP}>T_{1cd}^{NP}$"，以及命题 5-21 中"当 $r>r_9$ 时，$T_{2cc}^{NP}>T_{2cd}^{NP}$"，可得如下推论。

推论 5-1 当 $r_9<r<r_7$ 时，$T_{1cc}^{NP}>T_{1cd}^{NP}$，$T_{2cc}^{NP}>T_{2cd}^{NP}$。

推论 5-1 表明如果供应链 1 采用纯中心化结构且不进行流程创新，则当供应链 2 进行流程创新，且流程创新投资系数在适当范围内，其取值范围如图 5-13 区域Ⅷ所示，对于供应链系统 1 和供应链系统 2 的绩效而言，供应链 2 采用中心化结构优于分散化结构，即此时两条竞争供应链均采用纯中心化结构时实现两条链的双赢（均优于纯中心化与纯分散化的混合结构 cd）。但若流程创新投资系数过大（即 $r>r_7$）或过小（即 $r<r_9$），cc 结构和 cd 结构均无法同时实现两个供应链系统绩效的双赢。

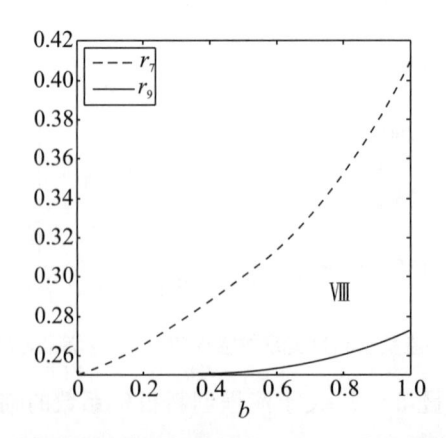

图 5-13 流程创新投资系数临界值 r_7 和 r_9 随竞争强度 b 的变化

其次，针对供应链 1 不进行流程创新但采用不同的纵向控制结构的情形下，供应链 2 基于纯分散化结构进行流程创新，比较供应链 2 在竞争对手采用纯分散化结构和纯中心化结构时的供应链系统利润，其差值如下

$$T_{2dd}^{NP}-T_{2cd}^{NP}=\frac{-br(a-c)^2(12r-1)[(2b^3-6b^2-24b+64)r+3b-8](2br-8r+1)}{4(b^2r-8r+1)^2(b^2r-16r+2)^2}$$

令 $f_3(r)=(2b^3-6b^2-24b+64)r+3b-8$，对 $f_3(r)$ 关于 r 求导，得到 $f_3(r)$ 关于 r 的一阶导数如下

$$\frac{\partial f_3(r)}{\partial r}=2b^3-6b^2-24b+64>0$$

说明 $f_3(r)$ 关于 r 是单调递增函数。因 $r>0.25$，所以可得 $f_3\left(\frac{1}{4}\right)$ 如下

$$f_3\left(\frac{1}{4}\right)=\frac{(b^2-b-8)(b-2)}{2}>0，因此 f_3(r)>0$$

同理，令 $f_4(r)=-(2br-8r+1)$，对 $f_4(r)$ 关于 r 求导，得到

$$\frac{\partial f_4(r)}{\partial r}=8-2b>0。又 f_4\left(\frac{1}{4}\right)=\frac{7-2b}{4}>0，因此 f_4(r)>0$$

综上，由 $f_3(r)>0$，$f_4(r)>0$，可得 $T_{2dd}^{NP}-T_{2cd}^{NP}>0$，因此得到如下命题。

命题 5-22 $T_{2dd}^{NP}>T_{2cd}^{NP}$。

命题 5-22 表明，供应链 1 不进行流程创新，但其采用不同的纵向控制结构依然对供应链 2 的利润产生影响，即使供应链 2 在纯分散化结构下进行流程创新。不管市场竞争和供应链 2 的流程创新投资系数如何，供应链 2 在供应链 1 采用纯分散化结构时的利润更高，因而其应引导供应链 1 采用纯分散化结构，而非一体化结构。

最后，考虑两条供应链均采用纯中心化结构或均采用纯分散化结构时的利润大小，识别供应链系统 2 进行流程创新更偏好于哪种纵向控制结构。T_{2cc}^{NP} 与 T_{2dd}^{NP} 作差如下

$$T_{2cc}^{NP}-T_{2dd}^{NP}=\frac{-2r(a-c)^2(b-0.732)(b+2.732)(b^2-6b+8)^2(r-r_{10})(r-r_{11})(r-r_{12})}{(b^2r-4r+1)^2(b^2r-16r+2)^2}$$

式中，

$$r_{10}=\frac{H}{3I}+\left\{\frac{H^3}{27I^3}+\frac{8b-3b^2}{2I}+\sqrt{\left(\frac{H^3}{27I^3}+\frac{8b-3b^2}{2I}-\frac{JH}{6I^2}\right)^2-\left(\frac{H^2}{9I^2}-\frac{J}{3I}\right)^3}-\frac{JH}{6I^2}\right\}^{\frac{1}{3}}+$$

$$\frac{\left(\frac{H^2}{9I^2}-\frac{J}{3I}\right)}{\left\{\frac{H^3}{27I^3}+\frac{8b-3b^2}{2I}+\sqrt{\left(\frac{H^3}{27I^3}+\frac{8b-3b^2}{2I}-\frac{JH}{6I^2}\right)^2-\left(\frac{H^2}{9I^2}-\frac{J}{3I}\right)^3}-\frac{JH}{6I^2}\right\}^{\frac{1}{3}}}$$

$$H=28b^4-4b^5+64b^3-720b^2+1152b-256$$

$$I=8b^6-80b^5+208b^4+256b^3-1856b^2+2560b-1024$$

$$J = 2b^4 - 76b^2 + 160b$$

r_{11} 和 r_{12} 是共轭复数根，$(r-r_{11})(r-r_{12})>0$，因此，当 $(b-0.732)(r-r_{10})>0$ 时，$T_{2cc}^{NP}-T_{2dd}^{NP}<0$；当 $(b-0.732)(r-r_{10})<0$ 时，$T_{2cc}^{NP}-T_{2dd}^{NP}>0$。得 $b>0.732$，$r>r_{10}$，或 $b<0.732$，$r<r_{10}$，$T_{2cc}^{NP}-T_{2dd}^{NP}<0$。或者当 $b<0.732$，$r>r_{10}$ 或者 $b>0.732$，$r<r_{10}$，$T_{2cc}^{NP}-T_{2dd}^{NP}>0$，可得如下命题。

命题 5-23 当 $b<0.732$，$r>\min(r_{10},0.25)$ 时，或者 $b>0.732$，$0.25<r<r_{10}$ 时，$T_{2cc}^{NP}>T_{2dd}^{NP}$。否则，反之。

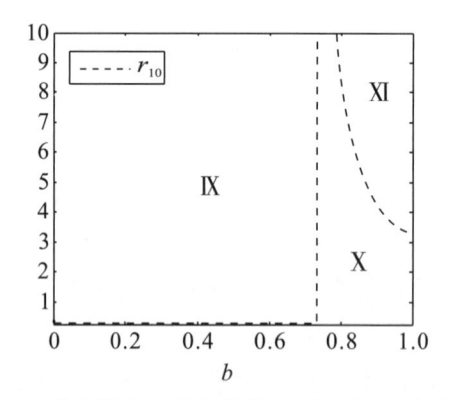

命题 5-23 表明当市场竞争相对较弱，供应链 2 的流程创新投资系数相对较大，创新投资额相对较高，如图 5-14 区域Ⅸ所示，供应链 2 采用中心化结构优于分散化结构。若竞争加剧，且供应链 2 依然采用中心化结构，则可以调低流程创新投资系数在适当范围内(如图 5-14 区域Ⅹ所示)。或者竞争加剧，流程创新投资系数在图 5-14 区域Ⅺ范围内，制造商由中心化结构转为分散化结构也能使得获得相对较大的绩效改进。即两条供应链同时采用纯分散化结构或纯中心化结构，其结构的选择同时依赖于竞争强度和流程创新投资系数。

图 5-14 创新投资系数临界值 r_{10} 随竞争强度 b 的变化

5.5 仅供应链 1 创新（PN 策略）时的纵向控制结构选择

本节将从制造商利润角度、供应链系统利润角度讨论供应链 1 进行流程创新、供应链 2 不进行流程创新时，不同纵向控制结构（dd 结构、cd 结构、cc 结构）下的利润，识别制造商角度、供应链系统角度的最优纵向控制结构。由 2.3.3 节（根据对称性）、3.3.3 节、4.2.3 节（根据对称性）可得表 5-9。

表 5-9 PN 策略的制造商的利润和供应链整体利润表

	制造商的利润	供应链系统的利润
纯分散化结构 (dd)	$M_{1dd}^{PN} = \dfrac{r(8r-1)(b-4)^2(a-c)^2}{4(b^2r-16r+2)^2}$	$T_{1dd}^{PN} = \dfrac{r(12r-1)(b-4)^2(a-c)^2}{4(b^2r-16r+2)^2}$
	$M_{2dd}^{PN} = \dfrac{(2br+1-8r)^2(a-c)^2}{2(b^2r-16r+2)^2}$	$T_{2dd}^{PN} = \dfrac{3(2br+1-8r)^2(a-c)^2}{4(b^2r-16r+2)^2}$
混合结构 (cd)	$M_{1cd}^{PN} = \dfrac{r(4r-1)(a-c)^2(b-4)^2}{4(rb^2+2-8r)^2}$	$T_{1cd}^{PN} = \dfrac{r(4r-1)(a-c)^2(b-4)^2}{4(rb^2+2-8r)^2}$
	$M_{2cd}^{PN} = \dfrac{(a-c)^2(2br-4r+1)^2}{2(rb^2+2-8r)^2}$	$T_{2cd}^{PN} = \dfrac{3(a-c)^2(2br-4r+1)^2}{4(rb^2+2-8r)^2}$
纯中心化结构 (cc)	$M_{1cc}^{PN} = \dfrac{r(a-c)^2(4r-1)(2-b)^2}{4(b^2r-4r+1)^2}$	$T_{1cc}^{PN} = \dfrac{r(a-c)^2(4r-1)(2-b)^2}{4(b^2r-4r+1)^2}$
	$M_{2cc}^{PN} = \dfrac{(a-c)^2(4r-1-2br)^2}{4(b^2r-4r+1)^2}$	$T_{2cc}^{PN} = \dfrac{(a-c)^2(4r-1-2br)^2}{4(b^2r-4r+1)^2}$

5.5.1 制造商角度的纵向控制结构选择

首先，从制造商的角度识别进行流程创新或不进行流程创新时，制造商采用何种控制结构更有利。其次，基于竞争对手(制造商 2)采用纯分散化结构进行流程创新的情形，比较制造商 1 不创新分别采用纯中心化结构与纯分散化结构时的利润。

5.5.1.1 制造商 1 的纵向控制结构选择

如果制造商 2 采用纯分散化结构且不进行流程创新，则制造商 1 采用纯中心化结构创新和采用纯分散化结构创新的利润之差如下

$$M_{1cd}^{PN} - M_{1dd}^{PN} = \dfrac{-r^2(a-c)^2(b-4)^2(b^4r^2-128r^2+48r-4)}{(rb^2+2-8r)^2(b^2r-16r+2)^2}$$

为更好比较 M_{1cd}^{PN} 和 M_{1dd}^{PN}，令 $b_{11} = \left[\dfrac{4(8r-1)(4r-1)}{r^2}\right]^{\frac{1}{4}}$，则 $M_{1cd}^{PN} - M_{1dd}^{PN}$ 之值如下

$$M_{1cd}^{PN} - M_{1dd}^{PN} = \dfrac{-r^4(a-c)^2(b-4)^2(b-b_{11})(b+b_{11})(b^2+b_{11}^2)}{(rb^2+2-8r)^2(b^2r-16r+2)^2}$$

因 $b_{11} - 1 = \left[\dfrac{4(8r-1)(4r-1)}{r^2}\right]^{\frac{1}{4}} = \dfrac{b_{11}^4-1}{(b_{11}+1)(b_{11}^2+1)} = \dfrac{(127r^2-48r+4)}{r^2(b_{11}+1)(b_{11}^2+1)}$，且 $127r^2-48r+4 = 127(r-0.254)(r-0.124)$，易得当 $r<0.254$ 时，$b_{11}<1$。否则，反之。由此得到当 $b<b_{11}$ 时，$M_{1cd}^{PN} - M_{1dd}^{PN} > 0$；当 $b>b_{11}$ 时，$M_{1cd}^{PN} - M_{1dd}^{PN} < 0$。

命题 5-24 (1)当 $0.25<r<0.254$，$b_{11}<b<1$ 时，$M_{1cd}^{PN} < M_{1dd}^{PN}$。

(2)当 $b<\min(b_{11},1)$ 时，即 $0.25<r<0.254$，$b<b_{11}$ 时，或者 $r \geqslant 0.254$ 时，

$M_{1cd}^{PN} > M_{1dd}^{PN}$。

命题 5-24 拓展了 McGuire & Staline 的研究成果，即分散化结构有利于应对激烈的价格竞争。该命题显示产品的数量竞争相对较为激烈，且制造商的流程创新投资系数较小（如图 5-15 区域 I 所示），创新成本投入相对较低时，制造商宜采用纯分散化结构进行流程创新，而非纯中心化结构。即纯分散化结构有利于企业进行低成本的流程创新，并应对相对激烈的数量竞争环境。

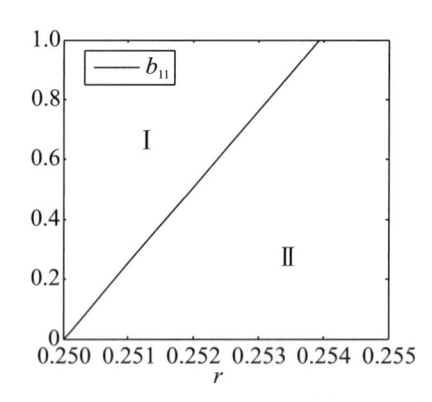

图 5-15　竞争强度临界值 b_{11} 随流程创新投资系数 r 的变化

而如果制造商采用纯中心化结构进行流程创新且想获得高于分散化结构的绩效，则需依据市场竞争环境选择合适的流程创新投资系数，例如在市场竞争较弱时投入较低的创新成本，在市场竞争较为激烈时，投入较高的创新成本，如图 5-15 区域 II 所示。该可行区域随着流程创新投资系数的增大而增大，随着竞争加剧而逐渐减小。

如果制造商 1 采用中心化结构进行流程创新，则其竞争对手不进行流程创新，但采用不同的纵向结构，对其利润的影响如何？以下将比较 M_{1cc}^{PN} 与 M_{1cd}^{PN}，其差值如下

$$M_{1cc}^{PN} - M_{1cd}^{PN} = \frac{br(a-c)^2(4r-1)(32r-12br-6rb^2+2rb^3+3b-8)(2br-4r+1)}{4(rb^2+2-8r)^2(b^2r-4r+1)^2}$$

令 $f_5(r) = 32r - 12br - 6rb^2 + 2rb^3 + 3b - 8 = 2(2-b)(8+b-b^2)(r-r_{13})$，其中 $r_{13} = \dfrac{3b-8}{2(b-2)(8+b-b^2)}$。

由于 $r_5 = \dfrac{1}{4-2b}$（见 5.2.3 节），因此 $M_{1cc}^{PN} - M_{1cd}^{PN}$ 之值可化简为

$$M_{1cc}^{PN} - M_{1cd}^{PN} = \frac{2br(a-c)^2(4r-1)(2-b)(8+b-b^2)(r-r_{13})(2b-4)(r-r_5)}{4(rb^2+2-8r)^2(b^2r-4r+1)^2}$$

$r_5 - r_{13} = \dfrac{-b(4-b)}{2(b-2)(8+b-b^2)} > 0$，即 $r_5 > r_{13}$。

$r_{13} - \dfrac{1}{4} = \dfrac{b^2(b-3)}{4(b-2)(8+b-b^2)} > 0$，即 $r_{13} > 0.25$，得到 $r_5 > r_{13} > 0.25$。

当 $r_{13}<r<r_5$ 时，$M_{1cc}^{PN}-M_{1cd}^{PN}>0$；当 $r>r_5$ 时，或者 $0.25<r<r_{13}$ 时，$M_{1cc}^{PN}-M_{1cd}^{PN}<0$，得到如下命题。

命题 5-25 （1）当 $r_{13}<r<r_5$ 时，$M_{1cc}^{PN}>M_{1cd}^{PN}$。

（2）当 $r>r_5$ 时，或者 $0.25<r<r_{13}$ 时，$M_{1cc}^{PN}<M_{1cd}^{PN}$。

命题 5-25 表明，制造商 1 以纯中心化结构进行流程创新，其竞争对手即使不创新，但其纵向结构会对制造商 1 的绩效产生不同影响。当制造商 1 的流程创新投资系数适中，如图 5-16 中区域Ⅳ所示，制造商 2 采用中心化结构更有利于制造商 1 进行流程创新。如果制造商 1 的流程创新投资系数较大，如图 5-16 中区域Ⅴ所示，或者绩效创新投资系数较小，如图 5-16 中区域Ⅲ所示，制造商 2 采用纯分散化结构能使制造商 1 的利润更高。即制造商 1 的流程创新投资系数和竞争对手选择何种纵向控制结构均会影响制造商 1 的绩效。

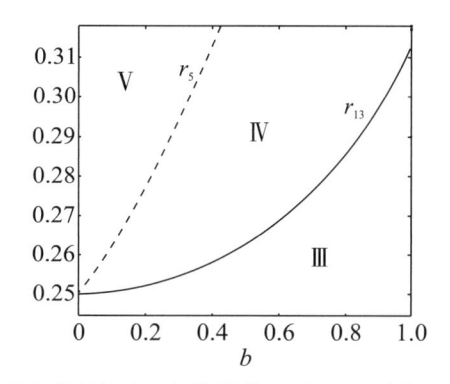

图 5-16 流程创新投资系数临界值 r_5 和 r_{13} 随竞争强度 b 的变化

如果制造商 1 和制造商 2 均采用相同的纵向控制结构，则制造商 1 在何种纵向控制结构下进行流程创新能获得更高利润？下面将比较 M_{1cc}^{PN} 与 M_{1dd}^{PN} 的大小关系，以识别制造商 1 进行流程创新的均衡控制结构。为更好进行比较分析，令 K，M，N 的值分别如下

$$K=4b^5-36b^4+624b^2-1408b+768$$
$$M=4b^6-48b^5+176b^4-1408b^2+3072b-2048$$
$$N=2b^4-80b^2+192b-64$$

$$M_{1cc}^{PN}-M_{1dd}^{PN}=\frac{-r(a-c)^2(b^2-8)(b^2-6b+8)(r-r_{14})(r-r_{15})(r-r_{16})}{(rb^2+2-16r)^2(b^2r-4r+1)^2}$$

式中，

$$r_{14}=\frac{\frac{K^2}{9M^2}-\frac{N}{3M}}{\left\{\frac{(8b-3b^2)}{2M}-\frac{K^3}{27M^3}+\sqrt{\left(\frac{(8b-3b^2)}{2M}-\frac{K^3}{27M^3}+\frac{NK}{6M^2}\right)^2-\left(\frac{K^2}{9M^2}-\frac{N}{3M}\right)^3}+\frac{NK}{6M^2}\right\}^{\frac{1}{3}}}+$$
$$\left\{\frac{(8b-3b^2)}{2M}-\frac{K^3}{27M^3}+\sqrt{\left(\frac{(8b-3b^2)}{2M}-\frac{K^3}{27M^3}+\frac{NK}{6M^2}\right)^2-\left(\frac{K^2}{9M^2}-\frac{N}{3M}\right)^3}+\frac{NK}{6M^2}\right\}^{\frac{1}{3}}-\frac{K}{3M}$$

r_{15} 和 r_{16} 为共轭复数根，$(r-r_{15})(r-r_{16})>0$，所以当 $r>r_{14}$ 时，$M_{1cc}^{PN}-M_{1dd}^{PN}>0$；当 $r<r_{14}$ 时，$M_{1cc}^{PN}-M_{1dd}^{PN}<0$。结合 $r>0.25$，得到相关命题如下。

命题 5-26 （1）当 $r>\max(r_{14}, 0.25)$ 时，$M_{1cc}^{PN}>M_{1dd}^{PN}$。

（2）当 $0.25<r<r_{14}$ 时，$M_{1cc}^{PN}<M_{1dd}^{PN}$。

命题 5-26 表明，当两个制造商采用相同的纵向控制结构，则制造商 1 进行流程创新的绩效仅受其流程创新投资系数的影响。当制造商 1 的创新投资额较大时，其流程创新投资系数如图 5-17 中区域Ⅵ所示，采用直营模式或直销模式的纯中心化结构优于分销模式的纯分散化结构。如果制造商 1 的流程创新投资额度相对较小，其流程创新投资系数如图 5-17 中区域Ⅶ所示，则分散化结构带来的绩效高于纯中心化结构。

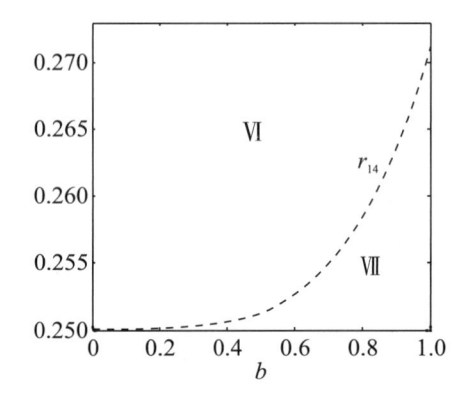

图 5-17 流程创新投资系数临界值 r_{14} 随竞争强度 b 的变化

5.5.1.2 制造商 2 的纵向控制结构选择

本小节将从制造商 2 的角度识别其纵向控制结构选择机制。虽然制造商 2 不进行流程创新，但其竞争对手制造商 1 进行流程创新，本小节将考察竞争对手不同的纵向控制结构和流程创新投资系数对制造商 2 的纵向结构选择有无影响。

首先，如果制造商 1 基于纯中心化结构进行流程创新，制造商 2 不创新，其选择纯中心化结构和纯分散化结构的利润之差为

$$M_{2cc}^{PN}-M_{2cd}^{PN}=\frac{(a-c)^2(2br-4r+1)^2(b^4r^2-32r^2+16r-2)}{-4(rb^2+2-8r)^2(b^2r-4r+1)^2}$$

令 $b^4r^2-32r^2+16r-2$ 关于竞争强度 b 的临界值为 b_{12}，b_{12} 表达式如下

$$b_{12}=\frac{[2(4r-1)^2]^{\frac{1}{4}}}{\sqrt{r}}$$

$M_{2cc}^{PN}-M_{2cd}^{PN}$ 之值为

$$M_{2cc}^{PN}-M_{2cd}^{PN}=\frac{r^2(a-c)^2(2br-4r+1)^2(b-b_{12})(b+b_{12})(b^2+b_{12}^2)}{-4(rb^2+2-8r)^2(b^2r-4r+1)^2}$$

$$b_{12}-1=\frac{b_{12}^2-1}{b_{12}+1}=\frac{b_{12}^4-1}{(b_{12}+1)(b_{12}^2+1)}=\frac{31r^2-16r+2}{r^2}\frac{1}{(b_{12}+1)(b_{12}^2+1)}=\frac{31(r-0.304)(r-0.212)}{r^2(b_{12}+1)(b_{12}^2+1)}$$

可得当 $r<0.304$ 时，$b_{12}<1$；当 $r\geqslant 0.304$ 时，$b_{12}\geqslant 1$。当 $b<\min(b_{12},1)$ 时，$M_{2cc}^{PN}-M_{2cd}^{PN}>0$；当 $b_{12}<b<1$ 时，$M_{2cc}^{PN}-M_{2cd}^{PN}<0$。

命题 5-27 （1）当 $0.25<r<0.304$，$0<b<b_{12}$ 时；或者当 $r\geqslant 0.304$ 时，$M_{2cc}^{PN}>M_{2cd}^{PN}$。

（2）当 $0.25<r<0.304$，$b_{12}<b<1$ 时，$M_{2cc}^{PN}<M_{2cd}^{PN}$。

命题 5-27 表明，即使制造商 2 不进行流程创新，制造商 1 的流程创新投资系数和供应链间的竞争强度均会影响制造商 2 的纵向控制结构选择。如果制造商 1 基于纯中心化结构进行流程创新，制造商 2 若由纯分散化结构转为纯中心化结构，其应引导制造商 1 提高创新投资额以提高自身的利润。如果制造商 1 无法投入较高的流程创新成本，则双方应弱化两条供应链间的竞争强度（如图 5-18 区域Ⅷ所示）。如果无法使得制造商 1 加大创新投资，也无法弱化供应链间的竞争强度（即竞争较为激烈，如图 5-18 区域Ⅶ所示），制造商 2 应采用纯分散化结构，而非纯中心化结构。

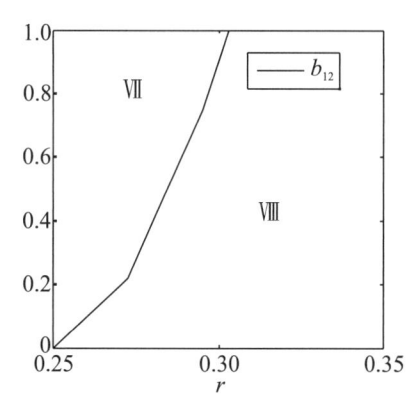

图 5-18 竞争强度临界值 b_{12} 随流程创新投资系数 r 的变化

如果制造商 2 采用纯分散化结构，且不进行流程创新，制造商 1 采用不同的纵向控制结构进行流程创新，是否会对制造商 2 的利润有所影响。M_{2cd}^{PN} 与 M_{2dd}^{PN} 的利润差如下

$$M_{2cd}^{PN}-M_{2dd}^{PN}=\frac{4br^2(a-c)^2(b-4)(2b^3r^2-6b^2r^2+b^2r-24br^2+4br+64r^2-24r+2)}{(rb^2+2-8r)^2(b^2r-16r+2)^2}$$

令 $f_6(r)=2b^3r^2-6b^2r^2+b^2r-24br^2+4br+64r^2-24r+2$，其关于创新投资系数的临界值分别为 r_{17} 和 r_{18}，其表达式分别如下

$$r_{17}=\frac{b^2+4b-24+\sqrt{b^4-8b^3+16b^2+64}}{-4(4-b)(8-b-b^2)}$$

$$r_{18}=\frac{b^2+4b-24-\sqrt{b^4-8b^3+16b^2+64}}{-4(4-b)(8-b-b^2)}$$

因而 $M_{2cd}^{PN} - M_{2dd}^{PN}$ 之值可化简为

$$M_{2cd}^{PN} - M_{2dd}^{PN} = \frac{4br^2(a-c)^2(b-4)(2b^3 - 6b^2 - 24b + 64)(r-r_{17})(r-r_{18})}{(rb^2 + 2 - 8r)^2(b^2r - 16r + 2)^2}$$

$$r_{17} - \frac{1}{4} = \frac{b^3 - 2b^2 - 8b + 8 + \sqrt{b^4 - 8b^3 + 16b^2 + 64}}{-4(4-b)(8-b-b^2)}$$

$$r_{18} - \frac{1}{4} = \frac{b^3 - 2b^2 - 8b + 8 - \sqrt{b^4 - 8b^3 + 16b^2 + 64}}{-4(4-b)(8-b-b^2)}$$

$b^3 - 2b^2 - 8b = (b-3.6)(b-0.89)(b+2.49)$，因为 $b<1$，所以，当 $b \leqslant 0.89$ 时，$b^3 - 2b^2 - 8b \geqslant 0$；$b > 0.89$ 时，$b^3 - 2b^2 - 8b < 0$。

r_{17} 与 0.25 的大小关系：当 $b \leqslant 0.89$ 时，$b^3 - 2b^2 - 8b \geqslant 0$，易知 $r_{17} - 0.25$ 的分子大于零，分母小于零，可得 $r_{17} < 0.25$。当 $b > 0.89$ 时，$b^3 - 2b^2 - 8b < 0$，

$$b^3 - 2b^2 - 8b + 8 + \sqrt{b^4 - 8b^3 + 16b^2 + 64} = \frac{b(4-b)(8-b-b^2)(4-b^2+b)}{\sqrt{b^4 - 8b^3 + 16b^2 + 64} + [-(b^3 - 2b^2 - 8b + 8)]} > 0,$$

$r_{17} - 0.25$ 的分子大于零，又因其分母小于零，可得 $r_{17} < 0.25$，因此 r_{17} 恒小于 0.25。

r_{18} 与 0.25 的大小关系：当 $b \leqslant 0.89$ 时，$b^3 - 2b^2 - 8b \geqslant 0$，$b^3 - 2b^2 - 8b + 8 - \sqrt{b^4 - 8b^3 + 16b^2 + 64} = \dfrac{-b(4-b)(8-b-b^2)(4-b^2+b)}{b^3 - 2b^2 - 8b + 8 + \sqrt{b^4 - 8b^3 + 16b^2 + 64}} < 0$，易知 $r_{18} - 0.25$ 的分子小于零，其分母小于零，可得 $r_{18} > 0.25$。当 $b > 0.89$ 时，$b^3 - 2b^2 - 8b < 0$，易知 $r_{18} - 0.25$ 的分子小于零，其分母小于零，可得 $r_{18} > 0.25$，因此 r_{18} 恒大于 0.25。

综上，当 $r < r_{18}$ 时，$M_{2cd}^{PN} > M_{2dd}^{PN}$；$r > r_{18}$ 时，$M_{2cd}^{PN} < M_{2dd}^{PN}$ 可得相关命题如下。

命题 5-28 当 $0.25 < r < r_{18}$ 时，$M_{2cd}^{PN} > M_{2dd}^{PN}$；当 $r > r_{18}$ 时，$M_{2cd}^{PN} < M_{2dd}^{PN}$。

命题 5-28 表明，即使制造商 2 确定采用纯分散化结构，且不进行流程创新，其利润也不是一成不变，而是会受到制造商 1 的流程创新投资系数和其不同纵向控制结构的影响。如果制造商 1 由纯分散化结构转为纯中心化结构，且其流程创新投资系数较小，如图 5-19 区域 X 所示，则制造商 2 的利润会得到改进。若制造商 1 加大创新投资成本，创新投资系数超过特定值，即创新投资系数在图 5-19 区域 IX 范围内，则制造商 2 的利润会下降，该利润下降非制造商 1 本身造成。此时制造商 2 应引导制造商 1 由纯中心化结构转为纯分散化结构，或者减少创新投资额。

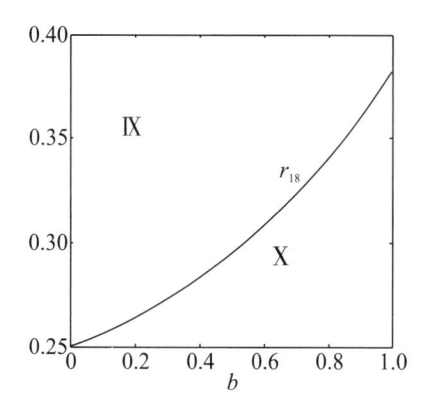

图 5-19 流程创新投资系数临界值 r_{18} 随竞争强度 b 的变化

5.5.2 供应链系统角度的纵向控制结构选择

本节将从供应链系统的角度识别纵向控制结构的选择机制。如果供应链 2 不进行流程创新，且采用分散化结构，则供应链 1 应如何选择纵向控制结构。首先，将 T_{1cd}^{PN} 与 T_{1dd}^{PN} 作差，其表达式如下

$$T_{1cd}^{PN} - T_{1dd}^{PN} = \frac{-2r^3(a-c)^2(b-4)^2(b^4r - 8b^2r - 32r + 2b^2 + 8)}{(rb^2 + 2 - 8r)^2(b^2r - 16r + 2)^2}$$

令 $T_{1cd}^{PN} - T_{1dd}^{PN}$ 关于创新投资系数的有效临界值为 r_{19}，其值为 $r_{19} = \frac{8 + 2b^2}{32 - b^4 + 8b^2}$，则 T_{1cd}^{PN} 与 T_{1dd}^{PN} 之差为

$$T_{1cd}^{PN} - T_{1dd}^{PN} = \frac{2r^3(a-c)^2(b-4)^2(32 - b^4 + 8b^2)(r - r_{19})}{(rb^2 + 2 - 8r)^2(b^2r - 16r + 2)^2}$$

因 $r_{19} - \frac{1}{4} = \frac{2b^4}{32 - b^4 + 8b^2} > 0$，即 $r_{19} > 0.25$。当 $r > r_{19}$ 时，$T_{1cd}^{PN} - T_{1dd}^{PN} > 0$；或者 $0.25 < r < r_{19}$ 时，$T_{1cd}^{PN} - T_{1dd}^{PN} < 0$。

命题 5-29 当 $r > r_{19}$ 时，$T_{1cd}^{PN} > T_{1dd}^{PN}$；否则，当 $0.25 < r < r_{19}$ 时，$T_{1cd}^{PN} < T_{1dd}^{PN}$。

命题 5-29 表明，供应链 1 的纵向控制结构选择主要取决于其流程创新投资系数，当流程创新投资系数较大（其临界值的大小依赖于供应链间的竞争强度），如图 5-20 区域 XI 所示，则供应链 1 应由纯分散化结构转为纯中心化结构，避免流程创新纵向溢出。而当其能提供的创新投资系数相对较小，如图 5-20 区域 XII 所示，创新投入成本有限，则应由纯中心化结构转为纯分散化结构，以提高整条供应链的利润。

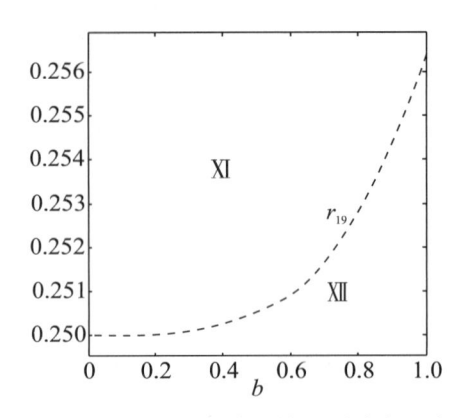

图 5-20 流程创新投资系数临界值 r_{19} 随竞争强度 b 的变化

如果供应链 1 采用纯中心化结构进行流程创新，则供应链 2 基于系统绩效的角度应选择哪种纵向控制结构？比较 T_{2cc}^{PN} 与 T_{2cd}^{PN} 的利润大小，二者作差如下

$$T_{2cc}^{PN} - T_{2cd}^{PN} = \frac{(a-c)^2(2br+1-4r)^2(8+4b^2-b^4)(r-r_{20})(r-r_{21})}{2(rb^2+1-4r)^2(b^2r-8r+2)^2}$$

式中，$r_{20} = \dfrac{\sqrt{3}b^2+b^2+4}{2(8+4b^2-b^4)}$，$r_{21} = \dfrac{4-\sqrt{3}b^2+b^2}{2(8+4b^2-b^4)}$。

因 $r_{20} - \dfrac{1}{4} = \dfrac{b^2(2\sqrt{3}+b^2-2)}{4(8+4b^2-b^4)} > 0$，$r_{21} - \dfrac{1}{4} = \dfrac{b^2(b^2-2\sqrt{3}-2)}{4(8+4b^2-b^4)} < 0$，即 $r_{20} > 0.25$，$r_{21} < 0.25$。

当 $r > r_{20}$ 时，$T_{2cc}^{PN} > T_{2cd}^{PN}$；否则，当 $r < r_{20}$ 时，$T_{2cc}^{PN} < T_{2cd}^{PN}$。

命题 5-30 当 $r > r_{20}$ 时，$T_{2cc}^{PN} > T_{2cd}^{PN}$；否则，当 $0.25 < r < r_{20}$ 时，$T_{2cc}^{PN} < T_{2cd}^{PN}$。

命题 5-30 表明，当供应链系统 1 的创新投资成本较高，流程创新投资系数较大（其临界值大小依赖于竞争强度），如图 5-21 区域 i 所示，供应链 2 采用纯中心化结构优于纯分散化结构。反之，如果供应链 1 的创新投入相对较低，其流程创新投资系数范围如图 5-21 区域 ii 所示，则供应链 2 应由纯中心化结构转为纯分散化结构，以提高整条供应链的利润。

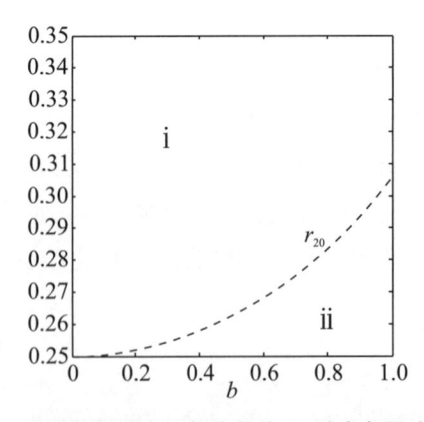

图 5-21 流程创新投资系数临界值 r_{20} 随竞争强度 b 的变化

如果供应链 2 不进行流程创新，且采用纯分散化结构，供应链 1 采用不同的控制结构进行流程创新，会如何影响供应链 2 的系统利润？比较 T_{2cd}^{PN} 与 T_{2cd}^{PN} 大小，二者作差如下

$$T_{2cd}^{PN} - T_{2dd}^{PN} = \frac{6br^2(a-c)^2(b-4)(2b^3r^2 - 6b^2r^2 + b^2r - 24br^2 + 4br + 64r^2 - 24r + 2)}{(rb^2 + 2 - 8r)^2(b^2r - 16r + 2)^2}$$

令 $r_{17} = \dfrac{b^2 + 4b - 24 + \sqrt{b^4 - 8b^3 + 16b^2 + 64}}{-4(4-b)(8-b-b^2)}$，$r_{18} = \dfrac{b^2 + 4b - 24 - \sqrt{b^4 - 8b^3 + 16b^2 + 64}}{-4(4-b)(8-b-b^2)}$。

则 $T_{2cd}^{PN} - T_{2dd}^{PN}$ 之值可化简为

$$T_{2cd}^{PN} - T_{2dd}^{PN} = \frac{6br^2(a-c)^2(b-4)(2b^3 - 6b^2 - 24b + 64)(r - r_{17})(r - r_{18})}{(rb^2 + 2 - 8r)^2(b^2r - 16r + 2)^2}$$

由命题 5-28 知，$r_{17} < 0.25$，$r_{18} > 0.25$，易知当 $r < r_{18}$ 时，$T_{2cd}^{PN} > T_{2dd}^{PN}$；$r > r_{18}$ 时，$T_{2cd}^{PN} < T_{2dd}^{PN}$。

命题 5-31 当 $0.25 < r < r_{18}$ 时，$T_{2cd}^{PN} > T_{2dd}^{PN}$；当 $r > r_{18}$ 时，$T_{2cd}^{PN} < T_{2dd}^{PN}$

命题 5-31 表明，即使供应链 2 不进行流程创新，供应链 1 基于不同的纵向控制结构创新也会影响供应链 2 的系统利润。供应链 1 的创新成本相对较低时，若采用中心化结构进行流程创新，有利于提高竞争对手的供应链系统利润。如果供应链 1 的创新成本相对较高，其仍然采用中心化结构，则会导致竞争对手的供应链系统利润下降。

由命题 5-29 和命题 5-31，可知 r_{18} 与 r_{19} 的差值为

$$r_{18} - r_{19} = \frac{b^6 - 4b^5 - 8b^4 + 32b^3 + 256b - 256 + (32 + 8b^2 - b^4)\sqrt{b^4 - 8b^3 + 16b^2 + 64}}{4(4-b)(8-b-b^2)(32-b^4+8b^2)}$$

令 $f_1(b) = b^6 - 4b^5 - 8b^4 + 32b^3 + 256b - 256 = (b - 0.931)(b + 3.432)(b - 3.882 + 1.133i)(b - 3.882 - 1.133i)(b + 0.631 + 2.122i)(b + 0.631 - 2.122i)$，由于 $(b + 3.432)(b - 3.882 + 1.133i)(b - 3.882 - 1.133i)(b + 0.631 + 2.122i)(b + 0.631 - 2.122i) > 0$，所以当 $b > 0.931$ 时，$f_1(b) > 0$；当 $b < 0.931$ 时，$f_1(b) < 0$

当 $b > 0.931$ 时，$f_1(b) > 0$，则 $r_{18} - r_{19}$ 的分子大于零，其分母也大于零，于是 $r_{18} > r_{19}$。

当 $b < 0.931$ 时，$f_1(b) < 0$，则 $f_1(b) + (32 + 8b^2 - b^4)\sqrt{b^4 - 8b^3 + 16b^2 + 64}$ 可化简为

$$\frac{[(32 + 8b^2 - b^4)\sqrt{b^4 - 8b^3 + 16b^2 + 64}]^2 - [-f_1(b)]^2}{(32 + 8b^2 - b^4)\sqrt{b^4 - 8b^3 + 16b^2 + 64} - f_1(b)}$$

$$= \frac{1024b(4-b)(8-b-b^2)(4+b+b^2)}{(32 + 8b^2 - b^4)\sqrt{b^4 - 8b^3 + 16b^2 + 64} - f_1(b)} > 0$$

即 $r_{18} - r_{19}$ 的分子大于零，其分母也大于零，于是 $r_{18} > r_{19}$。

综上，$r_{18} > r_{19}$。

结合命题 5-29 和命题 5-31，可得如下推论：

推论 5-2 当 $r_{19}<r<r_{18}$ 时，$T_{1cd}^{PN}>T_{1dd}^{PN}$，$T_{2cd}^{PN}>T_{2dd}^{PN}$。

推论 5-2 表明，如果供应链 2 不创新且采用纯分散化结构，则当供应链 1 的流程创新投资系数在适当范围内，即在图 5-22 区域 ⅲ 所示范围，供应链系统 1 和供应链系统 2 在纯中心化结构下的绩效均高于纯分散化结构，即两条供应链实现了双赢。由图 5-22 可知，该双赢机制的流程创新投资系数范围随竞争加剧而增大。如果创新投资系数过大($r>r_{18}$)或过小($r<r_{19}$)，则 cd 结构或 dd 结构无法同时实现两条供应链系统绩效的双赢。

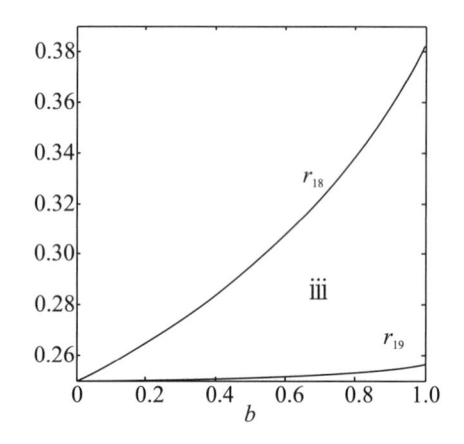

图 5-22 流程创新投资系数临界值 r_{19} 和 r_{18} 随竞争强度 b 的变化

5.6 本章小结

本章通过对第 2 章纯分散化供应链竞争环境下(dd 结构)的流程创新、第 3 章中心化与分散化结合的混合竞争供应链(cd 结构)的流程创新、第 4 章纯中心化供应链竞争环境下(cc 结构)的流程创新进行综合比较分析，得到了不同纵向控制结构下流程创新单位成本改进量的大小关系，并识别了进行流程创新时制造商角度、供应链系统角度的纵向控制结构选择机制，主要结论分别如下。

如果两条供应链均进行流程创新(PP 情形)，则有如下结论。

(1)当制造商选择在竞争较弱时进行流程创新，只需投入相对较低的创新成本；或者无论竞争强度如何，只要制造商投入相对较高的创新投资额，纯中心化结构给制造商带来的绩效优于分散化结构，且中心化结构是制造商的占优均衡结构。

(2)当制造商的创新投入较低，且竞争较为激烈，则制造商应选择分散化结构以规避激烈的市场竞争，此时纯分散化结构是制造商的占优均衡选择。

(3)当供应链间的竞争相对较弱(其临界值大小取决于流程创新投资系数)时，

纯中心化结构能给供应链系统带来更高利润，此时纯中心化结构是供应链系统角度的占优均衡结构。

（4）而当供应链间的竞争相对较激烈，流程创新投资系数较小，创新成本较低，纯分散化结构相对于纯中心化结构更能改善整条供应链系统绩效，纯分散化结构是供应链系统角度的占优均衡结构。

基于制造商1不进行流程创新，制造商2进行流程创新的情形（NP情形），则有如下结论。

（1）若制造商2基于分散化结构进行流程创新，则制造商1和供应链1均偏好中心化结构，且不受制造商2的流程创新投资系数和供应链间的横向竞争影响。但制造商2和供应链系统2更偏好供应链1采用纯分散化结构，而不是纯中心化结构，且也不受流程创新投资系数和竞争强度的影响。

（2）若制造商1采用中心化结构，其绩效和供应链系统绩效受到制造商2的流程创新投资系数和制造商2的纵向控制结构选择影响。当制造商2的流程创新投资系数较小，且采用中心化结构进行流程创新时，对制造商1和供应链1整体而言更有利。若制造商2的流程创新投资系数较大，则制造商2采用分散化结构更有益于制造商1和供应链1。

（3）若制造商1采用纯中心化结构，制造商2和供应链系统2的绩效受到横向竞争强度和其自身的流程创新投资系数影响。当竞争相对较弱（其临界值大小依赖于流程创新投资系数），制造商2愿意从分散化结构转为中心化结构。反之，则更偏好分散化结构以应对激烈的竞争。对于供应链2而言，流程创新投资系数相对较大时（其临界值大小依赖于竞争强度），纯中心化结构比纯分散化结构更有利于供应链2。反之，创新投入成本相对较低，则纯分散化结构对于供应链2而言更优。

基于制造商1进行流程创新，制造商2不进行流程创新的情形（PN情形），有如下结论。

（1）如果竞争对手采用分散化结构且不进行流程创新（本制造商进行创新），或者竞争对手采用中心化结构进行流程创新（本制造商不进行创新），则当流程创新投资系数较小且竞争较弱时；或者流程创新投资系数较大且无论竞争强度如何时，对于本制造商而言，中心化结构比分散化结构带来的绩效改进量更高。反之，如果流程创新投资系数较小，竞争又较为激烈，则分散化结构有利于制造商规避激烈的竞争。

（2）如果两条供应链均采用相同的纵向控制结构，则当创新投资成本相对较高时，制造商1更偏好于中心化结构；当创新投资成本相对较低时，分散化结构更有利于制造商1。

（3）对于不进行流程创新且采用分散化结构的制造商2而言，其在不同环境下的绩效也有所不同。当制造商1采用中心化结构以较低创新成本进行流程创新时，带给制造商 2 的利润较高。当制造商 1 的创新投入加大，则制造商 1 采用分散化结构对制造商 2 更有利，即制造商 2 的绩效受到制造商 1 的创新投资系数和纵向控制结构影响，应引导制造商 1 基于不同的纵向控制结构选择合适的创新投入，以有利于制造商 2。

（4）如果供应链 1 和供应链 2 均采用分散化结构，且供应链 1 的流程创新投资系数在适当范围内，则供应链 1 由分散化结构转为中心化结构，可实现供应链 1 和供应链 2 的系统绩效均改进，即两条供应链系统实现双赢。流程创新投资系数过小或过大，均无法实现竞争双方供应链系统的帕累托改进。

第 6 章　竞争供应链环境下制造商扶持供应商的流程创新选择

本章将基于两个占渠道主导地位的制造商与两个排他性供应商构成的竞争供应链模型，采用博弈论研究制造商是否应帮助其供应商进行流程创新以降低生产成本。首先，本章考虑制造商们均不扶持其供应商进行流程创新、制造商们均扶持其供应商进行流程创新、只有制造商 2 扶持其供应商进行流程创新三种情形。针对这三种情形，分析横向竞争强度、流程创新投资系数对流程创新选择的影响，并识别流程创新实现制造商和供应商双赢的博弈均衡特征和占优均衡。

6.1　问题的提出

当现代市场的竞争已经由单打独斗演变为整条供应链间的竞争，对业务或管理流程进行创新，成为提高整条供应链竞争力的重要方式之一。例如，每年"双 11"狂欢购物节都会带来物流量激增，为了快速高效地将商品送达给客户，不少电商平台及制造商通过预售的形式，将预售商品提前送抵离客户近的"前置仓"，改变以往的顾客下单后再发货的运作流程。2019 年"双 11"期间天猫、菜鸟、DHC、小米、飞利浦、苏泊尔等诸多品牌采用了"预售极速达"模式。另外，仓储作业流程由传统的人工分拣升级到机器人自动分拣，配送流程也由人工配送升级为无人机、无人车等智能化设备配送，流程的创新充分提高了各平台和商家在"双 11"期间的供应链竞争力。然而，由于资金、技术等原因，有些企业自身没有能力进行流程创新，需要渠道中占主导地位的企业扶持其创新。例如，日系汽车生产制造商便对其供应商流程创新进行扶持：丰田汽车集团通过知识分享、帮助供应商改进生产流程、降低生产成本等方式实现上下游双赢；本田汽车集团帮助供应商进行持续改进的最佳实践项目使供应商的生产率提高了约 50%，产品质量提高了 30%，生产成本降低了 7%。这也使日系汽车在 20 世纪 90 年代的美国市场份额不断扩张。在瞬息万变的市场竞争环境下，如果竞争对手供应链进行流程创新，本供应链是否也需要进行流程创新？特别是合作伙伴没有能力进行流程创新时，渠道主导企业是否帮助其进行流程创新？如何才能通过流程创新？一方面实现流程的改进和成本的降低，进而实现终端产品的低成本优势和差异化；另一方面实现上下游的双赢，以提高整条供应链的竞争力。如果进行流程创新，则其创新选择的机制、博弈均衡和动态演变过程如何？本章将基于两个占渠道主导地位的制造商与两个排他性供应商组成的供应链与供应链竞争模型，分析制造商帮助其供应商改进业务流程、降低生产成本的流程创新选择机制，为企业在日益激烈的市场竞争环境下扩大产品的低成本优势和提高整条供应链的竞争力提供实践参考价值和决策依据，丰富和拓展现有研究理论。

关于供应链与供应链竞争环境下的流程创新，Gupta & Loulou 基于供应链与供应链竞争模型，分析了竞争和流程创新对纵向渠道结构选择的影响，并指出授权合同可以激励制造商进行流程创新以降低生产成本；Gupta 通过考虑流程创新的知识溢出效应，进一步拓展了 Gupta & Loulou 的结论；Gilbert & Xia 等假设制造商和上游供应商都有成本降低的机会，分析了两个竞争性制造商的外包策略，并研究了下游制造商为主导的纵向控制结构选择策略。这类文献虽然都考虑了竞争性供应链与流程创新，但仍与本章研究有众多区别：

(1)Gupta & Loulou 等研究的是企业对自身进行流程创新，本章研究的则是制造商帮助供应商进行流程创新。

(2)Gupta & Loulou 等的主要研究目标是纵向渠道结构的选择，本章的主要研究目标则是两条分散化竞争供应链中的制造商是否选择帮助其供应商进行流程创新，其决策机制是什么。

(3)Gupta & Loulou 等文献不考虑上下游的双赢和是否进行流程创新的选择，本章则关注实现上下游双赢的流程创新选择机制。另外，Ha 等(2017)分析了竞争供应链环境下基于成本降低的创新和需求信息分享之间的关系，没有研究是否进行流程创新。

因此，本章将以不进行流程创新的情形为基准，研究占渠道主导地位的制造商帮助其供应商进行流程创新以实现供应链的低成本优势，并识别流程创新选择的博弈均衡特征和动态演化过程，分析横向市场竞争和流程创新投资系数对流程创新选择的影响。

6.2 基本模型

本章通过构建两个占渠道主导地位的制造商与两个排他性供应商组成的供应链与供应链竞争模型，研究下游制造商帮助其上游供应商进行流程创新以实现生产成本改进的决策条件。但制造商并不是无偿帮助供应商，而是要求供应商以改进后的生产成本为基准制定批发价格，以实现产品的低成本优势，并要求供应商为其进行排他性供货。例如，本田在帮助供应商进行持续改进的最佳实践项目中，就要求供应商要以降低后的成本为基准制定批发价格。假定供应商的初始单位生产成本为 c，流程创新后的单位生产成本为 $c-x_i$，且以此成本为基准重新制定批发价格。制造商帮助供应商进行流程创新所需要的投资成本为 $\frac{rx_i^2}{2}$，其中 x_i 为单位成本的改进量；r 为流程创新投资系数，r 值越大表示投资额度越高。

因此，要研究下游制造商是否帮助其上游供应商进行流程创新，其博弈顺序：首先，制造商们决定是否帮助各自供应商进行流程创新，如果制造商帮助供应商进行流程创新，则对供应商进行流程创新投资，并决定供应商的单位生产成本改进量 x_i 和制造商自身的边际利润 m_i，$m_i=p_i-w_i$（其中，p_i 为产品 i 的零售价格，w_i 为产品 i 的批发价格）；然后，供应商设置批发价格 w_i。如果制造商不帮助供应商 i 进行流程创新，则制造商决定自身边际利润 m_i，然后供应商决定批发价格 w_i。两条供应链中的供应商满足其制造商需求，制造商满足市场需求，形成供应链间的横向竞争效应。根据博弈顺序，在第一阶段，制造商有两种选择，帮助或不帮助其供应商进行流程创新，则两条竞争供应链中的制造商是否帮助供应商进行流程创新有三种情形：两个制造商均不帮助各自供应商进行流程创新，两个制造商均帮助各自供应商进行流程创新，只有一个制造商帮助其供应商进行流程创新。因而本章的研究思路为：首先，研究上述三种情形时上下游双方的绩效；其次，对制造商和供应商在上述各情形下的绩效分别进行对比分析，探索竞争对手制造商不帮助或帮助其供应商进行流程创新时，本条供应链中制造商的选择策略；最后，识别流程创新实现上下游双赢的博弈均衡特征和占优均衡。

基于经济学原理，制造商 i 面临的市场需求函数为

$$q_i = a - p_i + bp_j, j = 3-i, i = 1,2 \tag{6-1}$$

式中，a 为制造商 i 面临的潜在市场需求量，b 为两个产品的替代程度，即横向价格竞争强度，且 $0<b<1$；p_i 和 q_i 分别为产品 i 的零售价格和需求量。

因本章基于供应链与供应链竞争模型，上下游企业间具有排他性关系，因而假定流程创新过程中无横向溢出效应，且纵向合同内容不可被竞争对手所观测。也因本章主要考查竞争强度和流程创新投资系数对创新选择的影响，所以假定供应链中的其他成本均为零。另外，制造商愿意帮助供应商进行流程创新的前提是创新后自身利润至少为正，遂假定创新投资系数 $r>\frac{1}{4}$。

以下将分别计算两个制造商均不帮助或均帮助各自供应商进行流程创新（记为 nn 情形或 pp 情形），仅第二条供应链中的制造商帮助其供应商进行流程创新（记为 np 情形）时供应链各成员的绩效（竞争性供应链结构如图 6-1 所示），并识别流

程创新实现上下游双赢的博弈均衡特征和占优均衡。

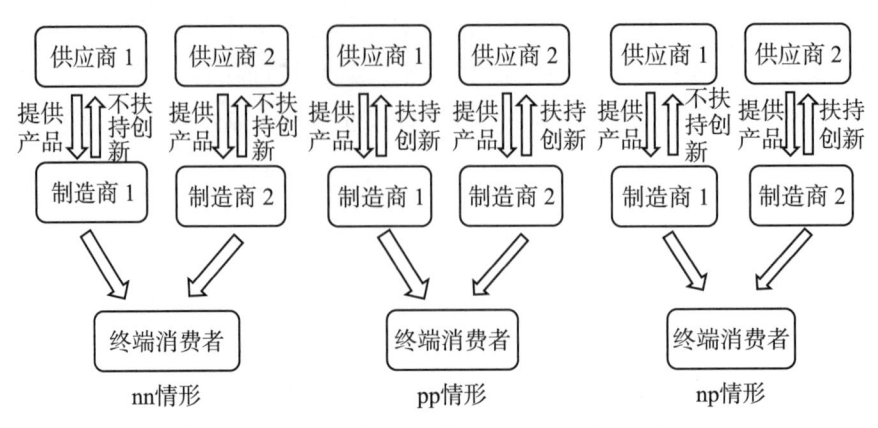

图 6-1 制造商扶持供应商创新的竞争供应链结构

6.3 模型计算

6.3.1 nn 情形

首先，研究两条竞争性供应链中的制造商均不帮助其供应商进行流程创新，此时制造商 i 和供应商 i 的决策函数表达式分别为

$$\underset{m_i}{\text{Max}} M_i = q_i m_i \qquad (6-2)$$

$$\underset{w_i}{\text{Max}} S_i = (w_i - c) q_i \qquad (6-3)$$

式中，$m_i = p_i - w_i$。

根据两条分散化供应链间批发价格合同的不可观测性，并记此结构为 nn 结构，采用逆向归纳法，得到如下均衡表达式

$$p_i^{nn} = \frac{3a+c}{4-3b}$$

$$q_i^{nn} = \frac{a+bc-c}{4-3b}$$

$$m_i^{nn} = \frac{2(a+bc-c)}{4-3b}$$

$$w_i^{nn} = \frac{a-2bc+3c}{4-3b}$$

$$M_i^{nn} = \frac{2(a+bc-c)^2}{(4-3b)^2}$$

$$S_i^{nn} = \frac{(a+bc-c)^2}{(4-3b)^2}$$

$$T_i^{nn} = \frac{3(a+bc-c)^2}{(4-3b)^2}$$

6.3.2 pp 情形

若两条竞争性供应链中的制造商均对其供应商进行流程创新投资，则制造商决定其边际利润和生产成本改进量，供应商决定其批发价格，制造商 i 和供应商 i 的决策模型分别为

$$\operatorname*{Max}_{m_i,x_i} M_i = \frac{m_i q_i - r x_i^2}{2} \tag{6-4}$$

$$\operatorname*{Max}_{w_i} S_i = w_i q_i - (c - x_i) q_i \tag{6-5}$$

式中，$m_i = p_i - w_i$，记此种情形为 pp 结构，根据博弈顺序，采用逆向归纳法，可得如下均衡表达式

$$p_i^{pp} = \frac{3ar - a + cr}{4r - 3br + b - 1}$$

$$q_i^{pp} = \frac{(a - c + bc)r}{4r - 3br + b - 1}$$

$$x_i^{pp} = \frac{a - c + bc}{4r - 3br + b - 1}$$

$$m_i^{pp} = \frac{2r(a - c + bc)}{4r - 3br + b - 1}$$

$$w_i^{pp} = \frac{ar - a + 3cr - 2bcr}{4r - 3br + b - 1}$$

$$S_i^{pp} = \frac{r^2(a - c + bc)^2}{(4r - 3br + b - 1)^2}$$

$$M_i^{pp} = \frac{r(4r-1)(a - c + bc)^2}{2(4r - 3br + b - 1)^2}$$

6.3.3 np 情形

假定第一条链中的制造商 1 不帮助其供应商 1 进行流程创新，第二条链中的制造商 2 帮助其供应商 2 进行流程创新，则第一条供应链中制造商 1 和供应商 1 的决策模型分别为

$$\operatorname*{Max}_{m_1} M_1 = q_1 m_1 \tag{6-6}$$

$$\operatorname*{Max}_{w_1} S_1 = (w_1 - c) q_1 \tag{6-7}$$

则第二条供应链中制造商 2 和供应商 2 的决策模型分别为

$$\underset{m_2,x_2}{\text{Max}} M_2 = \frac{m_2 q_2 - r x_2^2}{2} \qquad (6-8)$$

$$\underset{w_2}{\text{Max}} S_2 = w_2 q_2 - (c - x_2) q_2 \qquad (6-9)$$

式中，$m_1 = p_1 - w_1$，$m_2 = p_2 - w_2$，记此种结构为 np 结构，根据博弈顺序，采用逆向归纳法，可得两条竞争供应链的零售价格均衡分别为

$$p_1^{np} = \frac{(3b+4)(3a+c)r - 3a - c - 3ab}{16r - 9b^2 r + 3b^2 - 4}$$

$$p_2^{np} = \frac{(3b+4)(3a+c)r - 4a - bc - 3ab}{16r - 9b^2 r + 3b^2 - 4}$$

两条竞争供应链的批发价格竞争均衡分别为

$$w_1^{np} = \frac{(3b+4)(a+3c-2bc)r - a - 3c - ab + 2cb^2}{16r - 9b^2 r + 3b^2 - 4}$$

$$w_2^{np} = \frac{(3b+4)(a+3c-2bc)r - 4a - bc - 3ab}{16r - 9b^2 r + 3b^2 - 4}$$

制造商的边际利润函数、供应商的单位成本改进量分别如下

$$m_1^{np} = \frac{2(a-c+bc)(3br+4r-b-1)}{16r - 9b^2 r + 3b^2 - 4}$$

$$m_2^{np} = \frac{2r(a-c+bc)(3b+4)}{16r - 9b^2 r + 3b^2 - 4}$$

$$x_2^{np} = \frac{(a-c+bc)(3b+4)}{16r - 9b^2 r + 3b^2 - 4}$$

制造商和供应商的利润函数分别如下

$$S_1^{np} = \frac{(a-c+bc)^2 (3br+4r-b-1)^2}{(16r - 9b^2 r + 3b^2 - 4)^2}$$

$$M_1^{np} = \frac{2(a-c+bc)^2 (3br+4r-b-1)^2}{(16r - 9b^2 r + 3b^2 - 4)^2}$$

$$S_2^{np} = \frac{r^2 (a-c+bc)^2 (3b+4)^2}{(16r - 9b^2 r + 3b^2 - 4)^2}$$

$$M_2^{np} = \frac{r(4r-1)(a-c+bc)^2 (3b+4)^2}{2(16r - 9b^2 r + 3b^2 - 4)^2}$$

6.4 基于上下游双赢的制造商扶持供应商进行流程创新的选择机制

6.4.1 均创新或均不创新的选择

记 $M_i^{pp} = M_i^{mm}$ 关于横向竞争强度 b 的边界函数分别为 b_1 和 b_2，其表达式如下

$$b_1 = \frac{2[8r-2+\sqrt{r(4r-1)}]}{15r-4}$$

$$b_2 = \frac{2[8r-2-\sqrt{r(4r-1)}]}{15r-4}$$

式中，$r > \frac{1}{4}$，且 $r \neq \frac{4}{15}$。通过比较制造商在各情形的利润函数，得到如下命题。

命题 6-1 (1)当 $r > \frac{1}{4}$ 且 $r \neq \frac{4}{15}$，$0 < b < b_2 < 1$ 时；或者当 $r = \frac{4}{15}$，$0 < b < \frac{1}{2}$ 时，$M_i^{pp} > M_i^{nn}$，$S_i^{pp} > S_i^{nn}$。

(2)当 $r > \frac{1}{4}$ 且 $r \neq \frac{4}{15}$，$0 < b_2 < b < 1$ 时；或者当 $r = \frac{4}{15}$，$\frac{1}{2} < b < 1$ 时，$M_i^{pp} < M_i^{nn}$，$S_i^{pp} < S_i^{nn}$。

证明：

首先，将 M_i^{pp} 与 M_i^{nn} 作差如下

$$M_i^{pp} - M_i^{nn} = \frac{(a-c+bc)^2(15rb^2 - 4b^2 + 8b - 32br + 16r - 4)}{2(3b-4)^2(b+4r-3br-1)^2}, \quad r > \frac{1}{4}$$

令 $f_1(b, r) = (15r-4)b^2 + (8-32r)b + 16r - 4$，

(1)若 $r = \frac{4}{15}$，则当 $b < \frac{1}{2}$ 时，$f_1\left(b, \frac{4}{15}\right) > 0$，$M_i^{pp} > M_i^{nn}$。

(2)若 $r \neq \frac{4}{15}$，则 $f_1(b, r)$ 是关于 b 的二次多项式，且 $f_1(b, r) = (15r-4)(b-b_1)(b-b_2)$，其中 $b_1 = \frac{2[8r-2+\sqrt{r(4r-1)}]}{15r-4}$，$b_2 = \frac{2[8r-2-\sqrt{r(4r-1)}]}{15r-4}$。

由 $b_2 - 1 = \frac{r - 2\sqrt{r(4r-1)}}{15r-4} < 0$，知 $0 < b_2 < 1$。

由 $b_1 - 1 = \frac{r + 2\sqrt{r(4r-1)}}{15r-4} < 0$，知当 $r > \frac{4}{15}$ 时，$b_1 > 1$。

又 $b_1 - b_2 = \frac{4[\sqrt{r(4r-1)}]}{15r-4}$，知当 $r > \frac{4}{15}$ 时，$b_1 > b_2$。

因而，当 $r > \frac{4}{15}$ 时，$b_1 > 1 > b_2 > 0$；当 $r < \frac{4}{15}$ 时，$b_1 < 0 < b_2 < 1$。

于是可得当 $r \neq \frac{4}{15}$，$0 < b < b_2 < 1$ 时，$M_i^{pp} > M_i^{nn}$。

综合(1)和(2)，可得当 $r > \frac{1}{4}$ 且 $r \neq \frac{4}{15}$，$0 < b < b_2 < 1$ 时；或者当 $r = \frac{4}{15}$，$0 < b < \frac{1}{2}$ 时，$M_i^{pp} > M_i^{nn}$。

其次，将 S_i^{pp} 与 S_i^{nn} 作差如下

$$S_i^{pp} - S_i^{nn} = \frac{(a-c+bc)^2(8r-6br+b-1)(1-b)}{(3b-4)^2(b+4r-3br-1)^2}$$

因 $r>\frac{1}{4}$ 时，$8r-6br+b-1>0$，可知 $S_i^{pp}>S_i^{nn}$。

所以得到当 $r>\frac{1}{4}$ 且 $r\neq\frac{4}{15}$，$0<b<b_2<1$ 时；或者当 $r=\frac{4}{15}$，$0<b<\frac{1}{2}$ 时，$M_i^{pp}>M_i^{nn}$，$S_i^{pp}>S_i^{nn}$。命题 6-1 得证。

命题 6-1 中(1)表明，如果两条供应链间的横向竞争相对较弱(竞争强度小于 b_2 或 $\frac{1}{2}$)时，产品间的替代性弱，两个制造商均愿意帮助其供应商进行流程创新，以实现上下游绩效的均改进。命题 6-1 中(2)表明，虽然流程创新带来的正外部性总能使供应商受益，但若两条供应链的产品替代性较强，供应链间的横向竞争强度超过特定阈值，则竞争会导致两个制造商绩效受损，制造商们均不会扶持各自供应商进行流程创新。

为直观观察创新投资系数对上下游双方绩效改进的影响，令 $a=2$，$c=1$，$b=0.2,0.5,0.8$，可得图 6-2。由图 6-2 可知，当横向竞争较弱时，制造商提高流程创新投资系数，加大对供应商的创新投资额，制造商的绩效改进量先迅速增大后逐步减小。当市场竞争适中，初始投资额很小时，制造商帮助供应商进行流程创新无法实现绩效其自身绩效的改进；若加大创新投资额，制造商的绩效改进量会快速提高，并随着创新投资额度的增加而又逐步减小。当市场竞争非常激烈时，不管制造商的流程创新投资系数如何，均无法实现绩效改进，即激烈的市场环境不合适制造商帮助供应商进行创新。对于供应商而言，其供应商的绩效改进量总为正，但会随着创新投资额度的增加而逐渐减少。

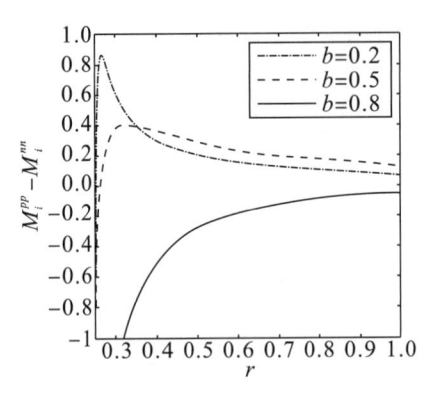

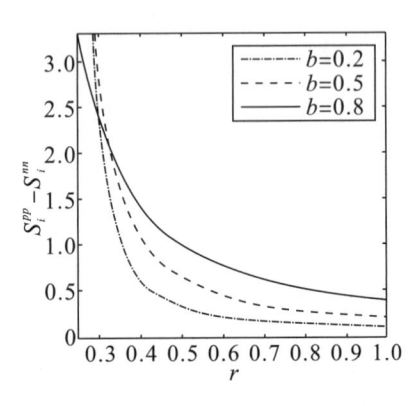

(1) r 对制造商绩效改进的影响

(2) r 对供应商绩效改进的影响

图 6-2 $a=2$，$c=1$ 时流程创新投资系数 r 对制造商和供应商绩效改进量的影响

为直观观察横向竞争对供应链上下游双方绩效改进量的影响，令 $a=2$，$c=1$，r 分别取 $0.26,0.50,0.80$，可得图 6-3。由图 6-3 可知，若制造商的创新投资额度较小，而横向竞争逐步加剧时，上下游双方的绩效改进量均一直减小；若创新投资额度加大，上下游双方的绩效改进量均随着外部竞争的加剧先增大后减小。所

不同的是，制造商的绩效改进量在竞争适中或比较激烈时降为零，而供应商的绩效改进量一直为正。即市场竞争相对激烈时，制造商会放弃帮助供应商进行流程创新。

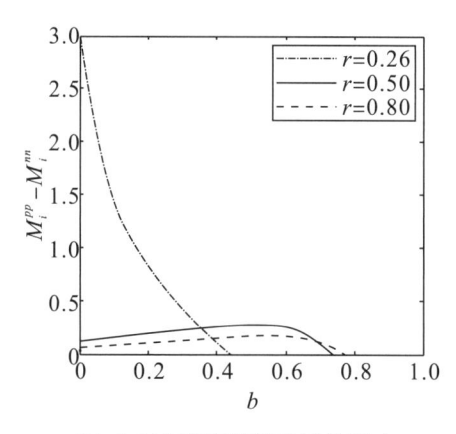

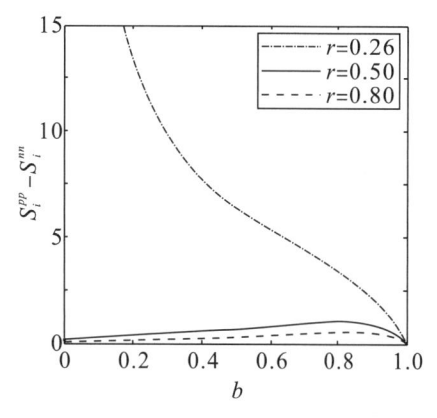

(1) b 对制造商绩效改进的影响

(2) b 对供应商绩效改进的影响

图 6-3 $a=2$，$c=1$ 时横向竞争强度 b 对制造商和供应商绩效改进量的影响

6.4.2 当竞争对手供应链不进行流程创新时的选择

记 $M_2^{np} = M_2^{nn}$ 关于 b^2 的边界函数分别为 b_3 和 b_4，其表达式如下

$$b_3 = \frac{4b_1}{3}, \quad b_4 = \frac{4b_2}{3}, \quad r > \frac{1}{4} \text{ 且 } r \neq \frac{4}{15}。$$

通过比较分析 M_2^{np} 与 M_2^{nn}、S_2^{np} 与 S_2^{nn}，可得如下命题。

命题 6-2 (1)当制造商的流程创新投资系数 r 和横向竞争强度 b 满足以下任意一项条件时，$M_2^{np} > M_2^{nn}$，$S_2^{np} > S_2^{nn}$。

① $\frac{1}{4} < r \leqslant \frac{4}{7}$ 且 $r \neq \frac{4}{15}$，$0 < b < \sqrt{b_4} \leqslant 1$；

② $r = \frac{4}{15}$，$0 < b < \frac{\sqrt{6}}{3}$；

③ $r > \frac{4}{7}$。

(2)若 $\frac{1}{4} < r < \frac{4}{7}$ 且 $r \neq \frac{4}{15}$，$\sqrt{b_4} < b < 1$；或者 $r = \frac{4}{15}$，$\frac{\sqrt{6}}{3} < b < 1$，则 $M_2^{np} < M_2^{nn}$，$S_2^{np} > S_2^{nn}$。

证明：

首先，将 M_2^{np} 与 M_2^{nn} 作差如下

$$M_2^{np} - M_2^{nn} = \frac{(a-c+bc)^2 [9(15r-4)b^4 + (96-384r)b^2 + 256r - 64]}{2(3b-4)^2 (16r - 9b^2 r + 3b^2 - 4)^2}, \quad r > \frac{1}{4}$$

令 $f_2(b, r) = 9(15r-4)b^4 + (96-384r)b^2 + 256r - 64$。

(1) 若 $r = \frac{4}{15}$，则当 $r = \frac{4}{15}$，$0 < b < \frac{\sqrt{6}}{3}$ 时，$f_2\left(b, \frac{4}{15}\right) > 0$，$M_2^{np} > M_2^{nn}$。

(2) 若 $r \neq \frac{4}{15}$，则 $f_2(b, r) = 9(15r-4)(b^2 - b_3)(b^2 - b_4)$，其中 $b_3 = \frac{4b_1}{3}$，$b_4 = \frac{4b_2}{3}$。

由 b_1，b_2，b_3 和 b_4 的表达式可知，当 $r > \frac{4}{15}$ 时，$b_3 > 1$，$b_3 > b_4 > 0$；当 $r < \frac{4}{15}$ 时，$b_3 < 0 < b_4$；当 $\frac{1}{4} < r \leq \frac{4}{7}$ 时，$0 < b_4 \leq 1$；当 $r > \frac{4}{7}$ 时，$b_4 > 1$。

因而可得当 $\frac{1}{4} < r \leq \frac{4}{7}$ 且 $r \neq \frac{4}{15}$，$0 < b < \sqrt{b_4} \leq 1$ 时；或者当 $r > \frac{4}{7}$ 时，$M_2^{np} > M_2^{nn}$。

综合(1)和(2)，当 $\frac{1}{4} < r \leq \frac{4}{7}$ 且 $r \neq \frac{4}{15}$，$0 < b < \sqrt{b_4} \leq 1$ 时；或者当 $r > \frac{4}{7}$ 时；或者当 $r = \frac{4}{15}$，$0 < b < \frac{\sqrt{6}}{3}$ 时，$M_2^{np} > M_2^{nn}$。

其次，S_2^{np} 与 S_2^{nn} 之差如下

$$S_2^{np} - S_2^{nn} = \frac{(a-c+bc)^2(4-3b^2)(32r-18b^2r+3b^2-4)}{(3b-4)^2(16r-9b^2r+3b^2-4)^2}$$

因 $r > \frac{1}{4}$，易知 $32r - 18b^2r + 3b^2 - 4 > 0$。所以只要 $r > \frac{1}{4}$，则有 $S_2^{np} > S_2^{nn}$。

综上，当 $\frac{1}{4} < r \leq \frac{4}{7}$ 且 $r \neq \frac{4}{15}$，$0 < b < \sqrt{b_4} \leq 1$ 时；或者当 $r = \frac{4}{15}$，$0 < b < \frac{\sqrt{6}}{3}$ 时；或者当 $r > \frac{4}{7}$ 时，$M_2^{np} > M_2^{nn}$，$S_2^{np} > S_2^{nn}$。命题 6-2 得证。

命题 6-2 表明，若竞争对手供应链的制造商不帮助其供应商进行流程创新，则本供应链中的制造商在横向竞争较弱时投入相对适中的创新成本，帮助其供应商进行流程创新，即可实现上下游双方绩效的帕累托改进；若此时竞争加剧，超过特定阈值，制造商并不能获得绩效改进，此时制造商会终止帮助供应商创新；若制造商的流程创新投资系数超过特点阈值，创新投资额度较高，则不管竞争强度如何，帮助供应商创新，可使得上下游双方的绩效都高于不创新时的绩效。

令 $a = 2$，$c = 1$，b 分别取 0.2，0.5，0.8，得到创新投资系数 r 对制造商和供应商绩效改进量的影响如图 6-4 所示。由图 6-4 可知，当横向竞争环境较弱，制造商的绩效改进量随着制造商加大创新投资额而一直降低，但其绩效改进量数值一直为正。制造商投入越多的资金给供应商进行流程创新，其绩效虽然得到了改善，但改进量会逐步减小。当市场竞争不再较弱，两条供应链之间的产品替代性提高，

制造商若加大对供应商的创新投资力度，其绩效改进量会先增大后减小。供应商的绩效改进量虽然随着创新投资额度的加大而减小，但其值一直为正，因为供应商并没有投入创新成本，是在制造商的帮助下获得了绩效改进。

(1) r 对制造商绩效改进的影响

(2) r 对供应商绩效改进的影响

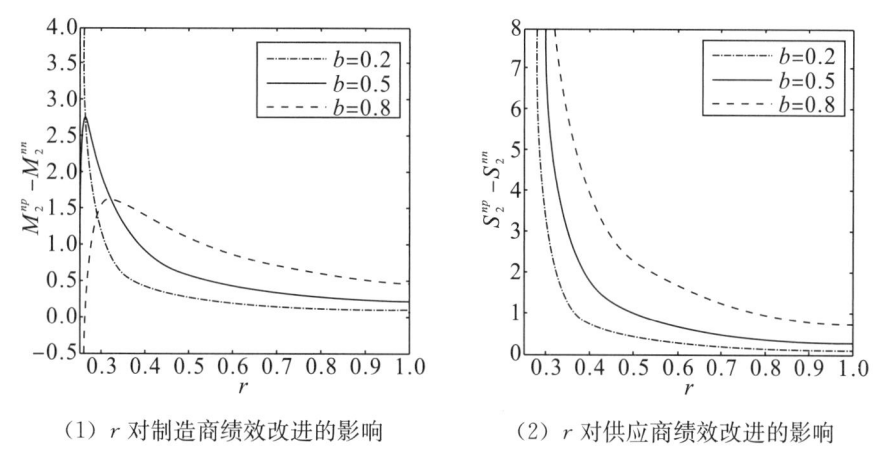

图 6-4　$a=2$，$c=1$ 时流程创新投资系数 r 对制造商和供应商绩效改进量的影响

令 $a=2$，$c=1$，r 分别取 0.26，0.50，0.80，得到竞争强度 b 对上下游双方绩效改进量的影响如图 6-5 所示。由图 6-5 可知，不管创新投资额度如何，制造商的绩效改进量随竞争的增强先增大而后减小，且竞争很弱时，较小的创新投资额即可获得最大改进量，较高的创新投资额在竞争弱时没有必要，反而会加大制造商的成本。因而对制造商来讲，面对竞争激烈的市场环境需要投入高额的创新投资成本，面对竞争不激烈时只需要较小的创新投资成本[如图 6-5(1)所示]。对于供应商，较低的创新投资成本带来的绩效改进量远高于高创新投资成本带来的绩效改进量。因制造商直面终端竞争，且对供应商进行流程创新投资，因而供应商总是受益，获得正的绩效改进量。

(1) b 对制造商绩效改进的影响

(2) b 对供应商绩效改进的影响

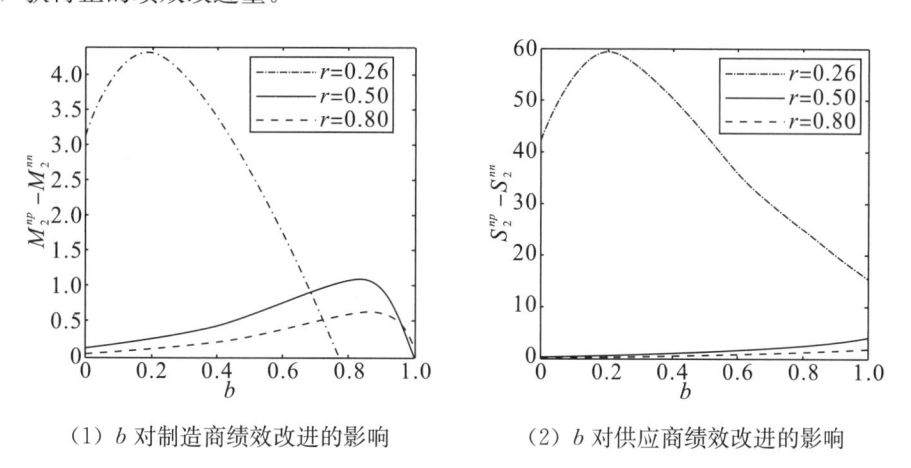

图 6-5　$a=2$，$c=1$ 时横向竞争强度 b 对制造商和供应商绩效改进量的影响

6.4.3 当竞争对手供应链进行流程创新时的选择

记 $M_1^{pp} = M_1^{np}$ 关于 b^2 的边界函数为 b_5 和 b_6,其表达式如下:

$$b_5 = \frac{(4r-1)b_1}{3r-1}$$

$$b_6 = \frac{(4r-1)b_2}{3r-1}$$

其中 $r > \frac{1}{4}$,$r \neq \frac{1}{3}$ 且 $r \neq \frac{4}{15}$。

如果竞争对手供应链进行流程创新,通过比较本供应链进行创新或不创新时的供应链成员绩效,可得如下命题。

命题 6-3 (1)当 $\frac{1}{4} < r \leqslant \frac{2\sqrt{2}-1}{7}$,$0 < b < \sqrt{b_5} \leqslant 1$ 时;或者当 $r > \frac{2\sqrt{2}-1}{7}$ 时,则 $M_1^{pp} > M_1^{np}$,$S_1^{pp} > S_1^{np}$。

(2)若 $\frac{1}{4} < r < \frac{2\sqrt{2}-1}{7}$,$\sqrt{b_5} < b < 1$,则 $M_1^{pp} < M_1^{np}$,$S_1^{pp} > S_1^{np}$。

证明:

首先,M_1^{pp} 与 M_1^{np} 之差如下:

$$M_1^{pp} - M_1^{np} = \frac{(a-c+bc)^2 \left[(3r-1)^2(15r-4)b^4 - 8(3r-1)(4r-1)^2 b^2 + 4(4r-1)^3 \right]}{2(b+4r-3br-1)^2(16r-9b^2+3b^2-4)^2}$$

令 $f_3(b, r) = (3r-1)^2(15r-4)b^4 - 8(3r-1)(4r-1)^2 b^2 + 4(4r-1)^3$,

(1)若 $r = \frac{1}{3}$ 或者 $r = \frac{4}{15}$,$f_3\left(b, \frac{1}{3}\right) > 0$,$f_3\left(b, \frac{4}{15}\right) > 0$,则 $M_1^{pp} > M_1^{np}$。

(2)若 $r \neq \frac{1}{3}$ 且 $r \neq \frac{4}{15}$,则 $f_3(b, r) = (3r-1)^2(15r-4)(b^2 - b_5)(b^2 - b_6)$,其中 $b_5 = \frac{(4r-1)b_1}{3r-1}$,$b_6 = \frac{(4r-1)b_2}{3r-1}$,$r > \frac{1}{4}$,$0 < b^2 < 1$。

因竞争强度 $b < 1$,因而需比较 b_5 与 1 的关系、b_6 与 1 的关系,具体如下:

$$b_5 - 1 = \frac{2\sqrt{r(4r-1)^3} + 19r^2 - 5r}{(15r-4)(3r-1)}$$

$$b_6 - 1 = \frac{-2\sqrt{r(4r-1)^3} + 19r^2 - 5r}{(15r-4)(3r-1)}$$

根据 b_5 的表达式,得当 $\frac{1}{4} < r \leqslant \frac{2\sqrt{2}-1}{7}$ 时,$0 < b_5 \leqslant 1$;当 $\frac{2\sqrt{2}-1}{7} < r < \frac{4}{15}$,或者 $r > \frac{1}{3}$ 时,$b_5 > 1$;当 $\frac{4}{15} < r < \frac{1}{3}$ 时,$b_5 < 0$。

根据 b_6 的表达式,可得当 $\frac{1}{4} < r < \frac{1}{3}$ 时,$b_6 < 0$;当 $r > \frac{1}{3}$ 时,$b_6 > 1$。

又 b_5 与 b_6 之差如下

$$b_5 - b_6 = \frac{4\sqrt{r(4r-1)^3}}{(15r-4)(3r-1)}$$

易得当 $\frac{1}{4} < r < \frac{4}{15}$ 时，或 $r > \frac{1}{3}$ 时，$b_5 > b_6$；当 $\frac{4}{15} < r < \frac{1}{3}$ 时，$b_5 < b_6$。

因此当 $\frac{1}{4} < r \leqslant \frac{2\sqrt{2}-1}{7}$，$0 < b < \sqrt{b_5} \leqslant 1$ 时；或当 $r > \frac{2\sqrt{2}-1}{7}$ 且 $r \neq \frac{1}{3}$，$r \neq \frac{4}{15}$ 时，则 $f_3(b,r) > 0$，$M_1^{pp} > M_1^{np}$。

综合(1)和(2)，当 $\frac{1}{4} < r \leqslant \frac{2\sqrt{2}-1}{7}$，$0 < b < \sqrt{b_5} \leqslant 1$ 时；或者当 $r > \frac{2\sqrt{2}-1}{7}$ 时，则 $M_1^{pp} > M_1^{np}$。

其次，S_1^{pp} 与 S_1^{np} 之差如下

$$S_1^{pp} - S_1^{np} = \frac{(a-c+bc)^2(3b^2r-4r-b^2+1)\left[(3r-1)(6r-1)b^2 - 32r^2 + 12r - 1\right]}{(b+4r-3br-1)^2(16r-9b^2r+3b^2-4)^2}$$

令 $f_4(b,r) = (3r-1)(6r-1)b^2 - 32r^2 + 12r - 1$，则有

(1)若 $(3r-1)(6r-1) \neq 0$，结合 $r > \frac{1}{4}$，即若 $r \neq \frac{1}{3}$，则 $f_4(b,r) = (3r-1)(6r-1)(b^2 - b_7)$，其中 $b_7 = \frac{(8r-1)(4r-1)}{(3r-1)(6r-1)}$。

由于 $b < 1$，因此需比较 b_7 与 1 的关系，具体如下

$$b_7 - 1 = \frac{r(14r-3)}{(3r-1)(6r-1)}$$

结合 $r > \frac{1}{4}$，易知当 $\frac{1}{4} < r < \frac{1}{3}$ 时，$b_7 < 0$，则 $f_4(b,r) < 0$；当 $r > \frac{1}{3}$ 时，$b_7 > 1$，则 $f_4(b,r) < 0$。因此当 $r \neq \frac{1}{3}$ 时，则 $f_4(b,r) < 0$。

结合 $r > \frac{1}{4}$ 时，$3b^2r - 4r - b^2 + 1 < 0$。所以当 $r > \frac{1}{4}$ 且 $r \neq \frac{1}{3}$ 时，则 $S_1^{pp} > S_1^{np}$。

(2)若 $r = \frac{1}{3}$，$f_4(b, \frac{1}{3}) < 0$，$3b^2r - 4r - b^2 + 1 = -\frac{1}{3} < 0$。所以当 $r = \frac{1}{3}$ 时，则 $S_1^{pp} > S_1^{np}$。

综合(1)和(2)可知，$r > \frac{1}{4}$ 时，$S_1^{pp} > S_1^{np}$。

所以当 $\frac{1}{4} < r \leqslant \frac{2\sqrt{2}-1}{7}$ 时，$0 < b < \sqrt{b_5} \leqslant 1$；或者当 $r > \frac{2\sqrt{2}-1}{7}$ 时，则 $M_1^{pp} > M_1^{np}$，$S_1^{pp} > S_1^{np}$。命题 6-3 得证。

命题 6-3 中(1)表明，若竞争对手制造商帮助其供应商进行流程创新，则对于本供应链而言，当横向竞争相对较弱时，制造商以较小的流程创新投资系数对供应商进行流程创新投资，即可实现双方的绩效改进；也表明当制造商的流程创新投资

系数较小时，其仅愿意在竞争环境不激烈的时候帮助供应商创新。如果制造商的流程创新投资系数较大，则不管制造商面临怎样的横向竞争，创新带来的正外部性总能超过竞争带来的负外部性，使上下游的绩效均能实现帕累托改进（相比于不创新而言）。

命题6-3中(2)表明，当横向竞争相对较激烈，且制造商的流程创新投资系数相对适中，虽然创新产生的正外部性可使供应商获益，但由于制造商直面市场竞争，激烈的横向竞争导致的负外部性超过创新带给制造商的正外部性，使得制造商的利润无法高于未创新时的利润，即制造商无法实现绩效改进，会放弃帮助供应商进行流程创新。

结合命题6-2可知，不管竞争对手供应链是否进行流程创新，本供应链中制造商对流程创新选择的机制为：在竞争较弱的时候，投入较小的创新投资成本；或在竞争较激烈的时候，投入较高的创新投资成本。若制造商流程创新投资系数较小，只适合选择竞争不激烈的时候帮助供应商创新；若制造商流程创新投资系数较大，则不管竞争环境如何，创新都能改善上下游绩效。但是命题6-2和命题6-3中两种决策所依赖的竞争强度和流程创新投资系数阈值不同，且竞争强度的阈值大小取决于制造商流程创新投资系数的大小。

为直观观察流程创新投资系数对上下游双方绩效改进的影响，令 $a=2$，$c=1$，b 分别取 0.2，0.5，0.8 或 r 分别取 0.26，0.50，0.80，可分别得到图6-6和图6-7。由图6-6可知，不管外部横向竞争环境如何，制造商的绩效改进量随流程创新投资系数的提高而快速增大，然后缓慢减小；而供应商的绩效改进量随制造商的流程创新投资系数增大而一直减小，说明创新投资额并不是越大越好。制造商选择在市场竞争弱的时候对供应商进行流程创新投资，对双方都是最好的选择，且此时所需创新投资额也小。

(1) r 对制造商绩效改进的影响   (2) r 对供应商绩效改进的影响

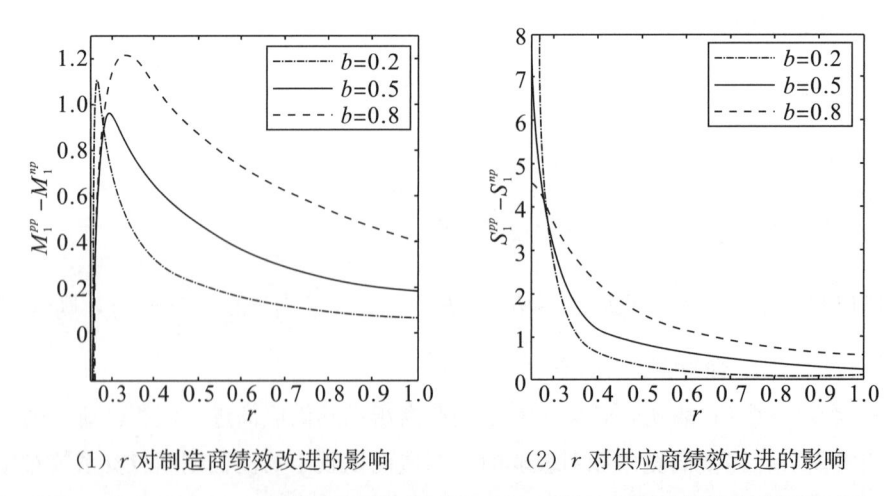

图6-6 $a=2$，$c=1$ 时流程创新投资系数 r 对制造商和供应商绩效改进量的影响

由图 6-7 可知，如果市场竞争加剧，且制造商创新投资额度低，则制造商和供应商的绩效改进量会随着竞争的加剧而逐步减小。如果制造商提高创新投资额度，则制造商和供应商绩效改进量均会随竞争的加剧而提高。至于制造商何时提高创新投资额度，以避免制造商绩效改进量随竞争的加剧一直减小，需要考虑竞争环境。如图 6-7(1)所示，制造商可在竞争强度为 0.44 时将流程创新投资系数 0.26 提高到 0.50，或在竞争强度为 0.53 时将流程创新投资系数 0.26 提高到 0.80，即在适当的竞争环境追加创新投资额，以避免绩效改进量下降。对于供应商而言，虽然绩效改进量会随竞争加剧而减小，但其减小后也依然高于追加创新投资额后的绩效改进量，因而供应商不希望制造商追加创新投资额。

(1) b 对制造商绩效改进的影响

(2) b 对供应商绩效改进的影响

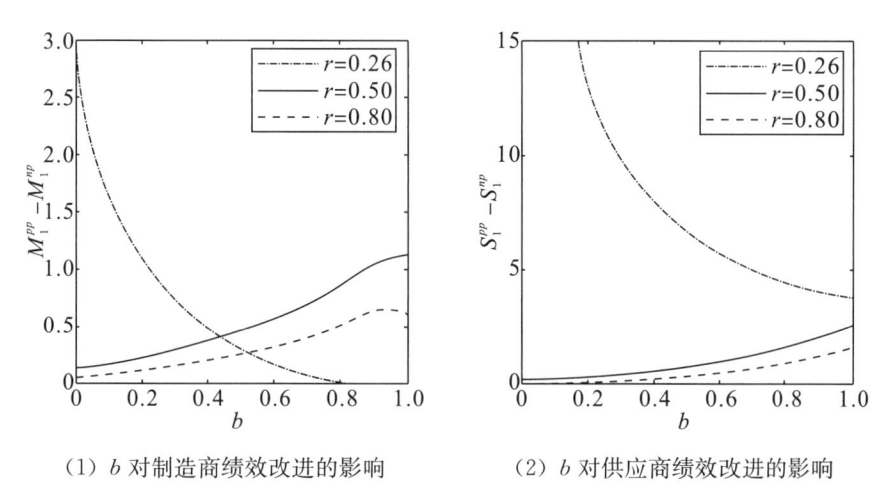

图 6-7 $a=2$，$c=1$ 时竞争强度 b 对制造商和供应商绩效改进量的影响

6.4.4 流程创新选择的博弈均衡演化过程

由命题 6-1 至命题 6-3 可得制造商帮助供应商创新的博弈演化过程如命题 6-4 所示。

命题 6-4 (1)对于供应链上下游双方而言，要使流程创新选择的博弈均衡演化过程为 $nn \to np/pn \to pp$，且进行流程创新是实现上下游双方绩效改进的占优均衡选择，则流程创新投资系数和横向竞争强度须满足如下任意一个条件。

①$0.2500 < r < 0.2556$，$0 < b < \sqrt{b_5} < 1$；
②$r > 0.2556$ 且 $r \neq 0.2667$，$0 < b < b_2 < 1$；
③$r = 0.2667$，$0 < b < 0.5$。

(2)当 $0.2500 < r < 0.2556$，$0 < \sqrt{b_5} < b < b_2 < 1$ 时，制造商进行流程创新选择的博弈演化过程为 $nn \to pp \to np/pn$，$nn \to np/pn$，np 或 pn 为最终的均衡。

(3)当 $0.2500 < r < 0.2556$ 且 $b_2 < b < \sqrt{b_4} < 1$，或者当 $0.2556 < r < 0.2596$ 且

$\sqrt{b_5}<b<\sqrt{b_4}<1$ 时，制造商进行流程创新选择的博弈演化过程为 $pp \to nn \to np/pn$，$pp \to np/pn$，np/pn 是最终的均衡。

(4) 当 $r>\dfrac{1}{4}$ 且 $r \neq 0.2667$，$0<b_2<b<\min(\sqrt{b_4},\sqrt{b_5},1)$；或者当 $r=0.2667$，$0.5000<b<0.8165$ 时，制造商进行流程创新选择的博弈演化过程为 $nn \to np/pn \to pp$，$pp \to nn$，pp 策略为囚徒困境。

(5) 当 $0.2500<r<0.5714$ 且 $r \neq 0.2667$，$\sqrt{b_4}<b<\min(\sqrt{b_5},1)$ 时；或者当 $r=0.2667$，$0.8165<b<1$ 时，制造商进行流程创新选择的博弈演化过程为 $np/pn \to nn$，$np/pn \to pp \to nn$，nn 是最终的均衡。

(6) 当 $0.2500<r<0.2596$ 且 $0<\sqrt{b_4}<b<1$ 时，或者 $0.2596<r<0.2612$ 且 $0<\sqrt{b_5}<b<1$ 时，制造商进行流程创新选择的博弈均衡演化过程为 $pp \to np/pn \to nn$，nn 是制造商的占优均衡策略。

证明：

首先，探讨各竞争强度的边界函数大小关系如下。

关于 b_2 与 $\sqrt{b_4}$ 之差如下

$$b_2-\sqrt{b_4}=\dfrac{b_2{}^2-b_4}{b_2+\sqrt{b_4}}=\dfrac{4f_5(r)f_6(r)}{3(15r-4)^2(b_2+\sqrt{b_4})}$$

其中 $r>\dfrac{1}{4}$，$r \neq \dfrac{4}{15}$，并且 $f_5(r)=6r-2+3\sqrt{r(4r-1)}$，$f_6(r)=\sqrt{r(4r-1)}-8r+2$。易知当 $\dfrac{1}{4}<r<\dfrac{4}{15}$ 时，$f_5(r)<0$，$f_6(r)>0$；当 $r>\dfrac{4}{15}$ 时，$f_5(r)>0$，$f_6(r)<0$。又 $b_4>0$，可得 $b_2<\sqrt{b_4}$。

关于 b_2 与 $\sqrt{b_5}$ 之差如下

$$b_2-\sqrt{b_5}=\dfrac{b_2{}^2-b_5}{b_2+\sqrt{b_5}}=\dfrac{-2f_7(r)}{(b_2+\sqrt{b_5})(3r-1)(15r-4)^2}$$

其中 $r>\dfrac{1}{4}$，$r \neq \dfrac{1}{3}$，$r \neq \dfrac{4}{15}$，且 $f_7(r)=3(4r-1)(13r-4)\sqrt{r(4r-1)}+2r(9r-2)(4r-1)$，可知当 $0.2556<r<\dfrac{4}{15}$ 时，$f_7(r)<0$；当 $\dfrac{1}{4}<r<0.2556$ 或 $r>\dfrac{4}{15}$ 时，$f_7(r)>0$。

又当 $\dfrac{1}{4}<r<\dfrac{4}{15}$，或者 $r>\dfrac{1}{3}$ 时，$b_5>0$。因此可得当 $0.2556<r<\dfrac{4}{15}$ 时，或者当 $r>\dfrac{1}{3}$ 时，$b_2<\sqrt{b_5}$；当 $\dfrac{1}{4}<r<0.2556$ 时，$b_2>\sqrt{b_5}$。

关于 b_4 与 b_5 之差如下

$$b_4-b_5=\dfrac{-2f_8(r)}{3(3r-1)(15r-4)}$$

其中 $f_8(r)=8r-2+(24r-7)\sqrt{r(4r-1)}$，$r>\dfrac{1}{4}$，$r\neq\dfrac{1}{3}$，$r\neq\dfrac{4}{15}$。

(1)若 $24r-7\geqslant 0$，则 $f_8(r)>0$；

(2)若 $24r-7<0$，则得到当 $\dfrac{1}{4}<r<0.2596$ 时，$f_8(r)<0$；当 $0.2596<r<\dfrac{7}{24}$ 时，$f_8(r)>0$。

综合(1)和(2)，可得当 $\dfrac{1}{4}<r<0.2596$ 时，$f_8(r)<0$；当 $r>0.2596$ 时，$f_8(r)>0$。因而当 $0.2596<r<\dfrac{4}{15}$ 或当 $r>\dfrac{1}{3}$ 时，$b_4<b_5$；当 $\dfrac{1}{4}<r<0.2596$ 或 $\dfrac{4}{15}<r<\dfrac{1}{3}$ 时，$b_4>b_5$。

其次，由对称性可知，若 $M_2^{np}>M_2^{nn}$，$S_2^{np}>S_2^{nn}$，则 $M_1^{pn}>M_1^{nn}$，$S_1^{pn}>S_1^{nn}$。结合命题 6-1 至命题 6-3 可知，当 $\dfrac{1}{4}<r\leqslant 0.2556$，$0<b<\sqrt{b_5}\leqslant 1$ 时；或当 $r>0.2556$ 且 $r\neq\dfrac{4}{15}$，$0<b<b_2<1$ 时；或当 $r=\dfrac{4}{15}$，$0<b<\dfrac{1}{2}$ 时，$M_1^{pp}>M_1^{nn}$，$S_1^{pp}>S_1^{nn}$，$M_1^{pn}>M_1^{nn}$，$S_1^{pn}>S_1^{nn}$，$M_1^{pp}>M_1^{np}$，$S_1^{pp}>S_1^{np}$，易得供应链上下游进行流程创新选择的博弈均衡演化过程：$nn\rightarrow np/pn\rightarrow pp$，且进行流程创新是实现上下游双方绩效改进的占优均衡选择。另外，关于图 6-2，因 b_2 的分母不能为零，即 $r\neq\dfrac{4}{15}$，但对 b_2 采用洛必达法则，可知 $\lim\limits_{r\rightarrow\frac{4}{15}}b_2=\lim\limits_{r\rightarrow\frac{4}{15}}\dfrac{[2(8r-2-\sqrt{r(4r-1)})]'}{(15r-4)'}=\dfrac{1}{2}$，且画出点 $A\left(\dfrac{4}{15},\dfrac{1}{2}\right)$，结合条件③$r=\dfrac{4}{15}$，$0<b<\dfrac{1}{2}$，得到图 6-8 区域Ⅰ的均衡范围，由此命题 6-4 中(1)得证。同理可证明命题 6-4 中其他命题。

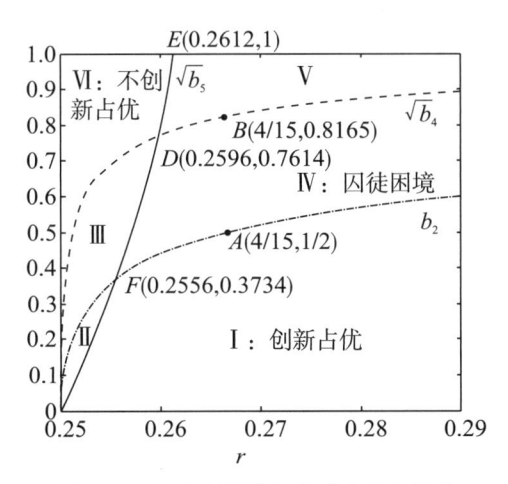

图 6-8 流程创新选择的博弈均衡演化

命题 6-4 表明，制造商是否选择帮助供应商进行流程创新，需要综合考虑外部横向竞争环境和自身的创新投资水平。

(1) 说明当流程创新投资系数和横向竞争强度处于图 6-8 中区域 Ⅰ，横向竞争强度相对较弱，制造商帮助供应商进行流程创新是实现上下游双方双赢的占优均衡策略，且随着流程创新投资系数的逐渐增大，该均衡区域也逐渐增大，即流程创新作为占优均衡策略的选择条件范围加大。

(2) 当流程创新投资系数相对较小，竞争也较弱，如图 6-8 区域 Ⅱ 所示，选择流程创新或不选择流程创新均可能是制造商的最终均衡策略。由图 6-8 区域 Ⅱ 可知，该均衡区域随横向竞争和流程创新投资系数先增大后减小，直至为零。

(3) 如果流程创新投资系数不变，横向竞争稍微加剧，当流程创新投资系数稍微增大，横向竞争也加剧，如图 6-8 区域 Ⅲ 所示，则对两条供应链的制造商来说，创新链与不创新链的混合结构是最终均衡。由图 6-8 区域 Ⅲ 可知，该均衡区域由零逐渐增大，直至流程创新投资系数达到 0.2596，及横向竞争强度达到 0.7614 时，该均衡区域消失。

(4) 当横向竞争强度相对适中，且流程创新投资系数严重依赖于该横向竞争强度时，如图 6-8 区域 Ⅳ 所示，虽然两条链均进行流程创新是最终的均衡策略，但均进行流程创新会产生囚徒困境，且该囚徒困境区域由零逐渐增大，直至趋于稳定。

(5) 当竞争非常激烈，流程创新投资系数也相对较大时，如图 6-8 中区域 Ⅴ 所示，激烈的横向竞争使得制造商们会放弃帮助供应商进行流程创新，两个制造商均不帮助供应商创新是最终的均衡。

(6) 当竞争很激烈，而制造商的流程创新投资系数小，创新投资额度很小时，如图 6-8 区域 Ⅵ 所示，则激烈的横向竞争带来的负外部性会导致两个制造商由均帮助供应商创新，转化为均不帮助供应商进行流程创新，且均不帮助供应商创新是制造商的占优均衡策略。

6.5 本章小结

本章通过构建两个占渠道主导地位的下游制造商与两个排他性上游供应商组成的竞争供应链模型，分析了制造商帮助其供应商进行流程创新、降低生产成本的选择机制，探索了流程创新实现上下游双赢、实现制造商绩效改进的博弈均衡演化过程和占优均衡，揭示了供应链间的横向竞争和创新投资系数对流程创新策略选择的影响，其主要结论如下。

(1) 无论竞争对手制造商是否帮助其供应商进行流程创新，本供应链中制造商对流程创新选择的机制为：在竞争较弱的时候，投入较小的创新投资成本；在竞争较激烈的时候，投入较高的创新投资成本。若制造商创新投资额度较小，只适合选择竞争不激烈的时候帮助供应商创新；若制造商创新投资额度较大，则不管竞争环境如何，创新都能改善供应链上下游绩效。

（2）若制造商愿意帮助供应商进行流程创新，且横向竞争较弱（该竞争强度阈值大小依赖于流程创新投资系数）时，帮助供应商进行流程创新是上下游双赢的占优均衡策略。

（3）当外部竞争环境非常激烈，创新投资额度又不高，则激烈的横向竞争带来的强负外部性超过流程创新带来的正外部性，均不扶持创新是制造商们的占优均衡策略。

本章的研究成果拓展了现有流程创新和竞争供应链理论，也为日益激烈的市场竞争环境下制造型企业进行业务或管理流程创新，实现低成本优势提供了参考价值。但本章的研究也存在一些不足，如没有考虑市场需求的不确定性和供应链中的其他成本（库存成本，销售成本等）等对流程创新选择的影响，将在后续研究中进行拓展和补充。

第 7 章 基于风险厌恶型零售商的竞争供应链流程创新选择

本章将基于需求不确定环境,根据博弈论和均值-方差效用函数,构建两个风险中性制造商和两个排他性风险厌恶型零售商组成的竞争供应链模型,分别考虑制造商们均不进行流程创新、制造商们均进行流程创新、只有制造商 2 进行流程创新三种情形,对流程创新的单位成本改进量和零售价格均衡等进行比较分析,并对制造商进行或不进行流程创新时的利润进行比较,识别制造商是否进行流程创新以实现低成本优势的占优均衡选择。

7.1 问题的提出

在当代市场竞争日益激烈的环境下,许多企业对业务或管理流程进行创新,一方面降低单位运作成本,另一方面提高流程运作效率,例如京东物流采用无人车、无人机、无人配送站,智能机器人等对物流各环节进行流程创新,优化了传统人工分拣、打包、配送等业务流程。特别是其在 2020 年新冠疫情期间采用智能配送机器人为重点疫区配送医疗物资,以及在轮渡停运、公路封闭的情况采用无人机向偏远山区输送物资,创新了现有的配送流程。顺丰则采用全自动分拣系统和无人机运送货物等方式改善业务流程,其在 2020 年新冠疫情期间采用无人机累计运送疫情防控物资超 11 吨。另外,在汽车制造、家电、电子等行业也存在流程创新,例如 1987 年至 2002 年的美国汽车产业生产率增长的 45% 来自组装工厂的流程改进。随着现代企业之间的竞争已经演变为整条供应链间的竞争,流程创新已经成为提高企业及其供应链竞争力的重要方式之一。如果竞争对手供应链不进行流程创新,则本企业是否要进行流程创新?如果竞争对手供应链进行流程创新,则本企业是否也要进行流程创新?竞争对手创新对其自身利润等有何影响?如果市场需求不确定且零售商具有风险厌恶特征时,则市场需求不确定性、下游零售商的风险规避程度、供应链间的竞争强度,以及制造商的流程创新投资系数等如何影响制造商的流程创新决策?制造商进行流程创新能否提高其利润,能否降低单位生产成本以实现低成本优势，进而提高企业及整个供应链的竞争力？本章将针对两个风险中性制造商和两个排他性风险厌恶型零售商构成的竞争供应链模型，研究需求不确定时制造商是否进行流程创新，识别制造商绩效改进的占优均衡选择，为企业面临风险厌恶型合作伙伴时是否进行流程创新提供借鉴价值。

关于供应链与供应链竞争环境下的流程创新，Gupta 和 Loulou 分析了不同纵向控制结构下制造商的流程创新对供应链成员绩效的影响，并指出授权合同可激励制造商进行流程创新以降低生产成本；Gupta 考虑了创新的知识溢出效应，拓展了 Gupta 和 Loulou 的结论；Gilbert 和 Xia 等假设制造商和供应商都有成本降低的机会，分析了制造商的外包策略和制造商主导的纵向控制结构选择策略。这类文献研究了流程创新时竞争供应链的纵向控制结构，但未研究创新实现供应链成员绩效改进的条件。Ha 等分析了成本降低创新和需求信息分享之间的关系。但是现有基于供应链与供应链竞争环境下的流程创新并没有考虑需求不确定环境下风险规避型零售商对制造商进行流程创新选择的影响。本章将构建两个风险中性制造商与两个排他性风险厌恶型零售商组成的竞争供应链模型，研究制造商是否进行流程创新以降低单位成本，进而提高其利润和零售商利润，识别实现制造商和零售商双赢的流程创新选择的占优均衡条件，并分析需求波动风险、零售商风险厌恶程度、供应链竞争强度和创新投资系数对流程创新选择的影响。所作成果拓展了 Gupta 和 Loulou 现有理论研究，为需求不确定环境下企业面临风险规避型下游企业时如何进行流程创新决策提供参考借鉴价值。

7.2 基本模型

本章基于需求不确定环境下两个风险中性制造商与两个排他性风险厌恶型零售商构成的价格竞争供应链模型，考察制造商是否进行流程创新以降低单位生产成本（如图 7-1 所示），分析风险厌恶程度、价格竞争强度、市场需求波动风险、流程创新投资系数等对制造商进行流程创新选择的影响，并识别制造商和零售商实现双赢的流程创新选择机制。

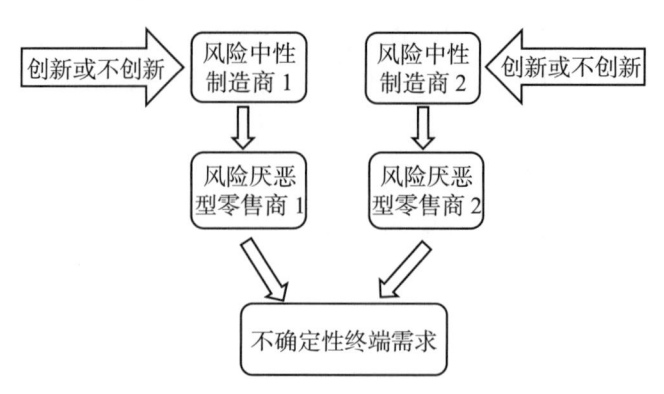

图 7-1　需求不确定环境下的价格竞争供应链结构

根据 Gupta 和 Loulou、Gupta 等人的研究，两制造商进行流程创新的成本均为 rx_i^2，其中 x_i 为单位成本的改进量，r 为流程创新投资系数。假定两个制造商的初始单位生产成本均为 c，进行流程创新后的单位生产成本为 $c_i = c - x_i$。基于经济学原理，零售商 i 面临的市场需求函数为

$$q_i = a - p_i + bp_j, j = 3 - i, i = 1, 2 \quad (7-1)$$

$$a = a_0 + e, e \sim N(0, v) \quad (7-2)$$

式中，a 为零售商 i 面临的潜在市场需求量，其均值为 a_0，$a_0 > c$；e 为潜在市场需求的不确定性部分，服从均值为零与方差为 v 的正态分布，v 代表了市场需求波动的风险大小；b 为两个产品的替代程度，也即横向价格竞争强度，且 $0 < b < 1$；p_i 和 q_i 分别为第 i 条供应链的产品零售价格和需求量。

因零售商具有风险厌恶特征，根据 Chiu 等和 Gupta 和 Ivanov，采用均值－方差函数刻画零售商的效用，其表达式为

$$E[U(\pi_{R_i})] = E(\pi_{R_i}) - \tau \mathrm{Var}(\pi_{R_i}), \quad (7-3)$$

式中，$E(\pi_{R_i})$ 为零售商 i 的期望收益；τ 为风险厌恶程度，τ 越大说明越厌恶风险。$E(\pi_{R_i}) = (p_i - w_i)E(q_i)$，$\mathrm{Var}(\pi_{R_i}) = v(p_i - w_i)^2$。

本章所研究问题的博弈顺序：首先，作为渠道主导者的制造商选择是否进行流程创新，如果进行流程创新，则决定单位成本改进量 x_i 和批发价格 w_i；如果不进行流程创新，则仅决定批发价格 w_i。其次，零售商根据制造商提供的批发价格决定零售价格，并向制造商发出订单；最后，制造商满足零售商的订单，零售商满足市场需求，形成横向竞争市场。

记 $t_i = \{n, s\}$，$i = 1, 2$，其中 t_i 是制造商 i 的创新选择策略，n 表示不进行流程创新，s 表示进行流程创新，本章共有四种情形，如表 7-1 所示。因本章考虑两条对称的成熟供应链，所以两条竞争性供应链的制造商们是否进行流程创新有三种组合情形，即 $T = t_1 t_2 = \{nn, ss, ns\}$，$T$ 是制造商们的流程创新策略选择组合。本章将分别计算这三种情形的均衡，并识别制造商是否进行流程创新的占优均衡。

表 7－1　竞争供应链的创新选择组合

		制造商 2	
		不进行流程创新(n)	进行流程创新(s)
制造商 1	不进行流程创新(n)	nn	ns
	进行流程创新(s)	sn	ss

本章相关假定如下：

（1）不失一般性，假定供应链中的其他成本（例如销售成本、库存成本等）均为零，且制造商的生产量正好满足市场需求。

（2）上下游间的合同内容常因保密性不为竞争对手所知，遂假定批发价格合同内容不被竞争对手所观测。

（3）制造商的生产量和零售商的订货量、市场需求量相等。

本章所涉及的相关符号说明如表 7－2 所示：

表 7－2　相关符号说明

符号	说明
a	潜在市场需求量，其均值为 a_0
b	价格竞争强度，且 $0<b<1$，b 越大表明供应链间的竞争越激烈
e	潜在市场需求的不确定性部分
v	需求波动风险
τ	零售商的风险厌恶程度，τ 越大说明零售商规避风险的程度越强
p_i	产品 i 的价格，$i=1,2$
q_i	产品 i 的需求量，$i=1,2$
w_i	产品 i 批发价格，$i=1,2$
r	流程创新投资系数
x_i	产品 i 的单位成本改进量，$i=1,2$
rx_i^2	流程创新投资额
c	单位生产成本
$c-x_i$	改进后的单位生产成本
$E(\pi_{R_i})$	零售商 i 的期望收益，$i=1,2$
$E[U(\pi_{R_i})]$	零售商 i 的期望效用，$i=1,2$
$E(\pi_{M_i})$	制造商 i 的期望利润，$i=1,2$

7.3 基于创新或不创新的均衡

7.3.1 制造商们均不进行流程创新

若两条竞争性供应链中的制造商均不进行流程创新来改进生产成本($T=nn$ 情形),则风险中性制造商通过决策批发价格获得最大期望利润,风险厌恶型零售商通过决策零售价格获得最大效用,零售商和制造商的决策模型分别为

$$\underset{p_i^{nn}}{\text{Max}} E[U(\pi_{R_i}^{nn})] = E(\pi_{R_i}^{nn}) - \tau v(p_i^{nn} - w_i^{nn})^2 \quad (7-4)$$

$$\underset{w_i^{nn}}{\text{Max}} E(\pi_{M_i}^{nn}) = (w_i^{nn} - c) E(q_i^{nn}) \quad (7-5)$$

根据博弈顺序和倒推法,将式(7-1)至式(7-3)代入式(7-4),求出零售商 i 期望效用最大时的最优零售价格如下所示

$$p_i^{nn} = \frac{a_0 + bp_j^{nn} + w_i^{nn} + 2\tau v w_i^{nn}}{2(1+\tau v)} \quad (7-6)$$

将式(7-6)代入式(7-1)和式(7-2),得到

$$E(q_i^{nn}) = \frac{(a_0 + bp_j^{nn} - w_i^{nn})(1 + 2\tau v)}{2(1+\tau v)} \quad (7-7)$$

将式(7-7)代入式(7-5),结合导数求出制造商期望利润最大时的批发价格如下:

$$w_i^{nn} = \frac{(a_0 + bp_j^{nn} + c)}{2} \quad (7-8)$$

从而得到供应链 i 的最优零售价格

$$p_i^{nn} = \frac{(a_0 + bp_j^{nn} + c)}{2} + \frac{(a_0 + bp_j^{nn} - c)}{4(1+\tau v)} \quad (7-9)$$

同理得到供应链 j 的最优零售价格

$$p_j^{nn} = \frac{(a_0 + bp_i^{nn} + c)}{2} + \frac{(a_0 + bp_i^{nn} - c)}{4(1+\tau v)} \quad (7-10)$$

联立式(7-9)和式(7-10),得到两条供应链的最优零售价格如下

$$p_i^{nn} = p_j^{nn} = \frac{(3a_0 + 2a_0\tau v + c + 2c\tau v)}{(4 - 3b + 4\tau v - 2b\tau v)} \quad (7-11)$$

将式(7-11)代入式(7-8),可得制造商利润最大时的最优批发价格为

$$w_i^{nn} = \frac{(2a_0 + 2a_0\tau v + 2c - bc + 2c\tau v)}{(4 - 3b + 4\tau v - 2b\tau v)} \quad (7-12)$$

将式(7-11)和式(7-12)代入式(7-7),可得

$$E(q_i^{nn}) = \frac{(1+2\tau v)(a_0 - c + bc)}{(4 - 3b + 4\tau v - 2b\tau v)} \quad (7-13)$$

将式(7-11)、式(7-12)和式(7-13)代入式(7-4)和式(7-5)，得到如下均衡

$$E[U(\pi_{R_i}^{nn})] = \frac{(a_0 - c + bc)^2(1 + \tau v)}{(4 - 3b + 4\tau v - 2b\tau v)^2} \quad (7-14)$$

$$E(\pi_{M_i}^{nn}) = \frac{2(a_0 - c + bc)^2(1 + 2\tau v)(1 + \tau v)}{(4 - 3b + 4\tau v - 2b\tau v)^2} \quad (7-15)$$

上述式子说明若制造商不进行流程创新，则批发价和零售价的制定、上下游双方的期望效用等均受市场需求均值、需求波动风险、零售商的风险厌恶程度、制造商的单位生产成本及竞争强度的影响。

7.3.2 制造商们均进行流程创新

若两条竞争性供应链中的制造商均进行流程创新（$T = ss$ 情形），则制造商需要决策单位生产成本改进量和批发价格，零售商根据制造商提供的批发价格合同决策零售价格。零售商和制造商的决策模型分别为

$$\underset{p_i^{ss}}{\text{Max}} E[U(\pi_{R_i}^{ss})] = E(\pi_{R_i}^{ss}) - \tau v(p_i^{ss} - w_i^{ss})^2 \quad (7-16)$$

$$\underset{w_i^{ss}, x_i^{ss}}{\text{Max}} E(\pi_{M_i}^{ss}) = w_i^{ss} E(q_i^{ss}) - (c - x_i^{ss}) E(q_i^{ss}) - r(x_i^{ss})^2 \quad (7-17)$$

式中，$E(\pi_{R_i}^{nn}) = (p_i^{nn} - w_i^{nn}) E(q_i^{nn})$，$E(\pi_{R_i}^{ss}) = (p_i^{ss} - w_i^{ss}) E(q_i^{ss})$。根据纵向斯塔克尔伯格博弈规则和纵向合同的不可观测性，采用倒推法，将式(7-1)至式(7-3)代入式(7-16)，求出零售商 i 期望效用最大时的最优零售价格如下

$$p_i^{ss} = \frac{a_0 + bp_j^{ss} + w_i^{ss} + 2\tau v w_i^{ss}}{2(1 + \tau v)} \quad (7-18)$$

将式(7-18)代入式(7-1)和式(7-2)，得到

$$E(q_i^{ss}) = \frac{(a_0 + bp_j^{ss} - w_i^{ss})(1 + 2\tau v)}{2(1 + \tau v)} \quad (7-19)$$

将式(7-19)代入式(7-17)，求出制造商期望利润最大时的批发价格和单位成本改进量，分别如下

$$w_i^{ss} = \frac{a_0 + bp_j^{ss} + c - x_i^{ss}}{2} \quad (7-20)$$

$$x_i^{ss} = \frac{(a_0 + bp_j^{ss} - w_i^{ss})(1 + 2\tau v)}{4r(1 + \tau v)} \quad (7-21)$$

联立式(7-20)和式(7-21)，得到

$$w_i^{ss} = \frac{(4ra_0 - 2b\tau v p_j^{ss} + 4rbp_j^{ss} + 4rc - a_0 + 4r\tau v a_0 + 4r\tau v bp_j^{ss} + 4r\tau v c - 2a_0 \tau v - bp_j^{ss})}{8r + 8r\tau v - 1 - 2\tau v} \quad (7-22)$$

$$x_i^{ss} = \frac{a_0 + 2a_0\tau v + 2b\tau v p_j^{ss} + bp_j^{ss} - c - 2\tau vc}{8r + 8r\tau v - 1 - 2\tau v} \quad (7-23)$$

将式(7-22)和式(7-23)代入式(7-18)，得到

$$p_i^{ss} = \frac{\begin{array}{c}(6ra_0 + 4r\tau vbp_j^{ss} - 2a_0\tau v - 2b\tau v p_j^{ss} + \\ 4r\tau v a_0 + 4r\tau vc - bp_j^{ss} + 6rbp_j^{ss} + 2rc - a_0)\end{array}}{8r + 8r\tau v - 1 - 2\tau v} \quad (7-24)$$

同理可以求得供应链 j 的零售价格如下

$$p_j^{ss} = \frac{\begin{array}{c}(6ra_0 + 4r\tau vbp_i^{ss} - 2a_0\tau v - 2b\tau v p_i^{ss} + 4r\tau v a_0 + \\ 4r\tau vc - bp_i^{ss} + 6rbp_i^{ss} + 2rc - a_0)\end{array}}{8r + 8r\tau v - 1 - 2\tau v} \quad (7-25)$$

联立式(7-24)和式(7-25)，得到零售价格竞争均衡如下

$$p_i^{ss} = p_j^{ss} = \frac{a_0 - 6ra_0 - 2rc - 2(2ra_0 + 2rc - a_0)\tau v}{1 - b + 6rb - 8r + 2\tau v(2br - 4r - b + 1)} \quad (7-26)$$

将式(7-26)代入式(7-22)和式(7-23)，得到最优批发价格和单位成本改进量如下

$$w_i^{pp} = \frac{a_0 - 4ra_0 - 4rc + 2bcr - 2(2ra_0 + 2rc - a_0)\tau v}{1 - b + 6rb - 8r + 2\tau v(2br - 4r - b + 1)} \quad (7-27)$$

$$x_i^{ss} = \frac{(c - a_0 - bc)(1 + 2\tau v)}{1 - b + 6rb - 8r + 2\tau v(2br - 4r - b + 1)} \quad (7-28)$$

将式(7-26)和式(7-27)代入式(7-19)，得到最优订货量如下

$$E(q_i^{ss}) = \frac{2t(1 + 2\tau v)(c - a_0 - bc)}{1 - b + 6rb - 8r + 2\tau v(2br - 4r - b + 1)} \quad (7-29)$$

将以上各均衡代入式(7-16)和式(7-17)，得到零售商的期望效用和制造商的期望利润如下

$$E[U(\pi_{R_i}^{ss})] = \frac{4r^2(a_0 - c + bc)^2(1 + \tau v)}{[1 - b + 6rb - 8r + 2\tau v(2br - 4r - b + 1)]^2} \quad (7-30)$$

$$E(\pi_{M_i}^{ss}) = \frac{r(a_0 - c + bc)^2(1 + 2\tau v)(8r\tau v - 1 - 2\tau v + 8r)}{[1 - b + 6rb - 8r + 2\tau v(2br - 4r - b + 1)]^2} \quad (7-31)$$

上述式子说明若制造商进行流程创新，则批发价格、零售价格和单位成本改进量受市场需求均值、需求波动风险、零售商的风险厌恶程度、制造商的单位生产成本、价格竞争强度以及流程创新投资系数的影响，因而，企业在进行定价决策和创新决策时需考虑这些因素。

7.3.3 仅制造商2进行流程创新

假定第一条供应链中的制造商不进行流程创新，第二条供应链中的制造商进行流程创新($T=ns$ 情形)，则两条供应链中零售商和制造商的决策模型分别为

$$\underset{p_1^{ns}}{\text{Max}} E[U(\pi_{R_1}^{ns})] = E(\pi_{R_1}^{ns}) - \tau v (p_1^{ns} - w_1^{ns})^2 \qquad (7-32)$$

$$\underset{w_1^{ns}}{\text{Max}} E(\pi_{M_1}^{ns}) = (w_1^{ns} - c) E(q_1^{ns}) \qquad (7-33)$$

$$\underset{p_2^{ns}}{\text{Max}} E[U(\pi_{R_2}^{ns})] = E(\pi_{R_2}^{ns}) - \tau v (p_2^{ns} - w_2^{ns})^2 \qquad (7-34)$$

$$\underset{w_2^{ns}, x_2^{ns}}{\text{Max}} E(\pi_{M_2}^{ns}) = w_2^{ns} E(q_2^{ns}) - (c - x_2^{ns}) E(q_2^{ns}) - r(x_2^{ns})^2 \qquad (7-35)$$

式中，$E(\pi_{R_1}^{ns}) = (p_1^{ns} - w_1^{ns}) E(q_1^{ns})$，$E(\pi_{R_2}^{ns}) = (p_2^{ns} - w_2^{ns}) E(q_2^{ns})$。根据纵向斯塔克尔伯格博弈规则和纵向合同的不可观测性，采用倒推法，得到零售价格竞争均衡如下

$$p_1^{ns} = \frac{\begin{bmatrix} 4\tau^2 v^2 (4ra_0 - c - ba_0 - a_0 + 4rc + 2bra_0 + 2brc) + \\ 4\tau v(10ra_0 - c - 2ba_0 - 2a_0 + 6rc + 6bra_0 + 4brc) + \\ 2(3b+4)(3a_0 + c) - 3a_0 - c - 3ba_0 \end{bmatrix}}{\begin{bmatrix} 4\tau^2 v^2 (8r - 2rb^2 + b^2 - 2) + 4\tau v(16r - 6rb^2 + 2b^2 - 3) + \\ 32r - 18rb^2 + 3b^2 - 4 \end{bmatrix}} \qquad (7-36)$$

$$p_2^{ns} = \frac{\begin{bmatrix} 4\tau^2 v^2 (4ra_0 - bc - ba_0 - 2a_0 + 4rc + 2bra_0 + 2brc) + \\ 4\tau v(10ra_0 - bc - 2ba_0 - 3a_0 + 6rc + 6bra_0 + 4brc) + \\ 2(3b+4)(3a_0 + c) - 4a_0 - bc - 3ba_0 \end{bmatrix}}{\begin{bmatrix} 4\tau^2 v^2 (8r - 2rb^2 + b^2 - 2) + \\ 4\tau v(16r - 6rb^2 + 2b^2 - 3) + 32r - 18rb^2 + 3b^2 - 4 \end{bmatrix}} \qquad (7-37)$$

两个制造商的批发价格均衡如下

$$w_1^{ns} = \frac{\begin{bmatrix} 4\tau^2 v^2 (4ra_0 - c - ba_0 - a_0 + 4rc + 2bra_0 + 2brc) + \\ 2(3b+4)(2a_0 + 2c - bc) + b^2 c - 2a_0 - 2c - 2ba_0 + \\ 2\tau v(16ra_0 - 3c - 3ba_0 - 3a_0 + 16rc + b^2 c + \\ 10bra_0 + 6brc - 2b^2 rc) \end{bmatrix}}{\begin{bmatrix} 4\tau^2 v^2 (8r - 2rb^2 + b^2 - 2) + \\ 4\tau v(16r - 6rb^2 + 2b^2 - 3) + 32r - 18rb^2 + 3b^2 - 4 \end{bmatrix}} \qquad (7-38)$$

$$w_2^{ns} = \frac{\begin{bmatrix} 4\tau^2 v^2 (4ra_0 - bc - ba_0 - 2a_0 + 4rc + 2bra_0 + 2brc) + \\ 2(3b+4)(2a_0 + 2c - bc) - bc - 3ba_0 \\ + 4\tau v(8ra_0 - bc - 2ba_0 - 3a_0 + 8rc + 5bra_0 + 3brc - b^2 rc) \end{bmatrix}}{\begin{bmatrix} 4\tau^2 v^2 (8r - 2rb^2 + b^2 - 2) + \\ 4\tau v(16r - 6rb^2 + 2b^2 - 3) + 32r - 18rb^2 + 3b^2 - 4 \end{bmatrix}} \qquad (7-39)$$

两个零售商的订货量均衡如下

$$E(q_1^{ns}) = \frac{\left\{ (c - a_0 - bc)(1 + 2\tau v)[b - 8r - 6br + 1 + (2 + 2b - 8r - 4br)\tau v] \right\}}{\begin{bmatrix} 4\tau^2 v^2 (8r - 2rb^2 + b^2 - 2) + \\ 4\tau v(16r - 6rb^2 + 2b^2 - 3) + 32r - 18rb^2 + 3b^2 - 4 \end{bmatrix}} \qquad (7-40)$$

$$E(q_2^{ns}) = \frac{2r(a_0 - c + bc)(1 + 2\tau v)(4\tau v + 3b + 2b\tau v + 4)}{\begin{bmatrix} 4\tau^2 v^2 (8r - 2rb^2 + b^2 - 2) + \\ 4\tau v(16r - 6rb^2 + 2b^2 - 3) + 32r - 18rb^2 + 3b^2 - 4 \end{bmatrix}} \quad (7-41)$$

制造商 2 的最优单位成本改进量如下

$$x_2^{ns} = \frac{(a_0 - c + bc)(1 + 2\tau v)(4\tau v + 3b + 2b\tau v + 4)}{\begin{bmatrix} 4\tau^2 v^2 (8r - 2rb^2 + b^2 - 2) + \\ 4\tau v(16r - 6rb^2 + 2b^2 - 3) + 32r - 18rb^2 + 3b^2 - 4 \end{bmatrix}} \quad (7-42)$$

零售商们的最优期望效用函数和制造商们的最优期望利润分别如下

$$E[U(\pi_{R_1}^{ns})] = \frac{\left\{\begin{array}{c}(1+\tau v)(a_0 - c + bc)^2[(1+b)(1+2\tau v) - \\ 2(3b + 4\tau v + 2b\tau v + 4)r]^2\end{array}\right\}}{\left\{\begin{array}{c}[2(4\tau v - 2b\tau v + 4 - 3b)(3b + 4\tau v + 2b\tau v + 4)r - \\ (1+2\tau v)(4\tau v - 3b^2 + 4 - 2b^2\tau v)]^2\end{array}\right\}} \quad (7-43)$$

$$E[U(\pi_{R_2}^{ns})] = \frac{4r^2(3b + 4\tau v + 2b\tau v + 4)^2(1+\tau v)(a_0 - c + bc)^2}{\left\{\begin{array}{c}[2(4\tau v - 2b\tau v + 4 - 3b)(3b + 4\tau v + 2b\tau v + 4)r - \\ (1+2\tau v)(4\tau v - 3b^2 + 4 - 2b^2\tau v)]^2\end{array}\right\}} \quad (7-44)$$

$$E(\pi_{M_1}^{ns}) = \frac{\left\{\begin{array}{c}2(1 + 3\tau v + 2\tau^2 v^2)(a_0 - c + bc)^2[(1+b)(1+2\tau v) - \\ 2(3b + 4\tau v + 2b\tau v + 4)r]^2\end{array}\right\}}{\left\{\begin{array}{c}[2(4\tau v - 2b\tau v + 4 - 3b)(3b + 4\tau v + 2b\tau v + 4)r - \\ (1+2\tau v)(4\tau v - 3b^2 + 4 - 2b^2\tau v)]^2\end{array}\right\}}$$

$$(7-45)$$

$$E(\pi_{M_2}^{ns}) = \frac{\begin{bmatrix} r(1+2\tau v)(a_0 - c + bc)^2(3b + 4\tau v + \\ 2b\tau v + 4)^2(8r - 2\tau v + 8r\tau v - 1)\end{bmatrix}}{\left\{\begin{array}{c}[2(4\tau v - 2b\tau v + 4 - 3b)(3b + 4\tau v + 2b\tau v + 4)r - \\ (1+2\tau v)(4\tau v - 3b^2 + 4 - 2b^2\tau v)]^2\end{array}\right\}} \quad (7-46)$$

7.4 零售价格和单位成本改进量等的比较分析

本节将针对 7.3.1 节、7.3.2 节和 7.3.3 节的零售价格、销售量及单位成本改进量等进行比较分析。

7.4.1 零售价格和销量的比较分析

对制造商进行或不进行流程创新三种情形下的零售价格进行比较分析,因需保证制造商进行流程创新时期望利润为正,则 $r > r_0 = \frac{1+2\tau v}{8(1+\tau v)}$,即当 $r > r_0$ 时,$E(\pi_{M_i}^{ss}) > 0$,$E(\pi_{M_2}^{ns}) > 0$。另外,令 $E = 4\tau^2 v^2(8r - 2rb^2 + b^2 - 2) + 4\tau v(16r - 6rb^2 + 2b^2 - 3) + 32r - 18rb^2 + 3b^2 - 4$。

首先，比较 p_1^{ns} 与 p_i^{ss} 之差，其表达式如下

$$p_1^{ns} - p_i^{ss} = \frac{(a_0-c+bc)(1+2\tau v)^2(8r+8r\tau v-2\tau v-1)}{\{-[1-b+6rb-8r+2\tau v(2br-4r-b+1)]E\}}$$

因为 $r > r_0$，所以 $-[1-b+6rb-8r+2\tau v(2br-4r-b+1)] > \frac{b(1+2\tau v)^2}{4+4\tau v} > 0$，$E > \frac{b^2(1+2\tau v)^2(3+2\tau v)}{4+4\tau v} > 0$。易知 $p_1^{ns} > p_i^{ss}$。

p_i^{nn} 与 p_1^{ns} 之差如下

$$p_i^{nn} - p_1^{ns} = \frac{(a_0-c+bc)b(1+2\tau v)^2(3+2\tau v)}{[E(4-3b+4\tau v-2b\tau v)]},$$

由 $p_i^{nn} - p_1^{ns} > 0$ 可知，$p_i^{nn} > p_1^{ns}$，所以 $p_1^{ss} < p_1^{ns} < p_i^{nn}$。$p_1^{ns}$ 与 p_2^{ns} 之差如下：

$$p_1^{ns} - p_2^{ns} = \frac{(a_0-c+bc)(1+2\tau v)^2}{E}$$

因 $p_1^{ns} - p_2^{ns} > 0$ 得到 $p_1^{ns} > p_2^{ns}$，所以 $p_2^{ns} < p_1^{ns} < p_i^{nn}$。

命题 7-1 $p_i^{ss} < p_1^{ns} < p_i^{nn}$，$p_2^{ns} < p_1^{ns} < p_i^{nn}$，其中 $i = 1, 2$。

命题 7-1 表明，不管竞争对手供应链是否进行流程创新，只要制造商进行流程创新就可以降低生产成本，进而可以降低批发价格和零售价格，且不受价格竞争强度、流程创新投资系数、需求波动风险、零售商的风险厌恶程度的影响（$p_1^{ss} < p_1^{ns}$，$p_2^{ns} < p_2^{nn}$，$p_i^{ss} < p_i^{nn}$）；如果制造商1未进行流程创新，其竞争对手制造商2由不进行流程创新转为进行流程创新，则会促使制造商1降低零售价格（$p_1^{ns} < p_1^{nn}$），但该价格仍高于竞争对手创新后的价格（$p_1^{ns} > p_2^{ns}$）。

令 $a_0 = 2$，$b = 0.5$，$c = 1$，$\tau = 1$，$v = 1$，得到零售价格随流程创新投资系数的变化趋势图如图 7-2 所示。由图 7-2 可知，两条竞争供应链均不进行流程创新时的零售价格最高，在不创新供应链与创新供应链中，不创新供应链带来的零售价格高于创新供应链。两条链均创新时其零售价格是否最低，取决于流程创新投资系数。流程创新投资系数越大，创新成本越高，产品的零售价格越高，也越接近于不创新时的零售价格。

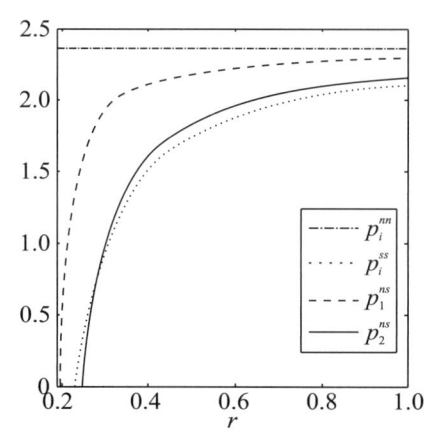

图 7-2 $a_0 = 2$，$b = 0.5$，$c = \tau = v = 1$ 时 p_i^T 随 r 的变化趋势

令 $a_0=2$, $b=0.5$, $c=1$, $r=1$, $\tau=1$，得到需求波动风险对零售价格的直观影响如图7-2所示。由图7-3可知，需求波动风险越大，零售商对风险越厌恶，则会降低零售价格以规避需求波动风险。在同等需求风险波动程度时，两条供应链均不创新时的零售价格最高，而创新可以减小单位生产成本，从而降低零售价格，因而两条供应链均创新时零售价格最低，仅一条供应链创新时的零售价格次之。图7-3表明，竞争对手进行流程创新会降低其产品价格，也会降低自己的产品价格。

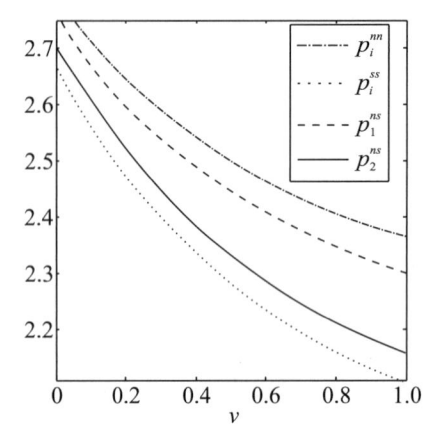

图7-3 $a_0=2$, $b=0.5$, $c=r=\tau=1$ 时 p_i^T 随 v 的变化

对于零售商在创新与否在各种情形下的销售，首先比较 $E(q_i^{ss})$ 与 $E(q_i^{nn})$ 大小，其作差如下

$$E(q_i^{ss})-E(q_i^{nn}) = \frac{(a_0-c+bc)(1+2\tau v)^2(b-1)}{[1-b+6rb-8r+2\tau v(2br-4r-b+1)](4-3b+4\tau v-2b\tau v)}$$

因 $r>r_0$，则 $[1-b+6rb-8r+2\tau v(2br-4r-b+1)]<0$，易得 $E(q_i^{ss})>E(q_i^{nn})$。

$$E(q_1^{ns})-E(q_i^{nn}) = \frac{-b(a_0-c+bc)(1+2\tau v)^3}{(4-3b+4\tau v-2b\tau v)E}$$

因 $E>0$，$4-3b+4\tau v-2b\tau v>0$，可得 $E(q_i^{nn})>E(q_1^{ns})$。

$$E(q_2^{ns})-E(q_i^{ss}) = \frac{2br(a_0-c+bc)(1+2\tau v)^3}{-[1-b+6rb-8r+2\tau v(2br-4r-b+1)]E}$$

由于 $-[1-b+6rb-8r+2\tau v(2br-4r-b+1)]>0$，$E>0$，因此 $E(q_2^{ns})>E(q_i^{ss})$，可得相关命题如下。

命题7-2 $E(q_2^{ns})>E(q_i^{ss})>E(q_i^{nn})>E(q_1^{ns})$，$i=1,2$。

命题7-2表明，不管竞争对手供应链是否进行流程创新，自身进行流程创新可以减少生产成本，降低批发价格和零售价格（由 $p_1^{ss}<p_1^{ns}$，$p_2^{ss}<p_2^{ns}$，$p_i^{ss}<p_i^{nn}$ 可知），从而提高产品销量[由 $E(q_1^{ss})>E(q_1^{ns})$，$E(q_2^{ns})>E(q_2^{nn})$，$E(q_i^{ss})>E(q_i^{nn})$ 可知]，且不受横向竞争强度、流程创新投资系数、需求波动风险、零售商的风险厌恶程度的影响。

为直观观察流程创新投资系数、需求波动风险对销量在不同情形下的大小关系，画直观图如图 7-4 和图 7-5 所示。由图 7-4 和图 7-5 知，创新供应链的销量大于非创新供应链的销量，且仅供应链 2 创新时的销量最高，高于均创新供应链。而不创新供应链（在不创新与创新的竞争性供应链情形中）的销量最低，且低于均不创新时的销量。虽然均不创新时的零售价价格最高（由命题 7-1 可知），但其销量并不是最低。

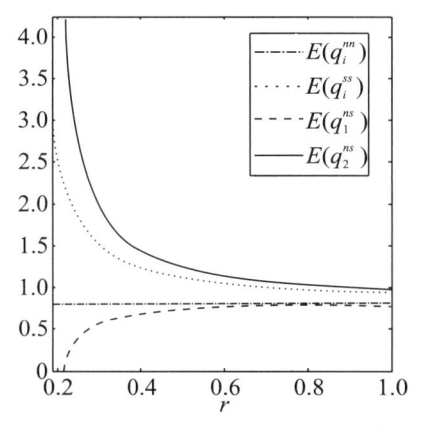

图 7-4 $a_0=2$，$b=0.5$，$c=\tau=v=1$ 时 $E(q_i^T)$ 随 r 的变化

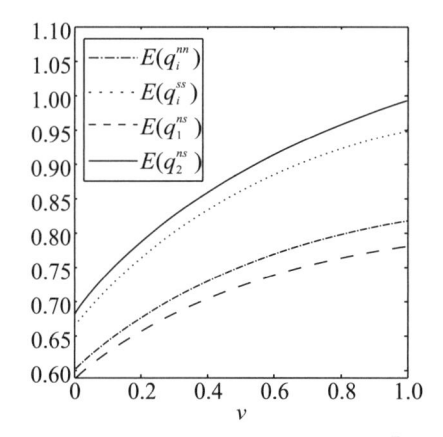

图 7-5 $a_0=2$，$b=0.5$，$c=r=\tau=1$ 时 $E(q_i^T)$ 随 v 的变化

另外，由图 7-4 可知，创新供应链的销量随流程创新投资系数的增大而减小，因为创新成本持续增大，零售价格也将持续上涨，进而导致销量下降。但在混合情形（ns）中的非创新供应链，其销量随创新供应链加大创新投入而继续增大，即获得了创新供应链的正向溢出效应。不过，由图 7-5 知因为零售商具有风险规避特性，所以随着需求波动风险逐渐加强，零售商降低产品价格，使得销售得到提高。

7.4.2 单位成本改进量的均衡比较分析

由 x_i^{ss} 与 x_2^{ns} 的表达式可知，当 $r>r_0$ 时，$x_i^{ss}>0$，$x_2^{ns}>0$，即只有当制造商的

流程创新投资系数大于特定阈值时，制造商进行流程创新才能获得正的单位成本改进量。否则，如果创新投入成本过低，一方面无法有效改进单位成本使得制造商获得低成本优势，另一方面也使得制造商的生产成本和创新投资成本高于销售收入，无法通过流程创新获益。

比较 x_i^{ss} 与 x_2^{ns} 的大小，作差可得

$$x_i^{ss} - x_2^{ns} = \frac{[b(1+2\tau v)^3(a_0-c+bc)]}{\{[1-b+6rb-8r+2\tau v(2br-4r-b+1)]E\}} < 0$$

命题 7-3 $x_i^{ss} < x_2^{ns}$。

命题 7-3 说明，当只有一个制造商进行流程创新时，创新带来的成本改进量相对较大，获取的低成本优势比较明显；而两条竞争性供应链均进行流程创新时，其成本改进量相对较小。因此，制造商在决策是否进行流程创新时需要抓住先动优势，若只有自己进行流程创新，改进量较大，但当竞争对手也进行流程创新后，双方的单位成本改进量均变小。

7.4.3 需求波动风险、流程创新投资系数等对单位成本改进量的影响分析

为分析市场需求波动风险、流程创新投资水平和价格竞争强度对单位成本改进量的影响，令

$$r_1 = \frac{a_0(1+2\tau v)}{2(3a_0+c+2a_0\tau v+2c\tau v)}$$

$$r_2 = \frac{[(1+2\tau v)(4\tau v+3b^2+4+2b^2\tau v)c+(3+2\tau v)(8b+4\tau v+3b^2+2b^2\tau v+8b\tau v+4)a_0](1+2\tau v)}{2(3a_0+c+2a_0\tau v+2c\tau v)(4+3b+4\tau v+2b\tau v)^2}$$

且 $r_1 > r_0$，$r_2 > r_0$，可得如下命题。

命题 7-4 (1) $\frac{\partial x_i^{ss}}{\partial r} < 0$，$\frac{\partial x_2^{ns}}{\partial r} < 0$。

(2) $\frac{\partial x_i^{ss}}{\partial v} > 0$，$\frac{\partial x_2^{ns}}{\partial v} > 0$，$\frac{\partial x_i^{ss}}{\partial \tau} > 0$，$\frac{\partial x_2^{ns}}{\partial \tau} > 0$。

(3) 当 $r > r_1$ 时，$\frac{\partial x_i^{ss}}{\partial b} > 0$；否则，反之。

(4) 当 $r > r_2$ 时，$\frac{\partial x_2^{ns}}{\partial b} > 0$，否则，反之。

证明：

单位成本改进量关于市场需求风险、流程创新投资系数、价格竞争强度的一阶导数分别如下

$$\frac{\partial x_i^{ss}}{\partial v} = \frac{8\tau r(a_0-c+bc)(1-b)}{[1-b+6rb-8r+2\tau v(2br-4r-b+1)]^2} > 0$$

即 $\dfrac{\partial x_i^{ss}}{\partial v} > 0$,同理,$\dfrac{\partial x_i^{ss}}{\partial \tau} > 0$。

$$\dfrac{\partial x_2^{ns}}{\partial v} = \dfrac{4\tau[b(1+b)(1+2\tau v)^2 + 2(1-b)r(4+3b+4\tau v+2b\tau v)^2](a_0-c+bc)}{E^2} > 0$$

即 $\dfrac{\partial x_2^{ns}}{\partial v} > 0$,同理,$\dfrac{\partial x_2^{ns}}{\partial \tau} > 0$。

$$\dfrac{\partial x_i^{ss}}{\partial r} = \dfrac{-2(a_0-c+bc)(1+2\tau v)(4-3b+4\tau v-2b\tau v)}{[1-b+6rb-8r+2\tau v(2br-4r-b+1)]^2} < 0,$$

即 $\dfrac{\partial x_i^{ss}}{\partial r} < 0$。

$$\dfrac{\partial x_2^{ns}}{\partial r} = \dfrac{\begin{bmatrix}(1+2\tau v)(a_0-c+bc)(4+3b+4\tau v+2b\tau v)\\(32\tau^2 v^2 - 8b^2\tau^2 v^2 + 64\tau v - 24b^2\tau v + 32 - 18b^2)\end{bmatrix}}{-E^2} < 0$$

即 $\dfrac{\partial x_2^{ns}}{\partial r} < 0$。

$$\dfrac{\partial x_i^{ss}}{\partial b} = \dfrac{2(1+2\tau v)(3a_0+c+2a_0\tau v+2c\tau v)(r-r_1)}{[1-b+6rb-8r+2\tau v(2br-4r-b+1)]^2}$$

当 $r > r_1$ 时,$\dfrac{\partial x_i^{ss}}{\partial b} > 0$,否则,反之。

$$\dfrac{\partial x_2^{ns}}{\partial b} = \dfrac{2(1+2\tau v)(4+3b+4\tau v+2b\tau v)^2(3a_0+c+2a_0\tau v+2c\tau v)(r-r_2)}{E^2}$$

易得当 $r > r_2$ 时,$\dfrac{\partial x_2^{ns}}{\partial b} > 0$;否则,反之。命题7-4得证。

随着流程创新投资系数的增大,创新成本投入越来越大,成本改进越来越难(由图7-6单位成本改进量的斜率变化可知),单位成本改进量越来越小。由图7-6可知,均创新时的单位成本改进量在流程创新投资系数较小时大于仅一条链创新时的单位成本改进量,但随着创新投入增大,两者的单位成本改进量越来越接近。

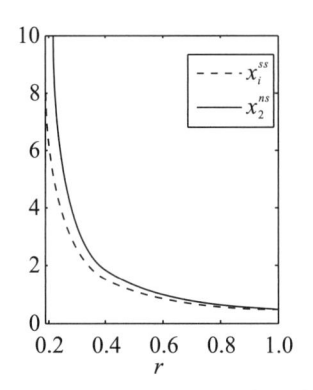

图7-6 $a_0=2$,$b=0.5$,$c=\tau=v=1$ 时 x_i^{ss} 与 x_2^{ns} 随 r 的变化

基于流程创新的单位成本改进量随需求波动风险(或零售商的风险厌恶程度)的

增大而增大，即产品需要更好的低成本优势来应对需求的较大波动性，零售商对需求波动风险厌恶程度越高，则制造商需要进行的单位成本改进程度越高。由图 7-7 可知，当需求波动风险较小时，两种情形下的单位成本改进量差距较小，但随着需求波动风险加剧，两种情形下的单位成本改进量差距增大，仅一条供应链创新带来的单位成本改进量优于两条供应链均创新情形。

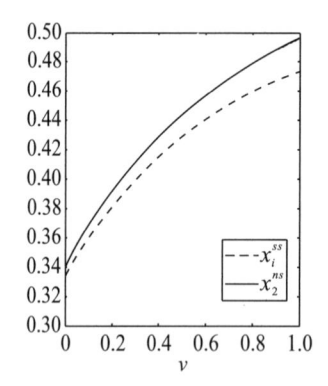

图 7-7　$a_0=2$，$b=0.5$，$c=\tau=r=1$ 时 x_i^{ss} 与 x_2^{ns} 随 v 的变化

当流程创新投资系数超过一定阈值时，单位成本改进量随着横向竞争的加剧而增大，即只要制造商保证一定的创新投资成本，市场竞争越激烈，制造商会加大产品的生产成本改进程度，以提高竞争力。由图 7-8 可知，竞争较弱时，两者没有较强的动力进行单位成本改进，其改进量较小，且相差不大。但随着竞争加剧，为获得市场竞争力，两种情形下的单位成本改进量均提升，且单链创新改进程度优于双链创新。

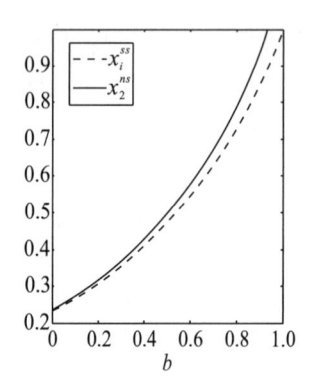

图 7-8　$a_0=2$，$c=r=\tau=v=1$ 时 x_i^{ss} 与 x_2^{ns} 随 b 的变化

7.5 基于制造商绩效改进的流程创新选择

7.5.1 两条链均不创新或均创新时的选择

记 $E(\pi_{M_i}^{ss})=E(\pi_{M_i}^{nn})$ 关于流程创新投资系数 r 的边界函数为 r_3，其表达式如下

$$r_3 = \frac{2(1+\tau v)(1+2\tau v)(1-b)^2}{(3b-4+2b\tau v-4\tau v)(6b-4)\tau(v-v_1)}$$

式中，v_1 为市场需求波动风险临界值，$v_1 = -\dfrac{5b-4}{2\tau(3b-2)}$。

引理 7-1 (1)当 $\dfrac{2}{3}<b<\dfrac{4}{5}$ 时，$v_1>0$；(2)当 $0<b<\dfrac{2}{3}$ 或 $\dfrac{4}{5}<b<1$ 时，$v_1<0$；(3)当 $0<b<\dfrac{2}{3}$ 时，或者当 $\dfrac{2}{3}<b<\dfrac{4}{5}$ 且 $0<v<v_1$ 时，$r_3>r_0$，$r_3>0$；(4)当 $\dfrac{4}{5}<b<1$ 时，或者当 $\dfrac{2}{3}<b<\dfrac{4}{5}$ 且 $v>v_1>0$，$r_3<0$。

命题 7-5 当价格竞争强度、市场需求风险、流程创新投资系数满足以下条件时，$E(\pi_{M_i}^{ss})>E(\pi_{M_i}^{nn})$

① $0<b<\dfrac{2}{3}$，且 $r>r_3$；

② $\dfrac{2}{3}<b<\dfrac{4}{5}$，$0<v<v_1$，且 $r>r_3$。

否则，$E(\pi_{M_i}^{ss})<E(\pi_{M_i}^{nn})$，条件如下

① 当 $0<b<\dfrac{2}{3}$，且 $r_0<r<r_3$ 时；

② 当 $\dfrac{2}{3}<b<\dfrac{4}{5}$，$0<v<v_1$，且 $r_0<r<r_3$ 时；

③ 当 $\dfrac{2}{3}<b<\dfrac{4}{5}$ 且 $v>v_1>0$ 时；

④ 当 $\dfrac{4}{5}<b<1$ 时。

证明：两条链均进行流程创新或均不进行流程创新时制造商的期望利润之差为

$$E(\pi_{M_i}^{ss})-E(\pi_{M_i}^{nn}) = \frac{\tau(c-a_0-bc)^2(1+2\tau v)^2(6b-4)(v-v_1)(r-r_3)}{[1-b+6rb-8r+2\tau v(2br-4r-b+1)]^2(3b-4+2b\tau v-4\tau v)}$$

当 $(6b-4)(v-v_1)(r-r_3)<0$ 时，$E(\pi_{M_i}^{ss})>E(\pi_{M_i}^{nn})$。

当 $\frac{2}{3}<b<\frac{4}{5}$ 时，$v_1>0$；当 $0<b<\frac{2}{3}$ 或 $\frac{4}{5}<b<1$ 时，$v_1<0$。并且当 $0<b<\frac{2}{3}$ 时，或者当 $\frac{2}{3}<b<\frac{4}{5}$ 且 $0<v<v_1$ 时，$r_3>r_0$，$r_3>0$；当 $\frac{4}{5}<b<1$ 时，或者当 $\frac{2}{3}<b<\frac{4}{5}$ 且 $v>v_1>0$，$r_3<0$。可知当 $0<b<\frac{2}{3}$，且 $r>r_3>0$ 时；或者当 $\frac{2}{3}<b<\frac{4}{5}$，$0<v<v_1$，且 $r>r_3>0$ 时，$E(\pi_{M_i}^{ss})>E(\pi_{M_i}^{m})$。亦得当 $0<b<\frac{2}{3}$，且 $r_0<r<r_3$ 时；或 $\frac{2}{3}<b<\frac{4}{5}$，$0<v<v_1$，且 $r_0<r<r_3$ 时；或 $\frac{2}{3}<b<\frac{4}{5}$ 且 $v>v_1>0$ 时；或 $\frac{4}{5}<b<1$ 时，$E(\pi_{M_i}^{ss})<E(\pi_{M_i}^{m})$。命题 7-5 得证。

  命题 7-5 表明，横向竞争相对较弱时，流程创新的选择仅依赖于流程创新投资系数，即产品替代性弱、差异化明显时，不管需求波动风险和零售商的风险厌恶程度怎样，制造商若要从不创新转为创新，需以较大的流程创新投资系数进行创新才能改善其绩效。若流程创新投资系数较小，则创新成本的增加和创新收益的不足使制造商无法实现绩效改进，不创新反而最优。

  若竞争强度适中，则需综合考虑需求波动风险和流程创新投资系数，即在需求波动风险相对较小时以较大的流程创新投资系数进行流程创新，如果此时创新投入不足或需求波动风险增大，则创新反而降低制造商们的绩效。若横向竞争非常激烈时，产品替代性非常强，不管需求风险、流程创新投资系数如何，即使进行流程创新也无法提高产品的竞争力和制造商的绩效。

  为直观展示命题 7-5 的结论，对命题 7-5 进行数值分析，如图 7-9 至图 7-11 所示。由图 7-9 可知，当流程创新投资系数大于 0.218 时，制造商们由不创新转为创新可实现绩效改进，改进程度如图 7-9 中区域 Ⅰ 所示。当流程创新投资系数小于 0.218 时，如图 7-9 中区域 Ⅱ 所示，创新无法使制造商们获得绩效改进，甚至当 $r<r_0=\frac{1+2\tau v}{8(1+\tau v)}=0.188$ 时，制造商的期望绩效为负。因为流程创新投资系数较小时，改进量反而较大，制造商依然需要负担较高的创新投入成本，而此时销售收入不够覆盖成本，使得制造商的绩效为负。

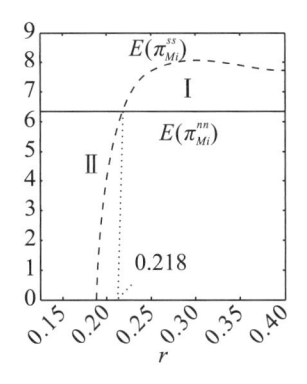

图 7－9　$a_0=5$，$b=0.5$，$c=2$，$\tau=v=1$ 时的 $E(\pi_{M_i}^{ss})$ 与 $E(\pi_{M_i}^{nn})$ 随 r 的变化趋势

由图 7－10 可知，创新时制造商的期望利润随需求波动风险或零售商的风险厌恶程度先增大后减小，而不创新时制造商的期望利润则逐渐增大，原因为需求波动风险小或零售商风险厌恶程度低，单位成本改进量低，所需创新投资成本小，而零售商的期望订货量随需求波动性或风险厌恶程度的增大而加大 $\left(\dfrac{\partial E(q_i^{ss})}{\partial v}>0\right)$，创新给制造商带来的销售收入超过生产成本和创新投资成本，因而制造商的期望利润随需求波动风险或零售商的风险厌恶程度增大；当需求波动风险或零售商的风险厌恶程度加大时，单位成本改进量大，所需创新成本高，创新带来的销售收入小于生产成本和创新成本，此时制造商的期望利润随需求风险的增大而减小。若制造商不进行流程创新，当需求波动风险增大或零售商的风险厌恶程度增强时，订货量的增量超过批发价格的下降量，制造商的期望利润增大。另外，如图 7－10 区域 I 所示当需求方差小于 0.675 时，流程创新可以改进制造商的绩效（如区域 I 所示），但改进量随需求风险增大而逐渐减小，直至消失；当需求方差大于 1.5 时，制造商的期望利润为负。

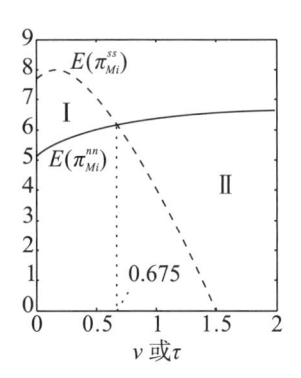

图 7－10　$a_0=5$，$b=0.5$，$c=2$，$r=0.2$，$\tau=1$ 或 $v=1$ 时的 $E(\pi_{M_i}^{ss})$ 与 $E(\pi_{M_i}^{nn})$ 随 v 或 r 的变化趋势

由图 7－11 可知，当横向竞争较弱时，制造商们进行流程创新可以实现其绩效的帕累托改进，但改进程度随横向竞争的加剧而减小，直至价格竞争强度达到 0.4

时，改进程度为零。因为价格竞争加剧导致的横向负外部性超过流程创新带来的纵向正外部性，所以在价格竞争激烈时，制造商们最好的策略是不进行流程创新。

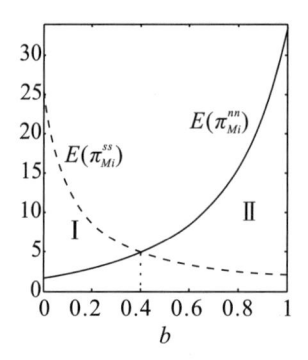

图 7-11 $a_0=5$，$c=2$，$\tau=1$，$r=0.2$，$v=1$ 时的 $E(\pi_{M_i}^{ss})$ 与 $E(\pi_{M_i}^{nn})$ 随 b 的变化趋势

7.5.2 竞争对手不进行或进行创新时的选择

记 $E(\pi_{M_2}^{ns})=E(\pi_{M_2}^{nn})$ 关于流程创新投资系数 r 的边界函数为 r_4，其表达式如下

$$r_4 = \frac{2(1+\tau v)(1+2\tau v)(4-3b^2+4\tau v-2b^2\tau v)^2}{(4-3b+4\tau v-2b\tau v)(3b+4\tau v+2b\tau v+4)[16(1+\tau v)^2-(3+2\tau v)(5+6\tau v)b^2]}$$

且 $r_4 > r_0$。

记 $E(\pi_{M_1}^{ss})=E(\pi_{M_1}^{ns})$ 关于流程创新投资系数 r 的边界函数为 r_5，r_6 和 r_7，其中 r_6 和 r_7 是共轭复根。

$$r_5 = \frac{G}{3H} + [N+\sqrt{N^2-M^3}]^{\frac{1}{3}} + \frac{M}{[N+\sqrt{N^2-M^3}]^{\frac{1}{3}}}$$

式中，$G=4(1+2\tau v)[(3+2\tau v)^2(7+8\tau v)b^4-32(1+\tau v)^2(5+4\tau v)b^2+96(1+\tau v)^3$

$H=4(4-3b+4\tau v-2b\tau v)(3b+4rv+2brv+4)[16(1+\tau v)^2-(3+2\tau v)(5+6\tau v)]$

$$F=2(1+2\tau v)^3(1+\tau v)(1-b^2)^2$$

$$J=(1+2\tau v)^2(4-3b^2+4\tau v-2b^2\tau v)(12+12\tau v-13b^2-14b^2\tau v)$$

$$M=\left(\frac{G}{3H}\right)^2-\frac{J}{3H}$$

$$N=\frac{F}{2H}+\left(\frac{G}{3H}\right)^3-\frac{JG}{6H^2}$$

命题 7-6 （1）当 $r > r_4$ 时，则 $E(\pi_{M_2}^{ns}) > E(\pi_{M_2}^{nn})$；否则，反之。

（2）当 $r > \max(r_5, r_0)$ 时，则 $E(\pi_{M_1}^{ss}) > E(\pi_{M_1}^{ns})$；否则，反之。

证明：若竞争对手供应链中的制造商不进行流程创新，则本供应链进行流程创新与不进行流程创新的制造商期望利润之差为

$$E(\pi_{M_2}^{ns}) - E(\pi_{M_2}^{m}) = \frac{(1+2\tau v)^2 (a_0 - c + bc)^2 (3b + 4\tau v + 2b\tau v + 4) \cdot [16(1+\tau v)^2 - (3+2\tau v)(5+6\tau v)b^2](r - r_4)}{E^2 (4 - 3b + 4\tau v - 2b\tau v)}$$

并且 $r_4 - r_0 = \dfrac{b^4 (1+2\tau v)^3 (3+2\tau v)^2}{8(1+\tau v)(4-3b+4\tau v-2b\tau v)(3b+4\tau v+2b\tau v+4) \cdot [16(1+\tau v)^2-(3+2\tau v)(5+6\tau v)b^2]} > 0$

当 $r > r_4 > r_0$ 时，则 $E(\pi_{M_2}^{ns}) > E(\pi_{M_2}^{m})$；当 $r_0 < r < r_4$ 时，则 $E(\pi_{M_2}^{ns}) < E(\pi_{M_2}^{m})$。

若竞争对手供应链中的制造商进行流程创新，则本供应链进行流程创新与不进行流程创新的制造商期望利润之差为

$$E(\pi_{M_1}^{ss}) - E(\pi_{M_1}^{ns}) = \frac{4(1+2\tau v)^2 (a_0-c+bc)^2 (4-3b+4\tau v-2b\tau v)(3b+4\tau v+2b\tau v+4)}{[1-b+6rb-8r+2\tau v(2br-4r-b+1)]^2 E^2} \cdot [16(1+\tau v)^2 - (3+2\tau v)(5+6\tau v)b^2](r-r_5)(r-r_6)(r-r_7)$$

式中，

$$r_6 = \frac{\sqrt{3}\,i}{2} \left\{ [N + \sqrt{N^2 - M^3}]^{\frac{1}{3}} - \frac{M}{[N + \sqrt{N^2 - M^3}]^{\frac{1}{3}}} \right\} + \frac{G}{3H} - \frac{[N + \sqrt{N^2 - M^3}]^{\frac{1}{3}}}{2} - \frac{M}{2[N + \sqrt{N^2 - M^3}]^{\frac{1}{3}}}$$

$$r_7 = \frac{\sqrt{3}\,i}{-2} \left\{ [N + \sqrt{N^2 - M^3}]^{\frac{1}{3}} - \frac{M}{[N + \sqrt{N^2 - M^3}]^{\frac{1}{3}}} \right\} + \frac{G}{3H} - \frac{[N + \sqrt{N^2 - M^3}]^{\frac{1}{3}}}{2} - \frac{M}{2[N + \sqrt{N^2 - M^3}]^{\frac{1}{3}}}$$

由于 r_6 和 r_7 是共轭复根，因此 $(r-r_6)(r-r_7) > 0$，易得当 $r > \max(r_5, r_0)$ 时，则 $E(\pi_{M_1}^{ss}) > E(\pi_{M_1}^{ns})$；否则，反之。

命题 7-6 表明，无论竞争对手制造商是否进行流程创新，当制造商具有较大的流程创新投资系数（其阈值大小依赖于需求波动风险、价格竞争强度和零售商的风险厌恶程度），其从不创新转为创新可使其绩效得到改善；但若制造商的流程创新投资系数较小，创新投入不足，则不适宜进行流程创新。

为直观说明该结论，通过数值分析分别考察流程创新投资系数、市场需求波动风险、零售商的风险厌恶程度和价格竞争强度对制造商进行流程创新选择的影响，如图 7-12 至图 7-17 所示。由图 7-12 至图 7-14 可知，当竞争对手制造商 1 没有进行流程创新，制造商 2 可以选择在流程创新投资系数较大，或市场需求波动风险较小，或零售商的风险厌恶程度较弱，或横向竞争不太激烈时进行流程创新，以提高其绩效水平和产品的低成本优势。并且，制造商由不创新转为创新后的绩效改进量随流程创新投资系数、需求波动风险、零售商的风险厌恶程度及竞争强度先增大后减小（如图 7-12 至图 7-14 中区域Ⅲ所示）。当流程创新投资系数较小，制造商依然需要

负担创新成本，其绩效反而低于不创新时的绩效(如图 7-12 区域Ⅳ所示)。

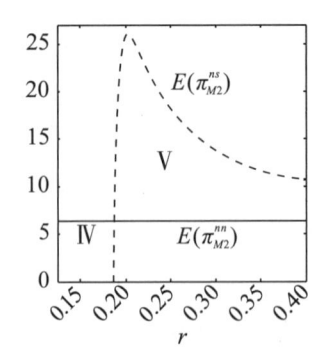

图 7-12 $a_0=5$，$b=0.5$，$c=2$，$\tau=v=1$ 时的 $E(\pi_{M_2}^{ns})$ 与 $E(\pi_{M_2}^{nn})$ 随 r 的变化趋势

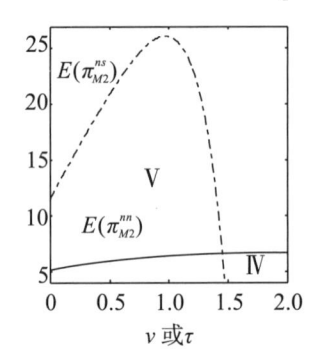

图 7-13 $a_0=5$，$b=0.5$，$c=2$，$r=0.2$，$\tau=1$ 或 $v=1$ 时的 $E(\pi_{M_2}^{ns})$ 与 $E(\pi_{M_2}^{nn})$ 随 v 或 τ 的变化趋势

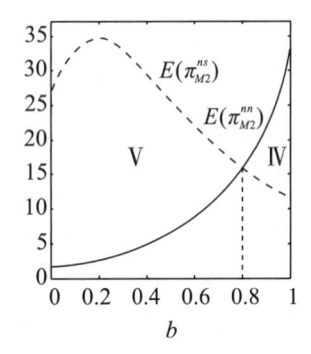

图 7-14 $a_0=5$，$c=2$，$\tau=1$，$r=0.2$，$v=1$ 时的 $E(\pi_{M_2}^{ns})$ 与 $E(\pi_{M_2}^{nn})$ 随 b 的变化趋势

当需求波动风险减少或零售商的风险厌恶程度减弱，制造商的批发价格越高，单位成本改进量越小，制造商的单位产品收益和利润越大，创新成本又越低，因而创新时制造商的期望利润越高(如图 7-13 区域Ⅴ所示)。但当需求波动风险增大或零售商的风险厌恶程度提高时，制造商会降低批发价格，虽然零售商会加大订货量，但创新成本也越来越高，制造商的期望利润会越来越低，直至低于非创新时的期望利润(如图 7-13 区域Ⅳ所示)。当价格竞争很激烈，产品替代性非常强，进行流程创新无法提高产品的竞争力和制造商的绩效，此时不创新反而是最优选择(如图 7-14 区域Ⅳ所示)。

由图 7-15 至图 7-17 知，当竞争对手进行了流程创新，制造商 1 可选择在流程创新投资系数较大，或需求波动风险较小，或零售商的风险厌恶程度较低，或价格竞争较弱时进行创新，以实现绩效改进。该改进区域随流程创新投资系数先扩大后减小(如图 7-15 区域Ⅵ所示)，随需求波动风险或零售商的风险厌恶程度先轻微增大后逐渐减小(如图 7-16 区域Ⅵ所示)，随竞争加剧而逐渐减小(如图 7-17 区域Ⅵ所示)。当流程创新投资系数较小，或需求波动风险超过 1.06，或价格竞争强度超过 0.633，制造商会放弃流程创新，因为流程创新并不能改善其绩效(如图 7-15 至 7-17 中区域Ⅴ所示)。

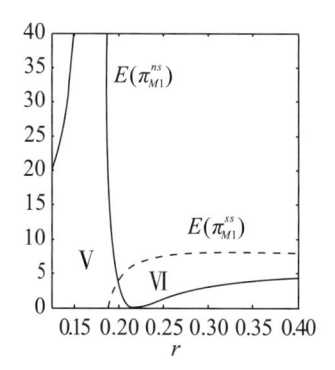

图 7-15　$a_0=5$，$b=0.5$，$c=2$，$\tau=v=1$ 时的 $E(\pi_{M_1}^{ss})$ 与 $E(\pi_{M_1}^{ns})$ 随 r 的变化趋势

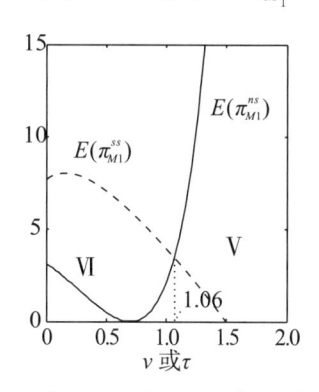

图 7-16　$a_0=5$，$b=0.5$，$c=2$，$r=0.2$，$\tau=1$ 或 $v=1$ 时的 $E(\pi_{M_1}^{ss})$ 与 $E(\pi_{M_1}^{ns})$ 随 v 或 τ 的变化趋势

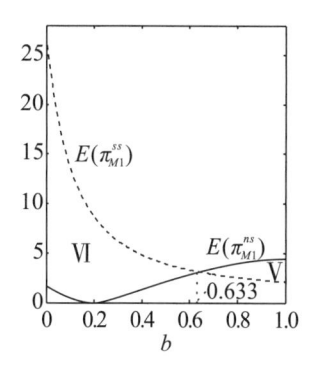

图 7-17　$a_0=5$，$c=2$，$\tau=1$，$r=0.2$，$v=1$ 时的 $E(\pi_{M_1}^{ss})$ 与 $E(\pi_{M_1}^{ns})$ 随 b 的变化趋势

记 $E(\pi_{M_2}^{ns})=E(\pi_{M_1}^{ns})$ 关于流程创新投资系数 r 的边界函数为 r_8，其表达式如下

$$r_8=\frac{2(1+b)^2(1+\tau v)(1+2\tau v)}{(3b+4\tau v+2b\tau v+4)(4+5b+4\tau v+6b\tau v)}, \text{ 且 } r_8>r_0$$

$E(\pi_{M_2}^{ns})$ 与 $E(\pi_{M_1}^{ns})$ 之差如下

$$E(\pi_{M_2}^{ns})-E(\pi_{M_1}^{ns})=\frac{(1+2\tau v)^2(a_0-c+bc)^2(4+5b+4\tau v+6b\tau v)(3b+4\tau v+2b\tau v+4)(r-r_8)}{E^2}$$

并且 $r_8-r_0=\dfrac{b^2(1+2\tau v)^3}{8(1+\tau v)(3b+4\tau v+2b\tau v+4)(4+5b+4\tau v+6b\tau v)}>0$，易得当 $r>r_8>r_0$ 时，$E(\pi_{M_2}^{ns})>E(\pi_{M_1}^{ns})$；当 $r_0<r<r_8$ 时，$E(\pi_{M_2}^{nc})<E(\pi_{M_1}^{nc})$。

命题 7-7 当 $r>r_8$ 时，$E(\pi_{M_2}^{ns})>E(\pi_{M_1}^{ns})$；否则，反之。

命题 7-7 表明在不创新供应链与创新供应链的混合竞争供应链结构中，创新供应链中的制造商要想获得高于非创新供应链中制造商的绩效改进量，则需要具有较大的流程创新投资系数，且该系数的阈值大小依赖于需求波动风险、价格竞争强度和零售商的风险厌恶程度。

为直观显示该命题结论，通过数值分析分别考察流程创新投资系数、市场需求波动风险、零售商的风险厌恶程度和价格竞争强度对制造商进行流程创新选择的影响，如图 7-18 至图 7-20 所示。由图 7-18 和图 7-19 可知，在不创新供应链与创新供应链的竞争供应链结构中，创新供应链的制造商绩效在流程创新投资系数较大、市场需求波动风险较低、零售商的风险厌恶程度较弱时高于不创新供应链的制造商绩效改进量（如区域Ⅵ所示）；在区域Ⅴ，不创新链的制造商绩效反而高于创新链，这和上述图 7-12 和图 7-13、图 7-15 和图 7-16 类似，只不过绩效的改进程度和绩效改进的边界条件不同。与图 7-14 和图 7-17 不同的是，制造商 2 进行流程创新的绩效高于不创新的制造商 1 的绩效，且不受价格竞争强度的影响（由图 7-20 所示）。由图 7-20 区域Ⅵ可知，创新供应链与不创新供应链的制造商绩效之差随竞争的加剧先增大后减小，但并不会消失。也说明在不创新供应链与创新供应链的混合情形中，制造商可以通过创新获取先动优势，获得高于竞争对手的绩效。

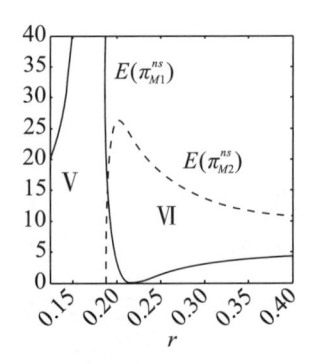

图 7-18 $a_0=5$，$b=0.5$，$c=2$，$\tau=v=1$ 时的 $E(\pi_{M_2}^{ns})$ 与 $E(\pi_{M_1}^{ns})$ 随 r 的变化趋势

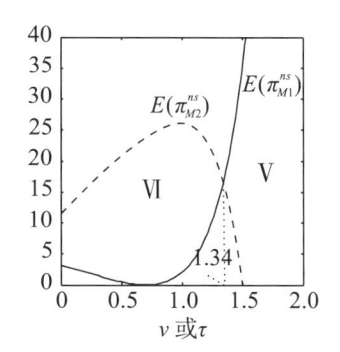

图 7-19 $a_0=5$, $b=0.5$, $c=2$, $r=0.2$, $\tau=1$ 或 $v=1$ 时的 $E(\pi_{M_2}^{ns})$ 与 $E(\pi_{M_1}^{ns})$ 随 v 或 τ 的变化趋势

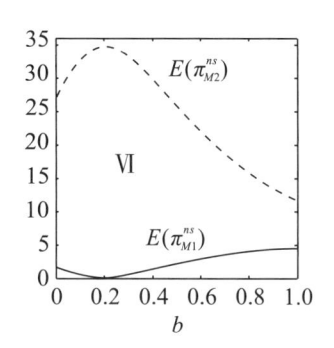

图 7-20 $a_0=5$, $c=2$, $r=0.2$, $\tau=v=1$ 时的 $E(\pi_{M_2}^{ns})$ 与 $E(\pi_{M_1}^{ns})$ 随 b 的变化趋势

7.5.3 制造商的占优均衡选择

由命题 7-5 和命题 7-6 可得如下命题。

命题 7-8 (1) 当 $0<b<\dfrac{2}{3}$, $r>\max(r_3, r_4, r_5)$ 时，或者当 $\dfrac{2}{3}<b<\dfrac{4}{5}$, $0<v<v_1$, $r>\max(r_3, r_4, r_5)$ 时，流程创新是实现制造商绩效改进的占优均衡选择。

(2) 当 $r_0<r<\min(r_3, r_4, r_5)$ 时，不进行流程创新是制造商的占优均衡选择。

命题 7-8 中 (1) 表明，在价格竞争较弱时，产品间的替代性弱，则不管需求波动风险多大，不管零售商对需求风险的厌恶程度如何，制造商以较大的流程创新投资系数进行流程创新可实现产品的低成本优势，强化产品的竞争能力，并实现绩效改进，此时进行流程创新是两个竞争性制造商的占优均衡。如果在竞争强度适中时，制造商通过提高需求预测能力等方式降低了需求波动风险，使得需求比较稳定，则制造商再以较大的流程创新投资系数进行流程创新，不仅可以实现绩效改进，且此时进行流程创新是制造商的占优均衡选择。

命题 7-8 中 (2) 表明，当制造商的流程创新投资系数较小时（该阈值大小依赖于价格竞争强度、需求波动风险和零售商的风险厌恶程度），创新所带来的绩效低于不创新时的绩效，创新机制失效，此时不创新是两个制造商的占优均衡选择。该结论显著不同于 Gupta 和 Loulou 等现有理论研究成果。

为直观展示该命题的边界条件，对流程创新投资系数的边界值进行数值分析，得到图 7-21 和图 7-22。由图 7-21 和图 7-22 知，当流程创新投资系数位于区域Ⅸ时，流程创新是制造商的占优均衡选择，该区域随横向竞争的加剧和需求波动风险的增大而逐渐减小，直至消失。当创新投资系数位于区域Ⅹ时，流程创新机制失效，不进行流程创新是最优选择。该数值分析亦表明激烈的横向竞争或过高的需求波动风险会导致流程创新行为的消失，进行流程创新需要较为温和的市场环境，包括相对较弱的竞争环境和较低的需求波动风险。制造商若要进行流程创新，可以通过提高产品的差异化程度，或提升需求预测能力等获得适宜的市场环境。

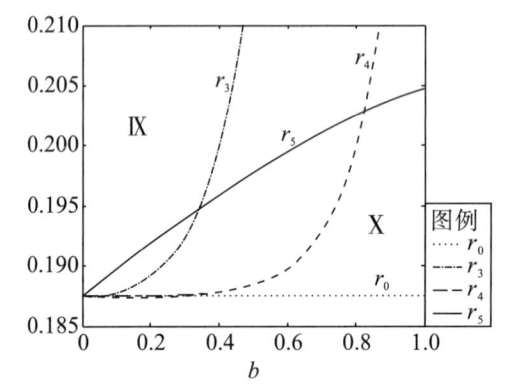

图 7-21 $\tau=v=1$ 时的 r_0, r_3, r_4, r_5 随 b 的变化趋势

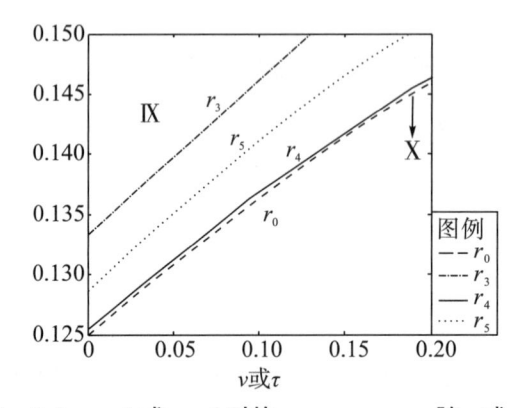

图 7-22 $b=0.5$，$\tau=1$ 或 $v=1$ 时的 r_0, r_3, r_4, r_5 随 v 或 τ 的变化趋势

7.6 拓展——需求确定时基于价格竞争供应链的流程创新选择

为识别需求确定环境下价格竞争供应链的流程创新选择机制，令 7.2 节价格竞

争模型的需求波动风险因子 $v=0$，可得到需求确定时制造商和零售商的利润函数分别如下表 7－3 所示：

表 7－3 需求确定环境下竞争供应链各成员的利润

情形	制造商	零售商
均不创新（nn）	$\pi_{M_i}^{nn} = \dfrac{2(a_0-c+bc)^2}{(4-3b)^2}$	$\pi_{R_i}^{nn} = \dfrac{(a_0-c+bc)^2}{(4-3b)^2}$
均创新（ss）	$\pi_{M_i}^{ss} = \dfrac{r(a_0-c+bc)^2(8r-1)}{(1-b+6rb-8r)^2}$	$\pi_{R_i}^{ss} = \dfrac{4r^2(a_0-c+bc)^2}{(1-b+6rb-8r)^2}$
仅制造商 2 创新（ns）	$\pi_{M_1}^{ns} = \dfrac{2(a_0-c+bc)^2(b-8r-6br+1)^2}{(32r-18b^2r+3b^2-4)^2}$	$\pi_{R_1}^{ns} = \dfrac{(a_0-c+bc)^2(b-8r-6br+1)^2}{(32r-18b^2r+3b^2-4)^2}$
	$\pi_{M_2}^{ns} = \dfrac{r(a_0-c+bc)^2(3b+4)^2(8r-1)}{(32r-18b^2r+3b^2-4)^2}$	$\pi_{R_2}^{ns} = \dfrac{4r^2(a_0-c+bc)^2(3b+4)^2}{(32r-18b^2r+3b^2-4)^2}$

7.6.1 两条链均创新时实现上下游双赢的选择机制

为识别需求确定环境下价格竞争供应链的流程创新选择机制，首先，对比分析两条供应链均创新和均不创新时的制造商利润和零售商利润，根据表 7－3，令 $\pi_{M_i}^{ss} = \pi_{M_i}^{nn}$ 关于竞争强度 b 的参数分别为 b_1 和 b_2，具体如下

$$b_1 = \frac{16r-2+\sqrt{2r(8r-1)}}{15r-2}, \quad b_2 = \frac{16r-2-\sqrt{2r(8r-1)}}{15r-2}。$$

则 $\pi_{M_i}^{ss} - \pi_{M_i}^{nn}$ 差值如下

$$\pi_{M_i}^{ss} - \pi_{M_i}^{nn} = \frac{(a_0-c+bc)^2(15r-2)(b-b_1)(b-b_2)}{(4-3b)^2(1-b+6rb-8r)^2}$$

因 $b_2 = \dfrac{16r-2-\sqrt{2r(8r-1)}}{15r-2} = \dfrac{2(8r-1)}{16r-2+\sqrt{2r(8r-1)}} > 0$，即 $b_2 > 0$。

$$b_1 - 1 = \frac{r+\sqrt{2r(8r-1)}}{15r-2} > 0，即 b_1 > 1$$

$$b_2 - 1 = \frac{r-\sqrt{2r(8r-1)}}{15r-2} = \frac{-r}{r+\sqrt{2r(8r-1)}} < 0，即 b_2 < 1。$$

若 $15r-2 \neq 0$ 时，则 $(15r-2)(b-b_2) < 0$ 时，$\pi_{M_i}^{ss} > \pi_{M_i}^{nn}$，即当 $r > \dfrac{2}{15}$，$b < b_2$；或者当 $r < \dfrac{2}{15}$，$b_2 < b < 1$ 时，$\pi_{M_i}^{ss} > \pi_{M_i}^{nn}$。

若 $15r-2 = 0$ 时，$\pi_{M_i}^{ss} - \pi_{M_i}^{nn} = \dfrac{15(a_0-c+bc)^2(2-4b)}{(4-3b)^2(1+3b)^2}$，则当 $b < 0.5$ 时，$\pi_{M_i}^{ss} > \pi_{M_i}^{nn}$。

两条供应链均创新和均不创新时的零售商利润如下

$$\pi_{R_i}^{ss} - \pi_{R_i}^{nn} = \frac{(a_0 - c + bc)^2 (12br - 16r - b + 1)(b - 1)}{(4 - 3b)^2 (1 - b + 6rb - 8r)^2}$$

因为 $r > \frac{1}{8}$，所以 $-(12br - 16r - b + 1) > 0$，因而 $\pi_{R_i}^{ss} - \pi_{R_i}^{nn} > 0$。

命题 7-9 （1）当 $r > \frac{2}{15}$，$b < b_2$；或者当 $r = \frac{2}{15}$，$b < 0.5$ 时；或者当 $r < \frac{2}{15}$，$b_2 < b < 1$ 时，$\pi_{M_i}^{ss} > \pi_{M_i}^{nn}$。

（2）$\pi_{R_i}^{ss} > \pi_{R_i}^{nn}$。

命题 7-9 表明，当价格竞争较弱，但创新投资额相对较大，如图 7-23 中区域Ⅲ所示，则两个制造商同时创新带来的利润高于均不创新时的利润。如果制造商流程创新投资系数为 $\frac{2}{15}$，则其只能选择竞争相对较弱的市场环境，即价格竞争强度不超过 0.5，如图 7-23 中虚线所代表的竞争强度值均可行。如果价格竞争相对比较激烈，则也可以较小的流程投资系数进行流程创新，如图 7-23 中区域Ⅳ所示，进而获得绩效改进（相对于制造商均不创新情形）。对于零售商而言，只要制造商进行流程创新，其均能搭便车受益，使得绩效改进，即制造商进行流程创新将实现上下游双赢。

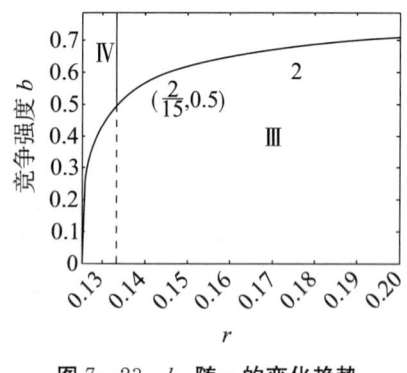

图 7-23 b_2 随 r 的变化趋势

7.6.2 竞争对手不创新或创新时上下游双赢的流程创新选择机制

如果制造商 1 不进行流程创新，制造商 2 进行创新或不进行创新的利润差 $\pi_{M_2}^{ns} - \pi_{M_2}^{nn}$ 关于竞争强度的边界值分别为 b_3 和 b_4，具体如下

$$b_3 = \frac{4[16r - 2 + \sqrt{2r(8r - 1)}]}{3(15r - 2)}$$

$$b_4 = \frac{4[16r - 2 - \sqrt{2r(8r - 1)}]}{3(15r - 2)}$$

$\pi_{M_2}^{ns} - \pi_{M_2}^{nn}$ 的差值如下

$$\pi_{M_2}^{ns} - \pi_{M_2}^{mm} = \frac{9(a_0-c+bc)^2(15r-2)(b^2-b_3)(b^2-b_4)}{(4-3b)^2(32r-18b^2r+3b^2-4)^2}$$

$$b_3 - 1 = \frac{[19r-2+4\sqrt{2r(8r-1)}]}{3(15r-2)} > 0, \quad b_3 > 1。$$

$$b_4 = \frac{4[16r-2-\sqrt{2r(8r-1)}]}{3(15r-2)} = \frac{8(8r-1)}{3[16r-2+\sqrt{2r(8r-1)}]} > 0, \quad 即 b_4 > 0。$$

$$b_4 - 1 = \frac{[19r-2-4\sqrt{2r(8r-1)}]}{3(15r-2)} = \frac{(7r-2)}{3[19r-2+4\sqrt{2r(8r-1)}]}, \quad 当 r < \frac{2}{7} 时,$$

$b_4 < 1$。

当 $15r-2 \neq 0$ 时，若$(15k-2)(b^2-b_4) < 0$，则 $\pi_{M_2}^{ns} - \pi_{M_2}^{mm} > 0$；当 $15r-2=0$ 时，$\pi_{M_2}^{ns} - \pi_{M_2}^{mm} = -\frac{(a_0-c+bc)^2(720b^2-480)}{(4-3b)^2(9b^2+4)^2}$，若 $720b^2-480<0$，则 $\pi_{M_2}^{ns} - \pi_{M_2}^{mm} > 0$。

命题 7-10 满足以下条件之一，则 $\pi_{M_2}^{ns} > \pi_{M_2}^{mm}$。

(1) 当 $r < \frac{2}{15}$，$\sqrt{b_4} < b < 1$ 时；

(2) 当 $r > \frac{2}{15}$，$b < \min(\sqrt{b_4}, 1)$ 时；

(3) 当 $r = \frac{2}{15}$，$b < \frac{\sqrt{6}}{3}$ 时。

命题 7-10 表明，当制造商 1 不进行流程创新，制造商 2 由不创新转为创新并实现绩效改进，需要综合考虑流程创新投资系数和价格竞争环境。只有以合适的流程创新投资系数在合适的竞争环境下进行流程创新才能实现绩效改进，如图 7-24 所示，图中点线值、区域Ⅴ和Ⅵ均是制造商在价格竞争环境下可选择的均衡条件。否则，在图 7-24 的其他区域进行创新均无法实现制造商的绩效改进。

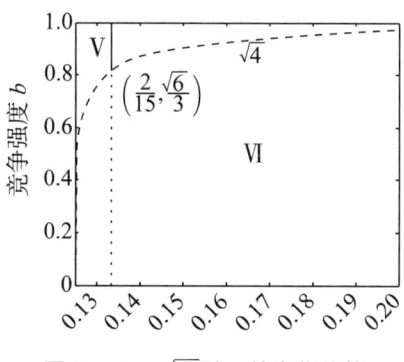

图 7-24 $\sqrt{b_4}$ 随 r 的变化趋势

如果制造商 2 进行流程创新，制造商 1 进行创新或不进行创新的利润差 $\pi_{M_1}^{ss} - \pi_{M_1}^{ns}$ 关于竞争强度的边界值分别为 b_5 和 b_6，具体如下

$$b_5 = \frac{[2(8r-1)^2 + \sqrt{2r(8r-1)^3}]}{(15r-2)(6r-1)},$$

$$b_6 = \frac{[2(8r-1)^2 - \sqrt{2r(8r-1)^3}]}{(15r-2)(6r-1)}$$

$\pi_{M_1}^{ss} - \pi_{M_1}^{ns}$ 的差值如下

$$\pi_{M_1}^{ss} - \pi_{M_1}^{ns} = \frac{(a_0 - c + bc)^2 (15r-2)(6r-1)^2 (b^2 - b_5)(b^2 - b_6)}{(32r - 18b^2 r + 3b^2 - 4)^2 (1 - b + 6rb - 8r)^2}$$

由 b_5 的表达式知，当 $r > \frac{1}{6}$ 或 $\frac{1}{8} < r < \frac{2}{15}$ 时，$b_5 > 0$；当 $\frac{2}{15} < r < \frac{1}{6}$ 时，$b_5 < 0$。

因为 $b_6 = \frac{2(8r-1)^3}{(6r-1)[2(8r-1)^2 + \sqrt{2r(8r-1)^3}]}$，可知当 $r > \frac{1}{6}$ 时，$b_6 > 0$；当 $\frac{1}{8} < r < \frac{1}{6}$ 时，$b_6 < 0$。

比较 b_5 与 1 的大小关系：$b_5 - 1 = \frac{[38r^2 - 5r + \sqrt{2r(8r-1)^3}]}{(15r-2)(6r-1)}$，令 $f_1 = 38r^2 - 5r + \sqrt{2r(8r-1)^3}$，首先判别 $f_1 < 0$ 的条件：$38r^2 - 5r < 0$ 即 $r < \frac{5}{38} = 0.1316$，$f_1 = \sqrt{2r(8r-1)^3} - [-(38r^2 - 5r)] = \frac{2r(8r-1)^3 - [-(38r^2 - 5r)]^2}{\sqrt{2r(8r-1)^3} + [-(38r^2 - 5r)]} = \frac{-28r(15r-2)(r-0.1306)(r+0.2735)}{\sqrt{2r(8r-1)^3} + [-(38r^2 - 5r)]} < 0$，即 $r < \frac{5}{38} = 0.1316$，且 $r > \frac{2}{15} = 0.1333$ 或 $r < 0.1306$，得到 $r < 0.1306$ 时，$f_1 < 0$。

其次判别 $f_1 > 0$ 的条件：如果 $r < \frac{5}{38} = 0.1316$，$f_1 = \frac{-28r(15r-2)(r-0.1306)(r+0.2735)}{\sqrt{2r(8r-1)^3} + [-(38r^2 - 5r)]}$，当 $0.1306 < r < 0.1316$ 时，$f_1 > 0$。如果 $r \geq \frac{5}{38} = 0.1316$，$f_1 > 0$。所以 $r > 0.1306$ 时，$f_1 > 0$。

当 $f_1 > 0$，$(15r-2)(6r-1) < 0$ 时，或者当 $f_1 < 0$，$(15r-2)(6r-1) > 0$ 时，$b_5 < 1$。即 $\frac{2}{15} < r < \frac{1}{6} = 0.1667$，或者 $r < 0.1306$ 时，$b_5 < 1$。结合当 $r > \frac{1}{6}$ 或者 $\frac{1}{8} < r < \frac{2}{15}$ 时，$b_5 > 0$。可得当 $\frac{1}{8} < r < 0.1306$ 时，$0 < b_5 < 1$。

当 $f_1 > 0$，$(15r-2)(6r-1) > 0$ 时，或者当 $f_1 < 0$，$(15r-2)(6r-1) < 0$ 时，$b_5 > 1$。即 $r > \frac{1}{6} = 0.1667$ 或者 $0.1306 < r < \frac{2}{15} = 0.1333$ 时，$b_5 > 1$。

比较 b_6 与 1 的关系：$b_6 - 1 = \frac{[38k^2 - 5k - \sqrt{2k(8k-1)^3}]}{(15k-2)(6k-1)}$，因 $r > \frac{1}{6} = 0.1667$ 时，$b_6 > 0$。因此，$b_6 - 1$ 的分母大于零；又因为 $38r^2 - 5r > 0$，则 $b_6 - 1$ 的分子

$38r^2-5r-\sqrt{2r(8r-1)^3}=\dfrac{28r(15r-2)(r-0.1306)(r+0.2735)}{\sqrt{2r(8r-1)^3}+(38r^2-5r)}>0$，所以 $r>\dfrac{1}{6}=0.1667$ 时，$b_6>1$。

比较 b_6 与 b_5 的关系：$b_5-b_6=\dfrac{\left[2\sqrt{2r(8r-1)^3}\right]}{(15r-2)(6r-1)}$，可得当 $r>\dfrac{1}{6}$ 或 $r<\dfrac{2}{15}=0.1333$ 时，$b_5>b_6$；当 $\dfrac{2}{15}<r<\dfrac{1}{6}$ 时，$0>b_6>b_5$。

首先，识别比较 $\pi_{M_1}^{ss}>\pi_{M_1}^{ns}$ 的条件，令 $f_2=(15r-2)(b^2-b_5)(b^2-b_6)$，若 $r>\dfrac{2}{15}$，$b_5>b_6$，即 $r>\dfrac{1}{6}$，$b_5>1$，$b_6>1$，$(b^2-b_5)(b^2-b_6)>0$，得到 $f_2>0$，$\pi_{M_1}^{ss}>\pi_{M_1}^{ns}$；若 $r>\dfrac{2}{15}$，$b_5<b_6$，即 $\dfrac{2}{15}<r<\dfrac{1}{6}$ 时，$b_5<0$，$b_6<0$，$(b^2-b_5)(b^2-b_6)>0$，得到 $f_2>0$，$\pi_{M_1}^{ss}>\pi_{M_1}^{ns}$；若 $r<\dfrac{2}{15}$，$b_5>b_6$，且 $b_5>0$，$b_6<0$，得到当 $b^2<b_5$，$(b^2-b_5)(b^2-b_6)<0$，$f_2>0$，即当 $r<\dfrac{2}{15}$，且 $b<\min(\sqrt{b_5},1)$，$\pi_{M_1}^{ss}>\pi_{M_1}^{ns}$；若 $r=\dfrac{1}{6}$ 时，$\pi_{M_1}^{ss}-\pi_{M_1}^{ns}=\dfrac{3(a_0-c+bc)^2}{8}>0$；当 $r=\dfrac{2}{15}$ 时，$\pi_{M_1}^{ss}-\pi_{M_1}^{ns}=\dfrac{(a_0-c+bc)^2(180b^2+30)}{(3b+1)^2(9b^2+4)^2}>0$，即 $\pi_{M_1}^{ss}>\pi_{M_1}^{ns}$。

其次，识别比较 $\pi_{M_1}^{ss}<\pi_{M_1}^{ns}$ 的条件，$f_2=(15r-2)(b^2-b_5)(b^2-b_6)$，若 $r>\dfrac{2}{15}$，$b_5>b_6$ 或者 $b_5<b_6$ 都不存在可行条件；若 $r<\dfrac{2}{15}$，$b_6<0$，仅当 $b^2>b_5$，$f_2<0$，$\pi_{M_1}^{ss}<\pi_{M_1}^{ns}$。结合当 $0.125<r<0.1306$ 时，$0<b_5<1$，可得当 $0.125<r<0.1306$，$\sqrt{b_5}<b<1$，$\pi_{M_1}^{ss}<\pi_{M_1}^{ns}$。

综上，可得如下引理和命题。

引理 7-2 (1) 当 $r>\dfrac{1}{6}$ 或 $\dfrac{1}{8}<r<\dfrac{2}{15}$ 时，$b_5>0$。当 $\dfrac{2}{15}<r<\dfrac{1}{6}$ 时，$b_5<0$。

(2) 当 $0.125<r<0.1306$ 时，$0<b_5<1$。

(3) 当 $r>\dfrac{1}{6}=0.1667$ 或者 $0.1306<r<\dfrac{2}{15}=0.1333$ 时，$b_5>1$。

(4) 当 $r>\dfrac{1}{6}$ 时，$b_6>1$。

(5) 当 $\dfrac{1}{8}<r<\dfrac{1}{6}$ 时，$b_6<0$。

命题 7-11 (1) 当 $r\geqslant\dfrac{2}{15}=0.1333$ 时；或者当 $r<\dfrac{2}{15}$，且 $b<\min(\sqrt{b_5},1)$，则 $\pi_{M_1}^{ss}>\pi_{M_1}^{ns}$。

(2) 当 $0.125 < r < 0.1306$，$\sqrt{b_5} < b < 1$，则 $\pi_{M_1}^{ss} < \pi_{M_1}^{ns}$。

命题 7-11 表明，当制造商的流程创新投资系数较大，不需要考虑市场价格竞争程度如何，即如图 7-25 区域Ⅷ所示，进行流程创新肯定能提高利润。制造商也可以选择价格竞争较弱时进行流程创新，此时所需的流程创新投资成本较低，流程创新投资系数较小，如图 7-25 区域Ⅶ所示。但是如果价格竞争较为激烈，制造商的创新投资额也不足，流程创新投资系数较小，如图 7-25 区域Ⅸ所示，则不适宜进行流程创新，此时不创新反而能带来相对较高的利润。

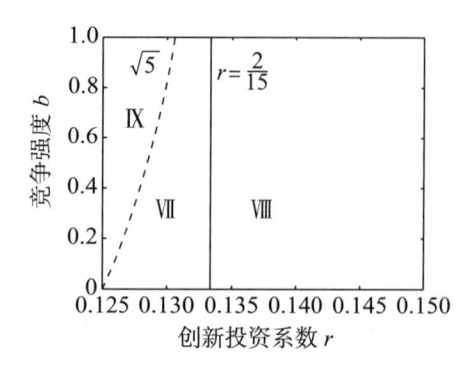

图 7-25 竞争强度 $\sqrt{b_5}$ 示意图

如果制造商 1 不进行流程创新，制造商 2 进行创新或不进行创新时零售商 2 的利润差 $\pi_{R_2}^{ns} - \pi_{R_2}^{nm}$ 如下

$$\pi_{R_2}^{ns} - \pi_{R_2}^{nm} = \frac{(a_0 - c + bc)^2(4 - 3b^2)(64r - 36b^2r + 3b^2 - 4)}{(4 - 3b)^2(32r - 18b^2r + 3b^2 - 4)^2}$$

当 $r > \frac{1}{8}$ 时，$64r - 36b^2r + 3b^2 - 4 > 0$，可得 $\pi_{R_2}^{ns} - \pi_{R_2}^{nm} > 0$。

如果制造商 2 进行流程创新，制造商 1 进行创新或不进行创新时零售商的利润差 $\pi_{R_1}^{ss} - \pi_{R_1}^{ns}$ 如下

$$\pi_{R_1}^{ss} - \pi_{R_1}^{ns} = \frac{(a_0 - c + bc)^2(8r - 6b^2r + b^2 - 1)(12r - 1)(6r - 1)(b^2 - b_7)}{-(32r - 18b^2r + 3b^2 - 4)^2(1 - b + 6rb - 8r)^2}$$

式中，b_7 为竞争强度临界值，$b_7 = \frac{(8r - 1)(16r - 1)}{(12r - 1)(6r - 1)}$。

当 $r > \frac{1}{8}$ 时，$8r - 6b^2r + b^2 - 1 > \frac{b^2}{4} > 0$，$12r - 1 > 0$，$8r - 1 > 0$，$16r - 1 > 0$。

由 b_7 表达式知，当 $r > \frac{1}{6}$ 时，$b_7 > 0$；当 $r < \frac{1}{6}$ 时，$b_7 < 0$。

$b_7 - 1 = \frac{2r(28r - 3)}{(12r - 1)(6r - 1)}$，因 $r > \frac{1}{8}$ 时，$12r - 1 > 0$，$28r - 3 > 0$，所以当 $r < \frac{1}{6}$ 时，$b_7 < 1$。当 $r > \frac{1}{6}$ 时，$b_7 > 1$。综上，当 $r < \frac{1}{6}$ 时，$b_7 < 0$；当 $r > \frac{1}{6}$ 时，$b_7 > 1$。

令 $f_3=(6r-1)(b^2-b_7)$，当 $r<\dfrac{1}{6}$ 时，$b_7<0$，$b^2-b_7>0$，$f_3<0$，可得 $\pi_{R_1}^{ss}-\pi_{R_1}^{ns}>0$；$r>\dfrac{1}{6}$ 时，$b_7>1$，$b^2-b_7<0$，$f_3<0$，可得 $\pi_{R_1}^{ss}-\pi_{R_1}^{ns}>0$；当 $r=\dfrac{1}{6}$ 时，$\pi_{R_1}^{ss}-\pi_{R_1}^{ns}=\dfrac{15(a_0-c+bc)^2}{16}>0$。

命题 7-12 （1）$\pi_{R_1}^{sn}>\pi_{R_1}^{nn}$（由 $\pi_{R_2}^{ns}>\pi_{R_2}^{nn}$ 可得）。

（2）$\pi_{R_1}^{ss}>\pi_{R_1}^{ns}$。

命题 7-12 表明，不管制造商 2 是否进行流程创新，制造商 1 进行流程创新均会使其零售商获益，且不受价格竞争强度和流程创新投资系数的影响，即使零售商并未进行流程创新投入，但制造商进行流程创新降低单位生产成本，零售商享受了低成本带来的溢出效应（产品价格的降低），获得了免费搭便车的福利。因此，只要制造商愿意进行流程创新，其下游零售商会获得绩效改善。

7.6.3 实现上下游双赢的流程创新选择机制

综合命题 7-9 至命题 7-12 的结论总结如表 7-4 所示。

表 7-4 价格竞争环境下上下游绩效改进的流程创新选择条件

	制造商角度	零售商角度
均创新与均不创新进行比较	$\pi_{M_i}^{ss}>\pi_{M_i}^{nn}$： （1）$r>\dfrac{2}{15}$，$b<b_2$ （2）$r=\dfrac{2}{15}$，$b<0.5$ （3）$r<\dfrac{2}{15}$，$b_2<b<1$	$\pi_{R_i}^{ss}>\pi_{R_i}^{nn}$
竞争对手不创新时	$\pi_{M_1}^{sn}>\pi_{M_1}^{nn}$（由 $\pi_{M_2}^{ns}>\pi_{M_2}^{nn}$ 可得）： （1）$r>\dfrac{2}{15}$，$b<\min(\sqrt{b_4},1)$ （2）$r=\dfrac{2}{15}$，$b<\dfrac{\sqrt{6}}{3}$ （3）$r<\dfrac{2}{15}$，$\sqrt{b_4}<b<1$	$\pi_{R_1}^{sn}>\pi_{R_1}^{nn}$（由 $\pi_{R_2}^{ns}>\pi_{R_2}^{nn}$ 可得）
竞争对手创新时	$\pi_{M_1}^{ss}>\pi_{M_1}^{ns}$： （1）$r\geqslant\dfrac{2}{15}=0.1333$ （2）$r<\dfrac{2}{15}$，且 $b<\min(\sqrt{b_5},1)$	$\pi_{R_1}^{ss}>\pi_{R_1}^{ns}$

由表7-4可得流程创新实现上下游双赢的占优均衡条件如下。

命题7-13 制造商进行流程创新同时实现上下游绩效改进的占优均衡条件如下

(1) $r > \frac{2}{15}$，$b < \min(b_2, \sqrt{b_4}, 1)$。

(2) $r = \frac{2}{15}$，$b < 0.5$。

(3) $r < \frac{2}{15}$，$\max(b_2, \sqrt{b_4}) < b < \min(\sqrt{b_5}, 1)$。

命题7-13表明，当制造商在终端市场价格竞争强度相对较低（如图7-26中区域Ⅰ即斜线区域所示）时以较大的流程创新投资系数（高创新投资额）进行流程创新投资；或者在价格竞争强度低于0.5，以$\frac{2}{15}$的流程创新投资系数进行流程创新投资，或者在市场竞争较为激烈（如图7-26中区域Ⅱ即斜虚线区域所示）时以较小的流程创新投资系数（低创新投资成本）进行流程创新投资，则制造商进行流程创新不仅可以提高自身利润，还能提高下游零售商的利润，即形成实现上下游双赢的占优均衡。说明制造商进行流程创新选择需要在合适的市场竞争环境下以适当的流程创新投资系数进行流程创新，进而实现供应链成员及整条供应链的帕累托改进。

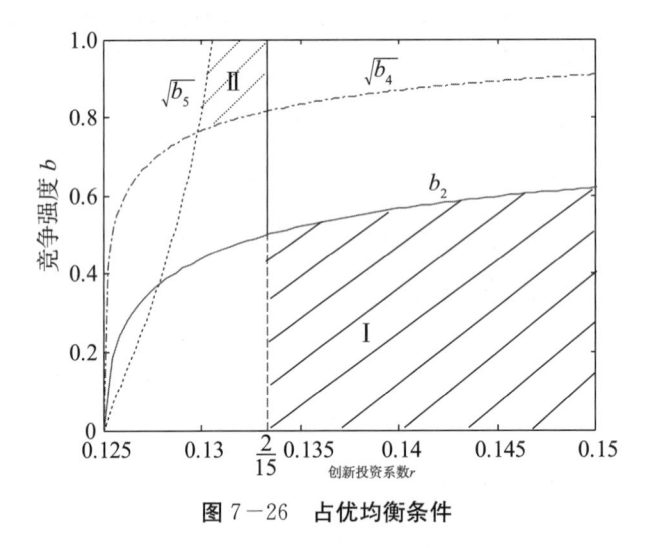

图7-26 占优均衡条件

7.7 本章小结

本章构建了两个风险中性制造商与两个排他性风险厌恶型零售商构成的竞争供应链模型，研究制造商进行流程创新的选择条件，识别制造商进行流程创新选择的占优均衡，分析市场需求波动风险、零售商的风险厌恶程度、价格竞争强度、流程

创新投资系数对流程创新选择的影响,得到如下主要结论如下:

(1)当制造商具有较大的流程创新投资系数,无论竞争对手是否进行流程创新,其从不创新转为创新均可实现绩效改进;但若流程创新投资系数较小,则不适宜进行流程创新。

(2)不管需求波动风险多大或者零售商对需求风险的厌恶程度如何,只要提高产品的差异化程度,弱化供应链间的竞争,降低产品间的替代性,则制造商以较大的流程创新投资系数进行流程创新不仅可以改善其绩效,还可以实现产品的低成本优势,强化产品的差异化竞争力,此时进行流程创新是每个制造商的占优均衡选择。

(3)如果价格竞争强度适中,可通过提高需求预测能力等方式降低需求波动风险,使需求比较稳定,并提高流程创新投资系数,则可使流程创新成为实现制造商绩效改进的占优均衡。

(4)若市场需求确定,则当制造商以较高的创新投资额在终端市场价格竞争相对较弱时进行流程创新投资;或在市场竞争较为激烈时以较低创新投资成本进行流程创新投资,则制造商进行流程创新可以实现上下游双赢的占优均衡。

基于本章的研究可得相关管理建议为:制造型企业进行流程创新需有较高的创新投资额,并采用产品差异化策略弱化市场竞争或采用预售、需求信息分享等策略降低需求波动性,以确保流程创新能实现帕累托绩效改进。本章研究结论拓展了现有流程创新相关的理论研究成果,也可为流程创新实践提供参考借鉴价值。但也存在一些不足,如没有考虑不对称的竞争供应链结构,未来可拓展研究。

第 8 章 总结与展望

8.1 主要研究结论

本书基于博弈论等知识,构建两个制造商对应两个排他性零售商组成的竞争性供应链结构,考虑两条供应链均不进行流程创新、均进行流程创新、只有一条供应链进行流程创新,并以不进行流程创新的情形为基准,研究实现制造商绩效改进、上下游双赢,以及供应链系统绩效改进的流程创新选择机制,并分析了横向竞争强度、创新投资系数、需求不确定、风险规避等因子对流程创新选择的影响。相关研究结论如下。

第一,针对分散化供应链竞争环境下的流程创新选择机制,其研究结论表明:

(1)对制造商而言,无论竞争对手是否进行流程创新,若本供应链制造商进行创新的流程创新投资系数较大,则不管横向竞争如何,创新带来的低成本优势超过横向竞争带来的负外部,制造商能实现帕累托改进;若横向竞争不激烈,产品差异化程度较高,则制造商只需较小的流程创新投资系数,不仅能实现绩效改进,且可形成产品差异化和低成本化双重优势。而当横向竞争相对较激烈,产品同质化相对较严重,制造商的流程创新投资系数又较小,则无法实现绩效改进。对零售商而言,若竞争对手供应链不进行流程创新,只要本链中制造商愿意进行流程创新,其零售商将免费搭制造商创新的便车,实现帕累托改进,且不受创新投资系数和横向竞争的影响。

(2)对于上下游双方而言,制造商可选择投入较高的流程创新投资额,或在横向竞争相对较弱时,投入较少的流程创新投资额,则制造商进行流程创新是实现其和零售商双赢的占优均衡策略。

(3)对于供应链系统而言,若竞争对手供应链不进行流程创新,则只要本链制造商愿意进行流程创新,就能实现系统绩效改进,不受流程创新投资系数和市场竞争强度的影响;若竞争对手供应链进行流程创新,且本链条供应的产品差异化程度较高,则可通过相对较低程度的流程创新提升产品的低成本优势,强化产品的差异化优势和低成本优势。而即使产品同质化严重，也可以通过提高流程创新投资系数，降低单位生产成本，挖掘同质化产品的低成本优势，进而提升整条供应链的竞争力。

第二，针对不同渠道(直销渠道与分销渠道)竞争环境下制造商是否进行流程创新的主要结论如下：

(1)对直销渠道制造商而言，若流程创新投资系数较大(该值大小依赖于渠道竞争强度)，则进行流程创新选择的博弈过程由不进行生产流程的创新最终演化为进行流程创新，且进行流程创新是直销渠道的占优均衡决策。

(2)对分销渠道而言，若直销渠道不进行流程创新，则只要本渠道中制造商愿意进行流程创新，则其所带来的制造商绩效和渠道整体绩效均优于不创新；若直销渠道进行流程创新，则本渠道中制造商想通过流程创新一方面降低生产成本，另一方面又提高利润，则需在渠道竞争较弱时投入相对较少的流程创新投资额(此时对流程创新的投资系数相对较小)；或者投入较高的创新投入成本(此时要求较高的创新投资系数)，且不管外部渠道竞争强度如何。

第三，针对竞争环境下直销制造商的流程创新选择，其主要结论表明：当制造商面临的市场竞争较弱，即使制造商的流程创新投资系数较小，创新投资额较低，制造商选择进行流程创新可以提高其利润；或者不管市场竞争强度如何，只要制造商的流程创新投资系数较大，投资额度较高，则进行流程创新优于不进行流程创新；这两种情形下，制造商进行流程创新都是制造商的占优均衡策略。

第四，针对供应链竞争环境下流程创新与纵向结构选择的研究，其主要结论包括：

(1)如果两条供应链均进行流程创新，则①当制造商选择在竞争较弱时进行流程创新，只需投入相对较低的创新成本；或者无论竞争强度如何，只要投入相对较高的创新投资额，中心化结构给制造商带来的绩效优于分散化结构，且中心化结构是制造商的占优均衡结构。②当制造商的创新投入较低，且竞争较为激烈时，则制造商应选择分散化结构以规避激烈的市场竞争，此时分散化结构是制造商的占优均衡选择。③当供应链间的竞争相对较弱(其临界值大小取决于创新投资系数)时，中心化结构能给供应链系统带来更高利润，此时中心化结构是供应链系统角度的占优均衡结构。④当供应链间的竞争相对较激烈，流程创新投资系数较小，创新成本较低，分散化结构相对于中心化结构更能改善整条供应链系统绩效，分散化结构是供应链系统角度的占优均衡结构。

(2)如果制造商1不进行流程创新，制造商2进行流程创新，则①若制造商2基于分散化结构进行流程创新，则制造商1和供应链系统1均偏好中心化结构，且不受制造商2的流程创新投资系数和供应链间的横向竞争影响。但制造商2和供应链系统2更偏好供应链1采用分散化结构，而不是中心化结构，且也不受流程创新投资系数和竞争强度的影响。②若制造商1采用中心化结构，其绩效和供应链系统绩效受到制造商2的创新投资系数和制造商2的纵向控制结构选择影响。

(3)基于制造商1进行流程创新，制造商2不进行流程创新，则①如果竞争对手采用分散化结构且不进行流程创新，或竞争对手采用中心化结构进行流程创新，则当创新投资系数较小，竞争较弱，或者创新投资系数较大，无论竞争强度如何，对于本制造商而言，中心化结构比分散化结构带来的绩效更高。反之，若创新投资系数较小，竞争又较为激烈，则分散化结构有利于本制造商规避激烈的竞争。②如果供应链1和供应链2均采用分散化结构，且供应链1进行流程创新的投资系数在适当范围内，则供应链1由分散化结构转为中心化结构，可实现供应链1和供应链2的系统绩效均改进，即两条供应链系统实现双赢。若创新投资系数过小或过大，均无法实现竞争双方供应链系统的帕累托改进。

第五，针对供应链竞争环境下制造商扶持供应商的流程创新研究，其主要结论为：

(1)若制造商愿意帮助供应商进行流程创新，且横向竞争较弱(该竞争强度阈值大小依赖于流程创新投资系数)时，帮助供应商进行流程创新是上下游双赢的占优均衡策略。

(2)当外部竞争环境非常激烈，创新投资额度又不高，则激烈的横向竞争带来的强负外部性超过流程创新带来的正外部性，均不扶持创新是制造商们的占优均衡策略。

第六，针对风险厌恶型零售商的竞争供应链流程创新选择，其主要结论表明：

(1)不管需求波动风险多大或者零售商对需求风险的厌恶程度如何，只要提高产品的差异化程度，弱化供应链间的竞争，降低产品间的替代性，则制造商以较大的流程创新投资系数进行流程创新不仅可以改善其绩效，还可以实现产品的低成本优势，强化产品的差异化竞争力，且此时进行流程创新是制造商的占优均衡选择。

(2)如果竞争强度适中，可通过提高需求预测能力等方式降低需求波动风险，使需求比较稳定，并提高流程创新投资系数，则可使流程创新成为实现制造商绩效改进的占优均衡。

8.2 研究展望

本书的研究成果充分拓展了现有流程创新和供应链管理相关理论研究，为竞争环境下的生产制造型企业、风险中性企业和其风险规避合作伙伴在供应链竞争环境中进行流程创新实践提供了参考价值，但也存在一些不足。例如：

(1)没有考虑供应链中的其他成本，如差异化的生产成本及销售成本等对流程创新有何影响，特别是高生产成本企业和低生产成本企业如何进行流程创新决策，其决策有何差异，也是本书篇幅未能涵盖的问题。

（2）本书考虑了零售商是风险规避型，但没有考虑制造商对需求风险的态度。其对需求风险的态度如何影响流程创新决策，上下游风险偏好一致或不一致又会如何影响流程创新决策，这两点同样有待后续研究。

以上不足，可以在后续研究过程中得到针对性的补充和拓展。

参考文献

[1] Netland T, Ferdows K. What to expect from corporate lean programs [J]. MIT Sloan Management Review, 2014, 55(4): 83-89.

[2] Baily M, Farrell D, Greenberg E, et al. Increasing global competition and labor productivity: Lessons from the US automotive industry [R]. Proceedings, 2005: 2218-6867.

[3] Gupta S, Loulou R. Process innovation, production differentiation, and channel structure: Strategic incentives in a duopoly [J]. Marketing Science, 1998, 17(4): 301-316.

[4] Gupta S. Research Note — channel structure with knowledge spillovers [J]. Marketing Science, 2008, 27(2): 247-261.

[5] Gilbert S M, Xia Y, Yu G. Strategic outsourcing for competing OEMs that face cost reduction opportunities [J]. IIE Transactions, 2006, 38(11): 903-915.

[6] Ha A Y, Tian Q, Tong S. Information sharing in competing supply chains with production cost reduction [J]. Manufacturing & Service Operations Management, 2017, 19(2): 246-262.

[7] McGuire W, Staelin R. An industry equilibrium analysis of downstream vertical integration [J]. Marketing Science, 1983, 2(2): 161-191.

[8] Coughlan A T. Competition and cooperation in marketing channel choice: theory and application [J]. Marketing Science, 1985, 4(2): 110-129.

[9] Moorthy K S. Strategic decentralization in channels [J]. Marketing Science, 1988, 7(4): 335-355.

[10] Trivedi M. Distribution channels: an extension of exclusive retailership [J]. Management Science, 1998, 44(7): 231-246.

[11] Wu C, Petruzzi N C, Chhajed D. Vertical integration with price-setting competitive newsvendors [J]. Decision Sciences, 2007, 38(4): 581-610.

[12] 艾兴政, 唐小我. 基于讨价还价能力的竞争供应链纵向结构绩效研究 [J]. 管

理工程学报，2007，21(2)：123-125.

[13] 艾兴政，唐小我，涂智寿. 不确定性环境下链与链竞争的纵向控制结构绩效 [J]. 系统工程学报，2008，23(2)：188-193.

[14] Xiao T，Yang D. Price and service competition of supply chains with risk-averse retailers under demand uncertainty [J]. International Journal of Production Economics，2008，114(1)：187-200.

[15] 李娟，黄培清，顾峰，等. 基于供应链间品牌竞争的库存管理策略研究 [J]. 管理科学学报，2009，12(3)：71-76.

[16] 廖涛，艾兴政，唐小我. 基于成本差异与产品替代的链与链竞争纵向结构 [J]. 控制与决策，2009，24(7)：1110-1114.

[17] 廖涛，艾兴政，唐小我. 链与链基于价格和服务竞争纵向结构选择 [J]. 控制与决策，2009，24(10)：1540-1546.

[18] 赵海霞，艾兴政，唐小我. 链与链基于价格竞争和规模不经济的纵向控制结构选择 [J]. 控制与决策，2012，27(2)：193-198.

[19] Wu D S，Baron O，Berman O. Bargaining in competing supply chains with uncertainty [J]. European Journal of Operational Research，2009，197(2)：548-556.

[20] Atkins D，Liang L. A note on competitive supply chains with generalised supply costs [J]. European Journal of operational Research，2010，207(3)：1316-1320.

[21] Cachon G P，Harker P T. Competition and outsourcing with scale economies [J]. Management Science，2002，48(10)：1314-1333.

[22] 陈兆波，滕春贤，李永华，等. 资源优化配置下的供应链竞争模型研究 [J]. 运筹与管理，2013，22(1)：97-105.

[23] Wu D. Bargaining in supply chain with price and promotional effort dependent demand [J]. Mathematical and Computer Modeling，2013，58(9-10)：1659-1669.

[24] Ha A Y，Tong S，Zhang H. Sharing imperfect demand information in competing supply chains with production diseconomies [J]. Management Science，2011，57(3)：566-581.

[25] Xiao T，Yang D. Risk sharing and information revelation mechanism of a one-manufacturer and one-retailer supply chain facing an integrated competitor [J]. European Journal of Operational Research，2009，196(3)：1076-1085.

[26] Ha A Y，Tong S. Contracting and information sharing under supply chain

competition [J]. Management Science, 2008, 54(4): 701-715.

[27] Ai X, Chen J, Ma J. Contracting with demand uncertainty under supply chain competition [J]. Annals of Operations Research, 2012, 201(1): 17-38.

[28] Guo L, Li T, Zhang H. Strategic information sharing in competing channels [J]. Production and Operations Management, 2014, 23(10): 1719-1731.

[29] Shamir N, Shin H. Public forecast informaiton sharing in a marketwith competing supply chains [J]. Management Science, 2016, 62(10): 2994-3022.

[30] Boyaci T, Gallego G. Supply chain coordination in a market with customer service competition [J]. Production and Operations Management, 2004, 13(1): 3-22.

[31] 鲁其辉, 朱道立. 质量与价格竞争供应链的均衡与协调策略研究 [J]. 管理科学学报, 2009, 12(3): 56-64.

[32] 徐兵, 朱道立. 竞争供应链的结构和链内协调策略分析 [J]. 运筹与管理, 2008, 17(5): 51-57.

[33] 徐兵, 孙刚. 需求依赖于货架展示量的供应链链间竞争与链内协调研究 [J]. 管理工程学报, 2011, 25(1): 197-202.

[34] 艾兴政, 廖涛, 唐小我. 链与链竞争的充分退货政策 [J]. 系统工程学报, 2008, 28(6): 727-734.

[35] 艾兴政, 马建华, 唐小我. 不确定环境下链与链竞争纵向联盟与收益分享 [J]. 管理科学学报, 2010, 13(7): 1-8.

[36] Ai X, Chen J, Zhao H, et al. Competition among supply chains: implications of full returns policy [J]. International Journal of Production Economics, 2012, 139(1): 257-265.

[37] Chen J, Zhang H. The impact of customer returns on competing chains [J]. International Journal of Management Science and Engineering Management, 2011, 6(1): 58-70.

[38] Wu D. Coordination of competing supply chains with news-vendor and buyback contract [J]. International Journal of Production Economics, 2013, 144(1): 1-13.

[39] Li B, Zhou Y, Li J, et al. Contract choice game of supply chain competition at both manufacturer and retailer levels [J]. International Journal of Production Economics, 2013, 143(1): 188-197.

[40] 马建华, 艾兴政, 赵海霞, 等. 基于零售商延保服务的竞争供应链销售回扣合同 [J]. 系统工程学报, 2018, 33(4): 520-535.

[41] 赵海霞，艾兴政，马建华，等. 需求不确定和纵向约束的链与链竞争固定加价合同［J］. 管理科学学报，2015，18(1)：20－31.

[42] 赵海霞，艾兴政，唐小我. 制造商规模不经济的链与链竞争纵向联盟和利润分享［J］. 管理科学学报，2014，17(1)：48－56.

[43] 赵海霞，艾兴政，唐小我. 制造商规模不经济的链与链竞争两部定价合同［J］. 管理科学学报，2013，16(2)：60－70.

[44] 赵海霞，艾兴政，马建华，等. 风险规避型零售商的链与链竞争两部定价合同［J］. 系统工程学报，2013，28(3)：377－386.

[45] 赵海霞，艾兴政，唐小我，等. 基于制造商规模不经济的链与链竞争数量折扣合同选择［J］. 管理工程学报，2013，27(4)：110－118.

[46] Zhao H, Chen J, Ai X. Contract strategy in the presence of chain to chain Competition［J］. International Journal of Production Research，2022，60(6)：1913－1931.

[47] Wang Y, Sun J, Wang J. Equilibrium markup pricing strategies for the dominant retailers under supply chain to chain competition［J］. International Journal of Production Research，2016，54(7)：2075－2092.

[48] 何浩嘉，艾兴政，唐华，等. 基于链与链竞争的最优专利许可策略选择［J］. 中国管理科学，2024，32(9)：142－153.

[49] 浦徐进，付文文，沈琦玮. 竞争性供应商选择电商平台销售模式的互动机理研究［J］. 运筹与管理，2021，30(10)：107－112.

[50] Fallah H, Eskandari H, Pishvaee M S. Competitive closed－loop supply chain network design under uncertainty［J］. Journal of Manufacturing Systems，2015，37：649－661.

[51] Li X, Li Y. Chain－to－chain competition on product sustainability［J］. Journal of Cleaner Production，2016，112(3)：2058－2065.

[52] Jamali M B, Rasti M. A game theoretic approach for green and non－green product pricing in chain－to－chain competitive sustainable and regular dual－channel supply chains［J］. Journal of Cleaner Production，2018，170(1)：1029－1043.

[53] Sadeghi R, Taleizadeh A A, Chan F T S, et al. Coordinating and pricing decisions in two competitive reverse supply chains with different channel structures［J］. International Journal of Production Research，2019，57(9)：2601－2625.

[54] 许格妮，陈惠汝，武晓莉，等. 竞争供应链中绿色成本分担博弈分析［J］. 系统工程学报，2020，35(2)：24－256.

[55] 刘会燕，戴守峰. 考虑消费者绿色偏好的竞争性供应链的产品选择与定价策略 [J]. 管理学报，2017，14(3)：451−458.

[56] Xia T, Wang Y, Lv L, et al. Financing decisions of low−carbon supply Chain under Chain−to−Chain competition [J]. International Journal of Production Research，2023，61(18)：6153−6176.

[57] Maksimovic V. Product market imperfections and loan commitments [J]. The Journal of Finance，1990，45(5)：1641−1653.

[58] Petrakis E，Roy S. Cost−reducing investment，competition，and industry dynamics [J]. International Economic Review，1999，40(2)：381−401.

[59] 刘伟，徐可. 考虑企业异质性的外部知识对流程创新作用机制的博弈分析 [J]. 中国管理科学，2023，31(12)：175−184.

[60] Banerjee S，Lin P. Vertical research joint ventures [J]. International Journal of Industrial Organization，2001，19(1)：285−302.

[61] Banerjee S，Lin P. Downstream R&D，raising rivals' costs，and input price contracts [J]. International Journal of Industrial Organization，2003，21(1)：79−96.

[62] Bernstein F，Kök A. Dynamic cost reduction through process improvement in assembly networks [J]. Management Science，2009，55(4)：552−567.

[63] Iida T. Coordination of cooperative cost−reduction efforts in a supply chain partnership [J]. European Journal of Operational Research，2012，222(2)：180−190.

[64] 张盼，江韶波. 基于流程创新的供应链激励合同研究 [J]. 运筹与管理，2022，31(11)：161−166.

[65] Kim B. Coordinating an innovation in supply chain management [J]. European Journal of Operational Research，2005，123(3)：568−584.

[66] Gilbert S M，Cvsa V. Strategic commitment to price to stimulate downstream innovation in a supply chain [J]. European Journal of Operational Research，2003，150(3)：617−639.

[67] Cho K R，Gerchak Y. Supply chain coordination with downstream operating costs：Coordination and investment to improve downstream operating efficiency [J]. European Journal of Operational Research，2005，162(3)：762−772.

[68] Ge Z，Hu Q，Xia Y. Firms' R&D cooperation behavior in a supply chain [J]. Production and Operations Management，2014，23(4)：599−609.

[69] Song J，Li F，Wu D，et al. Supply chain coordination through integration of

innovation effort and advertising support [J]. Applied Mathematical Modelling, 2017, 49: 108-123.

[70] Hu J, Hu Q, Xia Y. Who should invest in cost reduction in supply chains [J]. International Journal of Production Economics, 2019, 207: 1-18.

[71] Wang S, Liu F. Cooperative innovation in a supply chain with different market power structures [J]. American Journal of Operations Research, 2016, 6(2): 173-198.

[72] Yoon D H. Supplier encroachment and investment spillovers [J]. Production and Operations Management. 2016, 25(11): 1839-1854.

[73] Sun X, Tang W, Chen J, et al. Manufacturer encroachment with production cost reduction under asymmetric information [J]. Transportation Research Part E, 2019, 128: 191-211.

[74] Mantin B, Veldman J. Managing strategic inventories under investment in process improvement [J]. European Journal of Operational Research, 2019, 279(3): 782-794

[75] 田巍, 杨世信, 梁儒谦. 零售商公平关切与创新投入的混合渠道供应链均衡策略 [J]. 预测, 2019, 38(3): 84-90.

[76] 张盼, 邹图帮. 信息不对称下供应链中流程创新激励合同设计 [J]. 系统工程学报, 2022, 37(05): 632-642.

[77] Holmstrom B, Milgrom P. Aggregation and linearity in the provision of inter temporal incentives [J]. Econometrica, 1987, 55(2): 303-328.

[78] Gan X, Sethi S P, Yan H. Coordination of supply chains with risk-averse agents [J]. Production and Operations Management, 2004, 13(2): 135-149.

[79] Gan X, Sethi S P, Yan H. Channel coordination with a risk-neutral supplier and a downside-risk-averse retailer [J]. Production and Operations Management, 2005, 14(1): 80-89.

[80] Lau H S, Lau A H L. Manufacturer's pricing strategy and return policy for a single-period commodity [J]. European Journal of Operational Research, 1999, 116(2): 291-304.

[81] Agrawal V, Seshadri S. Risk intermediation in supply chains [J]. IIE Transactions, 2000, 32(9): 819-831.

[82] Agrawal V, Seshadri S. Impact of uncertainty and risk aversion on price and order quantity in the newsvendor problem [J]. Manufacturing & Service Operations Management, 2000, 2(4): 410-423.

[83] Tsay A A. Risk sensitivity in distribution channel partnerships: Implications for manufacturer return policies [J]. Journal of Retailing 2002, 78(2): 147-160.

[84] 沈厚才, 徐进, 庞湛. 损失规避偏好下的定制采购决策分析 [J]. 管理科学学报, 2004, 7(6): 37-45.

[85] 索寒生, 储洪胜, 金以慧. 带有风险规避型销商的供需链协调 [J]. 控制与决策, 2004, 19(9): 1042-1049.

[86] Wang C X, Webster S. Channel coordination for a supply chain with a risk-neutral manufacturer and a loss-averse retailer [J]. Decision Science, 2007, 38(3): 361-389.

[87] 叶飞. 含风险规避者的供应链收益共享契约机制研究 [J]. 工业工程与管理, 2006, 11(4): 50-53.

[88] 姚忠. 风险约束下退货合同对供应链的协调性分析 [J]. 管理科学学报, 2008, 11(3): 96-105.

[89] 汪峻萍, 姚大庆, 闵杰. 顾客策略行为下基于联合促销努力的风险规避供应链协调模型. [J]. 运筹与管理, 2019, 28(10): 50-56.

[90] 王道平, 赵超, 程延平. 考虑零售商质量控制和风险规避的供应链网络均衡研究 [J]. 中国管理科学, 2019, 27(6): 76-87.

[91] Zhang J, Sethi S P, Choi T M, et al. Pareto optimality and contract dependence in supply chain coordination with risk-averse agents [J]. Production and Operation Management, 2022, 31(6): 2557-2570.

[92] 叶飞, 林强. 风险规避型供应链的收益共享机制研究 [J]. 管理工程学报, 2012, 26(1): 113-118.

[93] Zhang T, Dong P, Chen X, et al. The impacts of blockchain adoption on a dual-channel supply chain with risk-averse members [J]. Omega 2023, 114: 102747.

[94] Wu Q, Xu X, Lin R, et al. Effect of risk aversion on the performance of supply chain and carbon reducing initiatives under asymmetric information [J]. Managerial and Decision economics, 2024-02-07.

[95] Coughlan A T, Wernerfelt B. On credible delegation by oligopolists: a discussion of distribution channel management [J]. Management Science, 1989, 35(2): 226-239.

[96] Netland T, Ferdows K. What to expect from corporate lean programs [J]. MIT Sloan Management Review, 2014, 55(4): 83-89.

[97] Chiu C H, Choi T M, Dai X, et al. Optimal advertising budget allocation in

luxury fashion markets with social influences: a mean-variance analysis [J]. Production and Operations Management, 2018, 27 (8): 1611-1629.

[98] Gupta V, Ivanov D. Dual sourcing under supply disruption with risk-averse suppliers in the sharing economy [J]. International Journal of Production Research, 2020, 58(1): 291-307.